젠더폭력의
이해와 대응

-성폭력수사 편-

장응혁 · 김상훈

박영사

머 리 말

이 책은 저자들의 몇 년에 걸친 노력의 산물로 그야말로 자식과 같은 존재이다. 원래 이 책은 현장에서 직접 성폭력사건을 수사하는 수사관이 손쉽게 읽을 수 있는 실무지침서로 2013년 만들어졌다.

그리고 그 시작은 경찰수사연수원에서 성폭력수사 강의를 담당하던 저자(김상훈)와 서울지방경찰청에서 아동 및 장애인 대상 성폭력사건을 수사하다가 경찰대학에서 연구를 시작한 저자(장응혁)가 의기투합하면서 이루어졌다.

다행히도 그러한 시도는 과분한 호평을 받으면서 지금까지 이어져올 수 있었다. 경찰수사연수원에서 교재로 사용되어 왔던 "Q&A 성폭력수사"와 "Q&A 성폭력수사 개정판"이 그것이다.

그러나 고민과 연구를 계속하면서 저자들은 뭔가 새로운 시도가 필요하다는 결론에 이르렀다. 왜냐하면 성폭력수사를 둘러싼 환경이 크게 변화했기 때문이다. 여러 가지 변화가 있지만 우선 2013년 전면 개정된 관련법들이 몇 년의 시간을 보내면서 어느 정도 정착되어 가고 있었고, 새롭게 발족하기 시작한 성폭력전담수사팀이 이제는 전국의 모든 경찰서에 있기 때문이다.

이에 저자들은 새로운 판례들을 보충하는 한편 그간의 논의를 다시 정리하여 향후에 필요한 내용들을 중심으로 새롭게 쓰기로 했다.

물론 저자들은 처음부터 이 책이 성폭력수사에 있어서 제기되는 모든 문제들에 대한 해답을 제시할 수 있을 거라 생각하지 않았다. 단지 성폭력범죄를 둘러싸고 벌어지는 다양한 상황과 그 해결에 있어서 하나의 이정표로서 이 책을 참고하는 독자들에게 든든한 디딤돌이 되기를 원했고, 나아가 독자 스스로가 이 책을 활용하여 독자 스스로의 지침서를 만들게 되기를 희망했을 뿐이다.

그러나 현실은 저자의 예상을 훨씬 뛰어넘고 있다. 올해 초 서지현 검사의 폭로로 시작된 미투운동은 사회 전체로 확산되어 가며 감추어졌던 과거와 현재의 범죄들이 계속하여 폭로되고 있다. 그리고 그러한 범죄들에 대한 조명은 기존의 입법과 대응으로는 한계가 있음을 너무나 절실히 보여주고 있기에 정부는 계속 대책을 내어놓고 있고 국회는 계속하여 새로운 법안을 입법하고자 하는 중이다.

이러한 상황을 돌아보면 이미 저자들이 책을 통해 제시하고자 했던 기준들은 낡아 버렸고 과연 이 책을 세상에 낼 필요가 있을까 하는 고민도 없는 것은 아니다. 그러나 이 책에 담긴 내용, 즉 2017년까지 한국 사회가 많은 노력과 논의 끝에 쌓아온 그 결과물들은 여전히 충분히 가치 있고 앞으로도 그 연장선상에서 변화가 크든 작든 이어져 나갈 것이기에 부끄러움을 무릅쓰고 이 책을 세상에 내놓는 바이다.

이 책이 출간되는 과정에서 많은 분들의 도움을 받았다. 우선 어려운 출판 여건 속에서도 출판을 허락하여 주신 박영사의 관계자 분들께 깊은 감사를 드린다. 아울러 지금 현재도 사건 해결에 모든 것을 바치고 계신 수사관들의 노력이 없었다면 이 책은 결코 나올 수 없었을 것이다. 그리고 특히 저자(장응혁)와 함께 동고동락하였던 2011년도 서울지방경찰청 성폭력수사팀 및 해바라기센터 팀원들에게 감사하고 싶다. 그중에서도 최근 돌아가신 이현문 경감님에게 이 책을 바친다.

2018년 6월 계명대 쉐턱관에서
공동저자를 대표하여 장응혁 씀

목 차

제1편   성폭력 처벌규정

1장 총 론

2장 주체와 객체

3장 범행 방법

4장 행위 태양

5장 결과 및 기타 구성요건

6장 죄수

제2편 수사절차

4장 성폭력범죄 수사절차(아동 및 장애인)

5장 참여인

6장 피해자 조사 관련 쟁점

법령 명칭

가정폭력처벌법 : 가정폭력범죄의 처벌 등에 관한 특례법

성매매처벌법 : 성매매 알선 등 행위의 처벌에 관한 법률

성폭력처벌법 : 성폭력범죄의 처벌 등에 관한 특례법

성폭력특례법 : 성폭력범죄의 처벌 및 피해자 보호 등에 관한 법률

성폭력심리규칙 : 성폭력범죄사건의 심리·재판 및 피해자 보호에 관한 규칙

아동복지법

아청법 : 아동·청소년의 성보호에 관한 법률

정통망법 : 정보통신망 이용촉진 및 정보보호에 관한 법률

청소년성보호법 : 청소년의 성보호에 관한 법률

특가법 : 특정범죄 가중처벌 등에 관한 법률

특강법 : 특정강력범죄의 처벌 등에 관한 특례법

폭처법 : 폭력행위 등 처벌에 관한 법률

    사건 표기 관련하여 '조두순사건'을 계기로, 현재는 피해자명이 아닌 가해
자명을 사건에 붙이고 있다. 피해자를 존중해야 한다는 점에서 너무나 당연하
다. 그러나 그 이전 사건들의 경우 피해자명으로 사건이 알려져 있고 새로운 오
해마저 발생시킬 우려가 있다. 예를 들어 '김보은사건'을 가해자명인 '김영오사
건'으로 바꿀 경우 인터넷 검색이 불가능하고 세월호 피해자 위주로 검색된다.
비실명처리의 방법도 있지만 이 또한 제대로 된 검색이 어려우며, 성폭력범죄
를 제대로 이해하고자 하는 이 책의 취지에 부합하지 않는다. 피해자분들의 넓
은 이해를 부탁드린다.

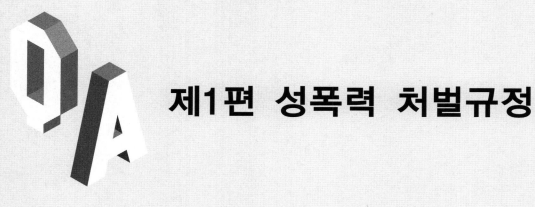

제1편 성폭력 처벌규정

1장

총 론

1. 성범죄와 성폭력범죄의 정의

> **성폭력범죄의처벌등에관한특례법 제2조(정의)**
>
> ① 이 법에서 '성폭력범죄'란 다음 각 호의 어느 하나에 해당하는 죄를 말한다.
>
> 1. 「형법」 제2편제22장 성풍속에 관한 죄 중 제242조(음행매개), 제243조(음화반포등), 제244조(음화제조등) 및 제245조(공연음란)의 죄
>
> 2. 「형법」 제2편제31장 약취(略取), 유인(誘引) 및 인신매매의 죄 중 추행, 간음 또는 성매매와 성적 착취를 목적으로 범한 제288조 또는 추행, 간음 또는 성매매와 성적 착취를 목적으로 범한 제289조, 제290조(추행, 간음 또는 성매매와 성적 착취를 목적으로 제288조 또는 추행, 간음 또는 성매매와 성적 착취를 목적으로 제289조의 죄를 범하여 약취, 유인, 매매된 사람을 상해하거나 상해에 이르게 한 경우에 한정한다), 제291조(추행, 간음 또는 성매매와 성적 착취를 목적으로 제288조 또는 추행, 간음 또는 성매매와 성적 착취를 목적으로 제289조의 죄를 범하여 약취, 유인, 매매된 사람을 살해하거나 사망에 이르게 한 경우에 한정한다), 제292조(추행, 간음 또는 성매매와 성적 착취를 목적으로 한 제288조 또는 추행, 간음 또는 성매매와 성적 착취를 목적으로 한 제289조의 죄로 약취, 유인, 매매된 사람을 수수(授受) 또는 은닉한 죄, 추행, 간음 또는 성매매와 성적 착취를 목적으로 한 제288조 또는 추행, 간음 또는 성매매와 성적 착취를 목적으로 한 제289조의 죄를 범할 목적으로 사람을 모집, 운송, 전달한 경우에 한정한다) 및 제294조(추행, 간음 또는 성매매와 성적 착취를 목적으로 범한 제288조의 미수범

또는 추행, 간음 또는 성매매와 성적 착취를 목적으로 범한 제289조의 미수범, 추행, 간음 또는 성매매와 성적 착취를 목적으로 제288조 또는 추행, 간음 또는 성매매와 성적 착취를 목적으로 제289조의 죄를 범하여 발생한 제290조제1항의 미수범 또는 추행, 간음 또는 성매매와 성적 착취를 목적으로 제288조 또는 추행, 간음 또는 성매매와 성적 착취를 목적으로 제289조의 죄를 범하여 발생한 제291조제1항의 미수범 및 제292조제1항의 미수범 중 추행, 간음 또는 성매매와 성적 착취를 목적으로 약취, 유인, 매매된 사람을 수수, 은닉한 죄의 미수범으로 한정한다)의 죄

3. 「형법」 제2편제32장 강간과 추행의 죄 중 제297조(강간), 제297조의2(유사강간), 제298조(강제추행), 제299조(준강간, 준강제추행), 제300조(미수범), 제301조(강간등 상해·치상), 제301조의2(강간등 살인·치사), 제302조(미성년자등에 대한 간음), 제303조(업무상위력등에 의한 간음) 및 제305조(미성년자에 대한 간음, 추행)의 죄

4. 「형법」 제339조(강도강간)의 죄 및 제342조(제339조의 미수범으로 한정한다)의 죄

5. 이 법 제3조(특수강도강간 등)부터 제15조(미수범)까지의 죄

② 제1항 각 호의 범죄로서 다른 법률에 따라 가중처벌되는 죄는 성폭력범죄로 본다.

□ **아동청소년의성보호에관한법률 제2조(정의)**

2. '아동·청소년대상 성범죄'란 다음 각 목의 어느 하나에 해당하는 죄를 말한다.

가. 제7조부터 제15조까지의 죄

나. 아동·청소년에 대한 「성폭력범죄의 처벌 등에 관한 특례법」 제3조부터 제15조까지의 죄

다. 아동·청소년에 대한 「형법」 제297조, 제297조의2 및 제298조부터 제301조까지, 제301조의2, 제302조, 제303조, 제305조 및 제339조의 죄

라. 아동·청소년에 대한 「아동복지법」 제17조 제2호의 죄

3. '아동·청소년대상 성폭력범죄'란 아동·청소년대상 성범죄에서 제11조부터 제15조까지의 죄를 제외한 죄를 말한다.

① 성범죄와 성폭력범죄의 정의

광의의 성범죄는 문자 그대로 성과 관련된 모든 범죄를 말하며, 반드시 폭력성을 전제로 하지 않고 전통적인 강간, 강제추행 이외에도 간음·추행목적 약취·유인·매매, 성매매, 공연음란, 각종 음란물의 제조·판매 등도 포함한다. 그러나 일반적으로 성범죄는 성폭력범죄와 성풍속범죄로 구분되며 성폭력범죄는 성적 자기결정권 내지는 성적 자유를 침해하는 것을 속성으로 한다[1].

그동안 성폭력처벌법과 아청법의 두 법률조차도 성폭력범죄에 대한 정의에 있어 크게 차이가 났으나, 최근의 개정들을 통해 어느 정도 공통된 정의를 내리고 있다. 다만 여전히 성폭력처벌법은 선량한 성풍속을 해하는 범죄인 형법 제22장의 성풍속에 관한 죄를 포함하면서도 아동복지법상의 성범죄를 포함하지 않고 있으며, 아청법은 형법 제22장의 죄와 형법상의 약취와 유인의 죄 중 성범죄[2]를 포함하지 않고 있다. 상세한 내용은 다음과 같다.

② 성폭력처벌법상 성폭력범죄

〈성폭력처벌법상 성폭력범죄〉

조항(제2조)	구체적인 해당 죄	미수범 포함 여부	비고
제1항 제1호	형법 제242조 (음행매개)		
	형법 제243조 (음화반포등)		
	형법 제244조 (음화제조등)		
	형법 제245조 (공연음란)		

---

1) 김태명, 「성폭력범죄의 실태와 대책에 대한 비판적 고찰」, 『형사정책연구』 22권 제3호, 2011, 11면.
2) 이들 범죄는 기본적으로 자유에 관한 죄이지만, 추행, 간음 등에 사용할 목적이 있어 성적 자기결정권을 침해할 위험성이 높은 범죄이기 때문에 성폭력범죄로 규정되었다.(오영근, 『형사특별법 정비방안(6) 성폭력범죄의처벌및피해자보호등에관한법률』, 한국형사정책연구원, 2008, 21면.

	형법 제288조 (추행 등 목적 약취, 유인 등)	형법 제294조	추행, 간음 또는 성매매와 성적 착취를 목적으로 범한 경우에 한정
	형법 제289조 (인신매매)	형법 제294조	추행, 간음 또는 성매매와 성적 착취를 목적으로 범한 경우에 한정
제1항 제2호	형법 제290조 (약취, 유인, 매매, 이송 등 상해·치상)	형법 제294조 (제290조 제1항만)	추행, 간음 또는 성매매와 성적 착취를 목적으로 제288조 또는 추행, 간음 또는 성매매와 성적 착취를 목적으로 제289조의 죄를 범하여 약취, 유인, 매매된 사람을 상해하거나 상해에 이르게 한 경우에 한정
제1항 제2호	형법 제291조 (약취, 유인, 매매, 이송 등 살인·치사)	형법 제294조 (제291조 제1항만)	추행, 간음 또는 성매매와 성적 착취를 목적으로 제288조 또는 추행, 간음 또는 성매매와 성적 착취를 목적으로 제289조의 죄를 범하여 약취, 유인, 매매된 사람을 살해하거나 사망에 이르게 한 경우에 한정
	형법 제292조 (약취, 유인, 매매, 이송된 사람의 수수·은닉 등)	형법 제294조 (제292조 제1항만)	추행, 간음 또는 성매매와 성적 착취를 목적으로 한 제288조 또는 추행, 간음 또는 성매매와 성적 착취를 목적으로 한 제289조의 죄로 약취, 유인, 매매된 사람을 수수(授受) 또는 은닉한 죄, 추행, 간음 또는 성매매와 성적 착취를 목적으로 한 제288조 또는 추행, 간음 또는 성매매와 성적 착취를 목적으로 한 제289조의 죄를 범할 목적으로 사람을 모집, 운송, 전달한 경우에 한정
제1항 제3호	형법 제297조 (강간)	제300조	
제1항 제3호	형법 제297조의2 (유사강간)	제300조	
제1항 제3호	형법 제298조 (강제추행)	제300조	
제1항 제3호	형법 제299조 (준강간, 준강제추행)	제300조	

	형법 제301조 (강간등 상해·치상)		
	형법 제301조의2 (강간등 살인·치사)		
	형법 제302조 (미성년자등에 대한 간음)		
	형법 제303조 (업무상위력등에 의한 간음)		
	형법 제305조 (미성년자에 대한 간음, 추행)	판례에 의해 인정	
제1항 제4호	형법 제339조 (강도강간)3)	제342조	
제1항 제5호	성폭력 범죄의 처벌 등에 관한 특례법	제3조 (특수강도강간 등)	제15조	
		제4조 (특수강간 등)	제15조	
		제5조 (친족관계에 의한 강간 등)	제15조	
		제6조 (장애인에 대한 강간· 강제추행 등)	제15조	
		제7조 (13세 미만의 미성년자 에 대한 강간, 강제추 행 등)	제15조	
		제8조 (강간 등 상해·치상)	제15조	
		제9조 (강간 등 살인·치사)	제15조	
		제10조 (업무상 위력 등에 의 한 추행)		
		제11조 (공중 밀집 장소에서의 추행)		
		제12조 (성적 목적을 위한 다 중이용장소 침입행위)		

		제13조 (통신매체를 이용한 음란행위)		
		제14조 (카메라 등을 이용한 촬영)	제15조	
제2항		제 1항 각 호의 범죄로서 다른 법률에 따라 가중처벌 되는 죄		

　　형법 제300조(미수범)는 제297조, 제297조의2, 제298조 및 제299조의 미수범만 처벌한다고 규정하고 있어, 제305조에 대한 미수범처벌규정은 없다. 그러나 대법원은 미성년자의제강간·강제추행죄를 규정한 형법 제305조가 제297조, 제298조, 제301조 또는 제301조의2의 예에 의한다고 규정하고 있는 것에 대하여 "형법 제305조의 입법 취지는 성적으로 미성숙한 13세 미만의 미성년자를 특별히 보호하기 위한 것으로 보이는바, 이러한 입법 취지에 비추어 보면 동조에서 규정한 형법 제297조와 제298조의 "예에 의한다"는 의미는 미성년자의제강간·의제강제추행죄의 처벌에 있어 그 법정형뿐만 아니라 미수범에 관하여도 강간죄와 강제추행죄의 예에 따른다는 취지로 해석되고, 이러한 해석이 형벌법규의 명확성의 원칙에 반하는 것이거나 죄형법정주의에 의하여 금지되는 확장해석이나 유추해석에 해당하는 것으로 볼 수 없다"라고 판시[4]하였다.

　　그리고 성폭력특례법 제정 당시에는 기본범죄가 미수에 그치고 중한 결과가 발생한 경우에도 당연히 강간치상죄가 성립한다는 것이 통설과 판례의 입장이었으나 대법원은 "형벌법규는 그 규정내용이 명확하여야 할 뿐만 아니라 그 해석에 있어서도 엄격함을 요하고 유추해석은 허용되지 않는 것이므로 성폭력특례법 제9조 제1항의 죄의 주체는 '제6조의 죄를 범한 자'로 한정되고 같은 법 제6조 제1항의 미수범까지 여기에 포함되는 것으로 풀이할 수는 없다"라고 판시[5]하여 1998. 1. 1.부터 시행된 개정법률(제5343호)은 야간주거침입절도, 특수

---

3) 형법 제340조 제3항(해상강도강간)을 제외한 것은 입법의 미비로 보인다.
　　제340조(해상강도) ③ 제1항의 죄를 범한 자가 사람을 살해 또는 사망에 이르게 하거나 강간한 때에는 사형 또는 무기징역에 처한다. <개정 1995.12.29., 2012.12.18.>
4) 대법원 2007. 3. 15. 선고 2006도9453 판결.
5) 대법원 1995. 4. 7. 선고 95도94 판결.

절도와 특수강도의 미수범이 강간 등의 죄를 범한 경우를 추가하였다.

또한 성폭력특례법 제2조 제2항에서 규정하고 있는 범죄들은 다음과 같다.

〈성폭력처벌법 제2조 제2항의 성폭력범죄〉

조항	해당 내용	비고
특정강력범죄의처벌에관한특례법 제3조	특정강력범죄로 형을 선고받고 그 집행이 끝나거나 면제된 후 3년 이내에 다시 특강법 제2조 제1항 제2호·제3호·제4호에서 정한 성범죄를 범한 경우	
특정범죄가중처벌등에관한법률 제5조의5	강도강간(미수범포함)죄로 형을 선고받고 그 집행이 끝나거나 면제된 후 3년내에 재범한 경우	
군형법 제15장 (강간과 추행의 죄)	제92조(강간) 제92조의2(유사강간) 제92조의3(강제추행) 제92조의4(준강간, 준강제추행) 제92조의5(미수범) 제92조의7(강간 등 상해·치상) 제92조의8(강간 등 살인·치사)	행위주체는 군형법 제1조에 규정된 자로 제한되고 행위객체는 군형법 제1조 제1항 내지 제3항에 규정된 자로 제한

대법원은 최근 군형법상 군인등유사강간 및 군인등강제추행의 죄가 형법상 유사강간 및 강제추행의 죄에 대해 가중처벌되는 죄로서 성폭력처벌법 제2조 제2항에 의하여 성폭력범죄에 포함된다고 판시[6]하였는데, 형법상의 죄와 본질적인 차이가 없으며 행위주체 및 행위객체가 제한되는 점 외에 행위 태양이 동일한 점 등을 그 이유로 하고 있다.

---

6) 대법원 2014. 12. 24. 선고 2014도10916 판결. 다만 폭행·협박 없이 항문성교나 그 밖의 추행을 한 경우 처벌하는 제92조의6(추행)이 포함되는지 여부가 문제될 수 있다.

③ 아청법상 성폭력범죄

〈아청법상 성폭력범죄〉

조항 (제2조)	구체적인 해당 죄			미수범 포함 여부	비 고
제2호 가목	아동·청소년의 성 보호에 관한 법률		제7조(아동·청소년에 대한 강간·강제추행 등)	제7조	
			제8조(장애인인 아동·청소년에 대한 간음 등)		
			제9조(강간 등 상해·치상)		
			제10조(강간 등 살인·치사)		
2호 나목	아 동 · 청 소 년 에 대 한	성폭력범죄 의 처벌 등 에 관한 특 례법	제3조(특수강도강간 등)	제15조	
			제4조(특수강간 등)	제15조	
			제5조(친족관계에 의한 강간 등)	제15조	
			제6조(장애인에 대한 강간·강제추행 등)	제15조	
			제7조(13세 미만의 미성년자에 대한 강간, 강제추행 등)	제15조	
			제8조(강간 등 상해·치상)	제15조	
			제9조(강간 등 살인·치사)	제15조	
			제10조(업무상 위력 등에 의한 추행)		
			제11조(공중 밀집 장소에서의 추행)		
			제12조(성적 목적을 위한 다중이용장소 침입행 위)		
			제13조(통신매체를 이용한 음란행위)		
			제14조(카메라 등을 이용한 촬영)	제15조	
제2호 다목		형법	제297조(강간)	제300조	
			제297조의2(유사강간)	제300조	
			제298조(강제추행)	제300조	
			제299조(준강간)	제300조	
			제301조(강간등 상해·치상)		
			제301조의2(강간등 살인·치사)		
			제302조(미성년자등에 대한 간음)		
			제303조(업무상위력등에 의한 간음)		
			제305조(미성년자에 대한 간음, 추행의 죄)	판례로 인정	
			제339조(강도강간)	제342조	
2호 라목		아동복지법	제17조 제2호		

생각해 볼 문제

성범죄 중 어디까지를 성폭력범죄로 볼 것인가?

【영국 2003년 성범죄법의 성범죄들】

성범죄를 가장 체계적으로 분류하고 있는 법은 영국의 2003년 성범죄법이다. 이 법은 기존의 다양한 법령[7]을 통합 정리한 것으로, 2000년 발표된 영국 내무부의 보고서가 그 배경이 되었다. 보고서는 기존의 법률들이 일관성이 없고 차별적 취급을 하고 있으므로[8] 시대에 부합하지 않는다고 개정을 촉구하였다.

이에 따라 2003년 11월 20일 법률 제42호로 2003년 성범죄법이 제정되었고, 2004년 5월 1일부터 시행되고 있다. 이 법은 제1부에서 다양한 성범죄를 규정하고 있는데, 우선 강간(제1조), 삽입에 의한 성폭행(제2조), 성추행(제3조), 동의 없이 성적 행위를 시키는 것(제4조)을 기본유형으로 규정하고 있다[9].

그리고 제5조 이하에서 피해자 유형 및 가해자와의 관계 등 여러 요소를 고려하여 다양한 유형의 성범죄를 규정하고 있다. 그 유형을 간단히 살펴보면 13세 미만 아동에 대한 강간과 그 외 범죄들(제5조~제8조), 아동 성범죄(제9조~제15조), 신뢰의 지위의 남용(제16조~제24조), 가족 내 아동 성범죄(제25조~제29조), 선택력 저하성 정신장애자에 대한 범죄(제30~제33조), 정신장애자 유인 등(제34조~제37조), 정신장애자의 보호자에 의한 범죄(제38조~제44조), 아동의 음란한 사진(제45조~제46조), 성매매와 포르노그라피를 통한 아동 학대(제47조~제51조), 성매매의 착취(제52조~제54조), 성매매와 관련된 개정(제55조~제56조), 인신매매(제57조~제60조), 준비 범죄(제61조~제63조), 성인 친척과의 성교(제64조~제65조), 노출(제66조), 관음증(제67조~제68조), 동물과의 성교(제69조), 시체 간음(70조), 공중화장실에서의 성적 행위(제71조) 등으로 분류하고 있다[10].

---

7) 이전부터 성범죄를 규제하는 다수의 법률이 있었고 가장 핵심적인 것은 1956년 성범죄법이었지만 이 법률과 함께 다수의 단독법이 제정되고 이 법률들이 본문과 부칙에서 다양한 개정내용을 포함시켜 복잡하게 입법되어 왔기 때문에 일반적으로 파악하는 것은 곤란하였다.
8) Home Office, Setting the Boundaries : Reforming the Law in Sex Offences, 2000, 1~2면.
9) Jennifer Temkin·Andrew Ashworth, The Sexual Offences Act 2003:(1) Rape, Sexual Assaults and the Problems of Consent, Criminal Law Review 2004, 328면.
10) 이 법령은 법무부 여성아동과, 『영·미의 성범죄법과 양형기준』, 법무부, 2008에 완역이 실려 있다.

2. 성폭력 관련 법률의 제정 목적

> ▫ **성폭력범죄의처벌등에관한특례법 제1조(목적)**
>
> 이 법은 성폭력범죄의 처벌 및 그 절차에 관한 특례를 규정함으로써 성폭력범죄 피해자의 생명과 신체의 안전을 보장하고 건강한 사회질서의 확립에 이바지함을 목적으로 한다.
>
> ▫ **아동청소년의성보호에관한법률 제1조(목적)**
>
> 이 법은 아동·청소년대상 성범죄의 처벌과 절차에 관한 특례를 규정하고 피해아동·청소년을 위한 구제 및 지원절차를 마련하며 아동·청소년대상 성범죄자를 체계적으로 관리함으로써 아동·청소년을 성범죄로부터 보호하고 아동·청소년이 건강한 사회구성원으로 성장할 수 있도록 함을 목적으로 한다.

① 형법 제32장(강간과 추행의 죄)의 보호법익

1995년 형법 개정 전 제32장의 장명은 정조에 관한 죄로 보호법익이 정조[11]였으나 개정을 통해 강간과 추행의 죄로 변경되었다. 이는 개인적 법익에 대한 범죄 중 자유에 대한 죄에 해당하므로, 개인의 성적 자유 내지 성적 자기결정권을 보호법익으로 볼 수 있다.

여기서 성적 자기결정권이란 헌법 제10조의 인간으로서의 존엄과 가치, 행복추구권 등으로부터 도출되는 권리로 적극적으로는 자신이 원하는 성생활을 스스로 결정하고 이에 동의하는 다른 사람과 함께 할 것을 결정할 권리이며, 소극적으로는 자신이 원하지 않는 사람과의 성관계를 거부할 자유에 관한 권리를 말하는데 형법의 최후수단성에 비추어 소극적 자기결정권을 형법이 보호하는

---

11) 정조를 보호법익으로 보는 것에 대해 다음과 같은 문제점이 지적되었다. ① 구시대적인 사고로 강간을 피해 여성에 대한 범죄가 아닌 피해여성의 아버지 또는 남편에 대한 범죄로 보는 사고의 반영이다. ② 부녀의 정조는 여자의 깨끗한 절개나 이성관계의 순결을 의미하는 것으로, 이 경우 순결하지 못한 여성이라든지 기존의 성행위 경험이 있던 자에 대해서는 강간이 성립하기 어렵다. ③ 성폭력을 여성에 대한 폭력을 행사하는 범죄가 아니라 일종의 성관계로 보아 여성의 정조가 유린되었다는 점에 초점을 맞추게 되어 피해자에게 비난의 화살이 돌아가 성폭력 피해 여성의 보호에 충실하지 못하다.

법익으로 보아야 한다[12].

다만 성적 자기결정권 침해 여부만을 중시하면 의사에 반하는, 나아가 동의하지 아니한 성교행위도 강간죄에 해당한다고 생각할 수 있다. 우리 형법은 성적 자기결정권이 폭행·협박에 의하여 침해받는 것을 범죄로 규정하고 있으므로, 주된 보호법익은 성의 측면에서 성적 자기결정권이지만, 부차적 보호법익은 폭력의 측면에서 신체의 불가침성 혹은 의사결정의 자유라고 보아야 한다[13].

② 성폭력처벌법의 제정 목적

성폭력처벌법은 1994. 1. 5 제정되어 1994. 4. 1. 시행된 성폭력특례법이 그 시작이었고, 당시 이 법은 "최근 각종 성폭력범죄가 점차 흉폭화·집단화·지능화·저연령화되고 있을 뿐만 아니라 전화·컴퓨터를 이용한 음란행위 등 새로운 유형의 성폭력범죄가 빈발하여 기존의 법체계로는 적절히 대처하기 어려우므로 성폭력범죄에 대한 처벌규정을 신설 또는 강화하고 성폭력범죄에 대하여는 수사·재판 등 사법처리절차에 있어서 특례를 인정하도록 하며 성폭력피해상담소 및 성폭력피해자보호시설을 설치·운영하도록 함으로써 특히 여성과 미성년자를 성폭력범죄의 위협으로부터 보호하고 건전한 사회질서를 확립하려는 것"을 제정 이유로 제시하였다[14].

제정에 큰 영향을 준 사건으로는 1991. 1. 30. 발생한 김부남 사건과 1992. 1. 13. 발생한 김보은·김진관 사건이 있다. 전자를 통해 아동 대상 성폭력범죄의 심각한 후유증이, 후자를 통해 그동안 공론이 금기시되었던 근친 성폭력의 실상이 드러나게 되었다. 이에 따라 여성단체들의 노력이 입법과정에서 큰 역할을 하였는데 이는 '아래로부터의 형법제정 운동'으로 시민들이 일상적 삶에서 몸으로 체험하는 경험적 문제를 제기하고 이에 기초하여 기존의 개념 등을 수정·재정립하였다고 평가받고 있다[15].

---

12) 이현정, 「강간죄의 구성요건에 관한 비판적 고찰」, 『법학연구』 제21권 제1호, 2011, 36~37면.
13) 김성돈, 『형법각론 제2판』, 성균관대학교출판부, 2009, 154면.
14) 이 법은 형법적 성격과 형사절차법적 성격을 지니고 있을 뿐만 아니라 사회복지적 성격도 지니고 있는 복합적 성격의 법률로 지적되었다.(오영근, 『형사특별법 정비방안(6) 성폭력범죄의처벌및피해자보호등에관한법률』, 한국형사정책연구원, 2008, 12면.)
15) 상세한 제정 경과에 대해서는 한국성폭력상담소, 『성폭력 뒤집기 – 한국성폭력상담소 20년

③ 아청법의 제정 목적

아청법은 2000. 2. 3. 제정되어 2000. 7. 1. 시행된 청소년의 성보호에 관한 법률(이하 '청소년성보호법'이라고 한다)이 그 시작으로, 당시 "청소년의 성을 사는 행위, 성매매를 조장하는 온갖 형태의 중간매개행위 및 청소년에 대한 성폭력행위를 하는 자들을 강력하게 처벌하고, 성매매와 성폭력행위의 대상이 된 청소년을 보호·구제하는 장치를 마련함으로써 청소년의 인권을 보장하고 건전한 사회구성원으로 복귀할 수 있도록 하는 한편, 청소년을 대상으로 하는 성매매 및 성폭력 행위자의 신상을 공개함으로써 범죄예방효과를 극대화하려는 것"을 제정 목적으로 제시하였다.

목적에서도 알 수 있듯이 당시 큰 사회적 문제로 부각된 청소년 성매매(일명 원조교제)에 대한 대처가 주된 입법목적이었다.

④ 성폭력처벌법과 아청법의 관계

성폭력처벌법상 성폭력범죄와 아청법상 성폭력범죄 혹은 성범죄는 그 개념이 상호 중복되는 경우가 많고, 그 범죄에 적용되는 부수처분 등에 관한 규정 및 재판절차상 특례도 동일·유사하거나 상호 준용되기도 한다.

한편으로는 준용규정 없이 하나의 법률에서만 해당 내용을 규정하는 경우가 있고, 나아가 그중 일부 조항은 성폭력범죄 혹은 성범죄 중 일부 범죄에 대해서만 적용되는 등 체계적·통일적이지 않아, 법률전문가인 판사도 구체적 사건에서 어느 법률을 적용하여야 하는지 판단하기가 쉽지 않다.

성폭력처벌법과 아청법이 모두 적용되는 경우, 형벌에 대해서는 기소권을 독점한 검사가 공소를 제기하는 대로 해당 법률을 적용하고 부수처분 등에 대해서는 원칙적으로 아청법을 우선 적용한다. 그리고 재판절차상 특례의 경우

의 회고와 전망』, 이매진, 2011, 152~156면을 참고하기 바란다. 제정을 추진하면서 성폭력을 여성폭력을 의미하는 개념으로 사용할지 아니면 성적인 폭력이라는 개념으로 사용할지 논란이 있었으나 피해 유형별 특성이 다르므로 여성폭력을 한 법에 다루기에는 무리가 있다는 판단에서 현재와 같이 성적인 폭력에 한정하여 특별법이 만들어지게 되었다.(앞의 책 52~53면.)

피해자의 2차 피해 방지 등 성폭력범죄의 특수성을 감안한 재판절차의 합리화
라는 규정 취지에 비추어 비록 하나의 법률에서만 해당 내용을 규정하였다 하
더라도 다른 법률에도 준용된다고 해석되고 있다[16].

---

16) 성범죄재판실무편람 집필위원회, 「성범죄재판실무편람」, 『재판실무편람』 제39호, 2014, 10~11면.

생각해 볼 문제

형법상 성폭력범죄의 보호법익은 무엇인가?

성폭력처벌법상 성폭력범죄의 보호법익은 무엇인가?

아청법상 성폭력범죄 관련 규정은 어떻게 하는 것이 좋을까?[17]

【성폭력범죄의 보호법익에 대한 단상】

현재 형법상 성폭력범죄의 보호법익에 대하여 신체의 불가침성 혹은 의사결정의 자유까지 인정하는 견해는 소수에 불과하고 대다수의 견해가 성적 자기결정권만을 보호법익으로 보고 있다.

그러나 아동대상 성폭력범죄 관련해서는 '방해 없는 성적 발전' 즉 '13세 미만 아동이 외부로부터 부적절한 성적 자극이나 물리력의 행사가 없는 상태에서 심리적 장애 없이 성적 정체성 및 가치관을 형성할 권익[18]'이, 장애인대상 성폭력 관련해서는 '정신적 또는 신체적 사정으로 인하여 성적인 자기방어를 할 수 없는 사람에게 성적 자기결정권을 보호해 주는 것[19]'이 보호법익으로 주장되고 있다. 다만 이러한 문제점은 성적 자기결정권을 성생활 여부에 대한 결정권뿐만 아니라 성생활에 필요한 인격적 성숙을 전제한 개념으로 이해함으로써 포섭되고 있다.

하지만 이렇게 성적 자기결정권을 확대해석하더라도 형법상 성폭력범죄의 보호법익을 모두 설명할 수는 없다. 대표적으로 형법 제303조 제2항은 법률에 의하여 구금된 사람을 감호하는 자가 간음한 경우를 규정하고 있는데, 이에 대해서는 성적 자기결정권 외에 '피구금자에 대한 인격적인 처우와 감호자의 성실성에 대한 일반인의 신뢰'도 보호법익으로 주장[20]되고 있다.

더구나 성폭력처벌법은 더 다양한 유형의 성폭력범죄를 규정하고 있어 곤란하다. 대법원은 성폭력처벌법 제13조에서 정하고 있는 통신매체이용음란죄 관련 성적 자기결정권과 함께 '일반적 인격권의 보호', '사회의 건전한 성풍속 확립'을 보호법익으로

---

17) 법무부는 성폭력처벌법과 아청법의 처벌조항을 하나로 통합하는 방향으로 검토하였다. 서울경제, 따로따로 '성범죄 처벌 규정' 통합한다. 2016. 04. 22.(http://www.sedaily.com/NewsView/1KUZWISZJZ 2017. 5. 2. 검색). 또한 최근 법무·검찰개혁위원회는 성폭력 관련 현행법 3개를 단일 법률로 통일하자는 권고안을 2018. 6. 18. 의결하였다. 중앙일보, [단독] '조두순 사건' 잘못된 기소 막는다…성폭력 3개법 '단일 법률화' 권고, 2018. 6. 20. (http://mnews.joins.com/article/22730750#home 2018. 7. 20. 검색)

18) 대법원 2006. 1. 13. 선고 2005도6791 판결.

판시하였다[21].

이러한 문제점을 극복하기 위해서는 성폭력범죄를 재정의함과 동시에 새로운 보호법익을 모색해볼 필요가 있다. 일본의 경우 최근 형법을 개정하기 위해 논의하면서 성폭력범죄가 피해자의 인격과 존엄을 현저하게 침해하는 실태를 가진 범죄라는 인식이 널리 공유되었다. 이에 따라 '성적 불가침성'을 보호법익으로 주장하는 견해[22]가 주목받고 있다.

---

19) 대법원 2000. 5. 26. 선고 98도3257 판결.
20) 김일수, 『한국형법Ⅲ』 개정판, 1997, 370면.
21) 대법원 2017. 6. 8. 선고 2016도21389 판결.
22) 山中敬一, 「強制わいせつ罪の保護法益について」, 『研修』 817号, 2016, 9면.

3. 성폭력범죄 주요 유형별 적용 법률과 법정형

① 피해자의 특성에 따른 구분

〈피해자의 주요 특성별 적용법률과 법정형〉

구분	13세 미만	13세 이상 장애인	13~연19세[23]	연19세 이상	심신 미약
(준)강간	성폭력처벌법 §7①,④ 무기, 10년↑	성폭력처벌법 §6①,④ 무기, 7년↑ (보호·감독자 ½ 가중)	아청법§7①,④ 무기, 5년↑	형법§297, 299 3년↑ (상습 ½ 가중)	–
유사강간	성폭력처벌법 §7② 7년↑	성폭력처벌법 §6② 5년↑ (보호·감독자 ½ 가중)	아청법§7② 5년↑	형법§297조의2 2년↑ (준유사강간은 §299, 상습 ½ 가중)	–
(준)강제추행	성폭력처벌법 §7③,④ 5년↑, 3,000~5,000만원	성폭력처벌법 §6③,④ 3년↑, 2,000~5,000만원 (보호·감독자 ½ 가중)	아청법§7③,④ 2년↑, 1,000~3,000만원	형법§298, 299 10년↓ (상습 ½ 가중)	–
강간(미수) 등 상해·치상	성폭력처벌법§8① 무기, 10년↑		아청법§9 무기, 7년↑	형법§301 무기, 10년↑	
강간(미수) 등 치사	성폭력처벌법§9③ 사형, 무기, 10년↑		아청법§10② 사형, 무기, 10년↑	형법§301의2 무기, 10년↑	
강간(미수) 등 살인	성폭력처벌법§9① 사형, 무기		아청법§10① 사형, 무기	성폭력처벌법 §9① 사형, 무기	
위계·위력 간음	성폭력처벌법 §7⑤,① 무기, 10년↑	성폭력처벌법 §6⑤ 5년↑ (보호·감독자 ½ 가중)	아청법§7⑤,① 무기, 5년↑	형법§303① (업무상 부분) 5년↓, 1,500만원↓ (상습 ½ 가중)	형법 §302 5년↓ (상습 ½ 가중)

	성폭력처벌법 §7⑤,③ 5년↑, 3,000~5,000만원	성폭력처벌법 §6⑥ 1년↑, 1,000~3,000만원 (보호·감독자 ½ 가중)	아청법§7⑤,③ 2년↑, 1,000~3,000만원	성폭력처벌법 §10① (업무상 부분) 2년↓, 500만원↓	형법 §302 5년↓ (상습 ½ 가중)
위계·위력 추행					
위계·위력 간음 등 상해·치상	성폭력처벌법§8① 무기, 10년↑		아청법§9 무기, 7년↑	–	
위계·위력 간음 등 치사	성폭력처벌법§9③ 사형, 무기, 10년↑		아청법§10② 사형, 무기, 10년↑	–	
위계·위력 간음 등 살인	성폭력처벌법§9① 사형, 무기		아청법§10① 사형, 무기	–	
의제강간	형법§305 3년↑	아청법 §8① 3년↑ (13~연 19세 미만 장애인 피해자 + 19세 이상의 피고인)		형법§303② (감호자간음) 7년↓	–
의제강제추행	형법§305 10년↓, 1,500만원↓ (상습 ½ 가중)	아청법 §8② 10년↓,1,500만 원↓ (13~연19세 미만 장애인 피해자+ 19세 이상의 피고인)		성폭력처벌법 §10② (감호자추행) 3년↓, 1,500만원↓	–
간음 등 상해·치상	형법§305(§301) 무기, 5년↑ (상습 ½ 가중)	–		–	–
간음 등 치사	형법§305(§301조의2) 무기, 10년↑ (상습 ½ 가중)	–		–	–
간음 등 살인	형법§305 (§301조의2) 사형, 무기	–		–	–

---

23) 2011년 개정된 민법은 제4조에서 19세부터 성년으로 보고 있고, 아청법은 제2조에서 19세 미만의 자를 아동청소년으로 보지만 19세에 도달하는 연도의 1월 1일을 맞이한 자는 제외하고 있다. 즉 19세에 도달하는 연도의 1월 1일을 맞이하여 아직 생일이 지나지 않은 자는 미성년자에는 해당하지만 아청법상의 아동청소년에는 해당하지 않는다.

② 가해자의 특성에 따른 구분

〈가해자의 특성별 적용법률과 법정형24)〉

구분	주거침입·야간주거침입절도·특수절도 (일부 미수 포함)	강도	특수강도 (미수 포함)	흉기·합동	친족 (4촌 이내 혈족·인척, 동거친족, 사실상 친족)
(준) 강간, 유사강간	성폭력처벌법§3① 무기, 5년↑	형법§339 무기, 10년↑ (강간의 경우)	성폭력처벌법§3② 사형, 무기, 10년↑	성폭력처벌법§4①,③ 무기, 5년↑	성폭력처벌법§5①,③ 7년↑
(준) 강제추행		—		성폭력처벌법§4②,③ 3년↑	성폭력처벌법§5②,③ 5년↑
강간 등 상해·치상	성폭력처벌법§8① 무기, 10년↑	—	—	성폭력처벌법§8① 무기, 10년↑	성폭력처벌법§8② 무기, 7년↑
강간 등 치사	형법§301조의2 무기, 10년↑	—	—	성폭력처벌법§9② 무기, 10년↑	
강간 등 살인	성폭력처벌법§9① 사형, 무기	—	성폭력처벌법§9① 사형, 무기		

---

24) 성범죄재판실무편람 집필위원회, 「성범죄재판실무편람」, 『재판실무편람』 제39호, 2014, 25면의 표를 인용하였다.

4. 법률 적용의 원칙과 처벌규정의 변천

> □ **형법 제1조(범죄의 성립과 처벌)**
> ① 범죄의 성립과 처벌은 행위 시의 법률에 의한다.
> ② 범죄후 법률의 변경에 의하여 그 행위가 범죄를 구성하지 아니하거나 형이 구법보다 경한 때에는 신법에 의한다.
> ③ 재판확정후 법률의 변경에 의하여 그 행위가 범죄를 구성하지 아니하는 때에는 형의 집행을 면제한다.

1 법률적용의 원칙

법이 개정될 경우 개정 전후 법률 중 어느 것을 적용해야 할지 문제된다. 형벌 관련 규정은 헌법 제13조 제1항이 소급처벌금지원칙을 정하고 있고, 형법 제1조 제1항과 제2항이 행위시법주의를 정하고 있으므로 행위 시 법률을 적용해야 한다. 물론 구성요건이 폐지되거나 법정형이 완화된 경우에는 개정법률을 적용하지만 성폭력범죄에 관한 한 법정형은 계속 강화되어 왔으며 오히려 문제는 구성요건이 자주 신설된다는 데 있다. 따라서 장기간에 걸친 성폭력범죄의 경우 행위시법을 반드시 확인해야 한다.

2 성폭력처벌법상 처벌규정의 변천

성폭력특례법 및 성폭력처벌법상 처벌규정은 다음과 같이 변화하였다. 다만 이러한 변화는 주로 사회에 큰 영향을 준 중대사건들을 반영하여 이루어졌으며 따라서 그 시점 전에 발생한 주요 사건들을 같이 이해할 필요가 있다.

〈성폭력처벌법상 처벌규정의 변천〉

기간	적용법령	성폭력범죄의 정의	주요 사건25)
1994. 4.1.~ 1998. 12.27.	구「성폭력 범죄의 처벌 및 피해자보호 등에 관한 법률」 (1998. 12. 28. 법률 제5593호로 개정되기 전의 것)	① 다음 각 호의 1에 해당하는 죄 1. 형법 제22장 풍속을 해하는 죄중 제242조(음행매개)·제243조(음화등의 반포등)·제244조(음화등의 제조등) 및 제245조(공연음란)의 죄 2. 형법 제31장 약취와 유인의 죄중 추행 또는 간음을 목적으로 하거나 추업에 사용할 목적으로 범한 제288조(영리등을 위한 약취, 유인, 매매등)·제292조(약취, 유인, 매매된 자를 수수 또는 은닉. 다만, 제288조의 약취·유인이나 매매된 자를 수수 또는 은닉한 죄에 한한다)·제293조(상습범. 다만, 제288조의 약취·유인이나 매매된 자 또는 이송된 자를 수수 또는 은닉한 죄의 상습범에 한한다)·제294조(미수범. 다만, 제288조의 미수범 및 제292조의 미수범중 제288조의 약취·유인이나 매매된 자를 수수 또는 은닉한 죄의 미수범과 제293조의 상습범의 미수범중 제288조의 약취·유인이나 매매된 자를 수수 또는 은닉한 죄의 상습범의 미수범에 한한다)의 죄 3. 형법 제32장 정조에 관한 죄중 제297조(강간)·제298조(강제추행)·제299조(준강간·준강제추행)·제300조(미수범)·제301조(강간등에 의한 치사상)·제302조(미성년자등에 대한 간음)·제303조(업무상위력등에 의한 간음) 및 제305조(미성년자에 대한 간음·추행)의 죄 4. 형법 제339조(강도강간)의 죄 5. 이 법 제5조(특수강도강간등) 내지 제14조(통신매체이용음란)의 죄 ② 제1항 각 호의 범죄로서 다른 법률에 의하여 가중처벌되는 죄	김부남사건 (1991.1.) 김보은·김진관 사건 (1992.1.)
1998. 12.28.~ 2006. 10.26.	구「성폭력범죄의 처벌 및 피해자보호 등에 관한 법률」 (2006. 10. 27. 법률 제8059호로 개정되기 전의 것)	제2조 정의규정은 변동 없음 제2조 제1항 제5호에서 원용되는 내용에 신설된 제14조의2(카메라등 이용촬영) 추가	신촌 백화점 몰래카메라 사건 (1997.7.)
2006. 10.27.~	구「성폭력범죄의 처벌 및 피해자보	제2조 정의규정은 변동 없음 제2조 제1항 제5호에서 원용되는 내용에, 신설	밀양 집단성폭력 사건(2004.12.)

2008. 6.12.	호 등에 관한 법률」 (2008. 6. 13. 법률 제9110호로 개정되 기 전의 것)	된 8조의2(13세 미만자에 대한 유사강간죄), 제 11조 제3항(장애인 보호교육시설의 장 등의 위 계위력간음 및 추행죄), 제14조의2 제2항(영리 목적 촬영물의 정보통신만을 통한 유포죄) 추가	대전 연쇄성폭력 사건(2006.1.) 용산 신발가게 아저씨 사건 (20016.2.) 제주 양지승 어린이 사건 (2007.3.) 안양 예슬·혜진 양 사건 (2007.12.) 대구 초등학생 집단성폭행 사건 (2008.4)
2008. 6.12.~ 2010. 4.14.	구「성폭력범죄의 처벌 및 피해자보 호 등에 관한 법률」 (2010. 4. 15. 법률 제10258호 성폭력 처벌법 제정되기 전의 것)	2조 정의규정은 변동 없음 구성요건 규정은 13세 미만에 대한 성폭력(제8 조의2, 제9조, 제10조)에 대하여 법정형 변동 및 조문 수정만 있음	청주 지적장애아동 성폭행 사건 (2008.11.)
2010. 4.15.~ 2011. 11.16.	성폭력처벌법 (2011. 11. 17. 법률 제11088호로 개정 되기 전의 것)	제2조 제1항 제5호: 제3조(특수강도강간 등)부 터 제14조(미수범)까지	조두순 사건 (2008.12.) 김길태 사건 (2010.2.) 김수철 사건 (2010.6.)
2011. 11.17.~ 2013. 6.19.	성폭력처벌법 (2012. 12.18. 법률 제11556호로 전부 개정되기 전의 것)	2조 정의규정은 변동 없음 구성요건 규정은 제6조(장애인에 대한 간음 등) 에 대하여 법정형 변동 및 조문 추가	도가니 영화 개봉 (2011.9.)
2013. 6.19.~ 2016. 12.19.	성폭력처벌법 (2013. 4. 5. 법률 제11731호로 개정 되기 전의 것)	제2조 제1항 제3호에 형법 제297조의2(유사강간) 추가 제2조 제1항 제5호에서 원용되는 내용 중, 강간 관련 객체를 '사람'으로 변경 신설된 제12조(성적만족을 위한 공공장소 침입 행위), 제14조 제3항(제1항의 촬영이 촬영 당시 에는 촬영대상자의 의사에 반하지 아니하는 경 우에도 사후에 그 의사에 반하여 촬영물을 반포 ·판매·임대·제공 또는 공공연하게 전시·상영 한 자는 처벌) 추가,	통영 10세 여아 성폭력사건 (2012.7.) 서진환 사건 (2012.8.) 고종석 사건 (2012.8.)

		제5조(친족관계에 의한 강간 등)에 대하여 조문 수정 제6조(장애인에 대한 간음 등)에 대하여 조문 수정	
2013. 6.19.~ 2016. 12.19.	성폭력처벌법 (2016.12.20. 법률 제14412호로 개정 되기 전의 것)	제2조 제1항 제2호 중, 각 '취업 사용 목적'을 '성매매와 성적 착취 목적'으로 수정 신설된 형법 제290조와 제291조 추가 삭제된 제293조(상습범) 삭제	
2016. 12.20.~ 2017. 12.11.	성폭력처벌법 (2017. 12. 12. 법 률 제15156호로 개 정되기 전의 것)	제2조 제1항 제4호 중, 형법 제342조(제339조의 미수범으로 한정한다) 추가	
2017. 12.12.~	성폭력처벌법	제12조의 장소를 '공공장소'에서 '다중이용장소'로 수정	

③ 아청법상 처벌규정[26)]의 변천

아청법상 처벌규정은 다음과 같이 변화하였다. 성폭력범죄 관련해서는 주로 성폭력처벌법의 조항을 포함하여 확대해 왔으며 장애인인 아동청소년에 대한 의제강간 및 의제강제추행의 죄를 도입하고 2013년 개정으로 포함한 것 외에 특별한 점은 없다.

〈아청법상 처벌규정의 변천〉

기간	적용법령	성폭력범죄의 정의
2010. 1.1.~ 2010. 4.14.	아청법(2010. 4. 15. 법률 제10260호로 개정되기 전의 것)	3호 아동·청소년대상 성범죄에서 제8조부터 제12조까지의 죄를 제외한 죄 【아동·청소년대상 성범죄】 제2호 다음 각 목의 어느 하나에 해당하는 죄 가. 제7조부터 제12조까지의 죄(제8조 제4항의 죄는 제외한다)

---

25) 다만 이외에도 많은 사건들이 영향을 주었으며 소개된 사건들도 처벌규정뿐만 아니라 다양한 규정들에 영향을 주었다. 예를 들어 조두순 사건의 경우 성폭력처벌법 제20조(「형법」상 감경규정에 관한 특례)를 두는 계기가 되었다.
26) 성범죄가 아닌 성폭력범죄만을 다루며 청소년성보호법 관련 부분은 생략한다.

		나. 아동·청소년에 대한 「성폭력범죄의 처벌 및 피해자보호 등에 관한 법률」 제5조부터 제8조까지, 제8조의2 및 제9조부터 제12조까지의 죄 다. 아동·청소년에 대한 「형법」 제297조부터 제301조까지, 제301조의2, 제302조, 제303조 및 제305조의 죄
2010. 4.15.~ 2012. 3.15.	아청법(2011. 9. 15. 법률 제11047호로 개정되기 전의 것)	제2조 제2호 (나)목을 "아동·청소년대상 성폭력처벌법 제3조부터 제10조까지 및 제14조"로 변경하고, 형법 제339조, "아동·청소년대상 아동복지법 제29조 제2호, 제6호의 죄"를 추가 부칙 제2조에서 제2호 제2호(아동·청소년대상 성범죄 정의), 제10조부터 제14조까지(법정형 강화) 등의 개정규정은 이 법 시행 후 최초로 아동·청소년대상 성범죄를 범한 자부터 적용한다고 규정
2012. 3.16.~ 2012. 8.1.	아청법(2012. 2. 1. 법률 제11287호로 개정되기 전의 것)	제2조 정의규정은 변동 없음 제2조 제2호 (가)목에서 원용되는 내용 중, 제7조 제1항과 제5항의 강간, 간음의 객체를 '여자 아동·청소년'에서 '아동·청소년'으로 변경(행위시법, 부칙 제6조), 제11조의2(장애 아동·청소년에 대한 간음 등)를 신설(행위시법, 부칙 제6조)
2012. 8.2.~ 2013. 6.18.	아청법(2012. 12. 18. 법률 제11572호로 전부 개정되기 전의 것)	제2조 제2호 (나)목을 "아동·청소년 대상 성폭력처벌법 제3조부터 제14조까지"로 변경
2013. 6. 19.~ 2014. 7.21.	아청법(2014.1.28. 법률 제12361호로 개정되기 전의 것)	제2조 정의규정 중 2호 (가)목을 "제7조부터 제15조까지"로 변경 제2호 (나)목을 "아동·청소년대상 성폭력처벌법 제3조부터 제15조까지"로 변경 제3호(아동·청소년대상 성폭력범죄)를 "아동·청소년대상 성범죄에서 제11조부터 제15조까지의 죄를 제외한 죄"로 변경 법정형을 대폭 강화하고 제11조의2를 제8조로 바꾸는 등 조문의 배열을 일부 변경[27] 제7조(아동·청소년대상 강간 등)에 기한 상해·치상죄(제9조)와 살인·치사죄(제10조)를 신설
2014. 9.29.~		제2조 제2호 (라)목에서 아동복지법 제4의 죄를 삭제

---

27) 개정결과 제8조(장애 아동·청소년에 대한 간음 등)의 죄가 아동·청소년대상 성폭력범죄에 해당하게 되었다.

4 특강법상 처벌규정의 변천

특강법 제2조는 특정강력범죄의 개념을 규정하고 있는데 제2조 제1항 제3
호, 제4호는 성폭력범죄에 해당하는 죄를 포함하고 있다. 그런데 특강법은 특정
강력범죄의 범위에 관한 규정을 여러 차례 개정하면서 특정 성폭력범죄가 포함
되지 않았다가 포함되는 오류가 발생했다. 이렇게 개정에 따라 포함되지 않았
다가 포함된 범죄에 대하여는 행위 시와 재판 시 사이에 법령이 개정되어 형의
변경이 있는 경우에 해당하고, 이에 관하여는 형법 제1조 제2항에 의하여 직권
으로 관련 법령을 비교하여 그중 가장 형이 가벼운 법령을 적용해야 한다[28].

〈특강법상 성폭력범죄 관련 오류〉

기간	적용법령	성폭력범죄 관련 오류
2010. 3.31.~ 2010. 4.14.	특강법 (2010. 4. 15. 법률 제10258호로 개정되기 전의 것)	형법 제301조의2(강간 등 살인·치사)를 특정강력범죄에 추가 조문배열상 형법 제301조(강간 등 상해·치상)가 "흉기나 그 밖의 위험한 물건을 휴대하거나 2명 이상이 합동하여 범한 제301조"로 범위가 축소되어 형법 제301조가 특정강력범죄에 해당하지 않게 됨[29]
2010. 4.15.~ 2011. 3.6.	특강법 (2011. 3. 7. 법률 제10431호로 개정되기 전의 것)	제4호를 "「성폭력범죄의 처벌 등에 관한 특례법」 제3조부터 제10조까지 및 제14조(제13조의 미수범은 제외한다)의 죄"라고만 규정하는 입법상 오류로 형법 및 아청법 관련 조문이 모두 삭제됨
2011. 3.7.~ 2013. 6.18.	특강법 (2012. 12. 18. 법률 제11556호, 제11572호, 제11574호로 개정되기 전의 것)	3. 「형법」 제2편 제32장 강간과 추행의 죄 중 제301조(강간등 상해·치상), 제301조의2(강간등 살인·치사)의 죄 및 흉기나 그 밖의 위험한 물건을 휴대하거나 2명 이상이 합동하여 범한 제297조(강간), 제298조(강제추행), 제299조(준강간·준강제추행), 제300조(미수범) 및 제305조(미성년자에 대한 간음, 추행)의 죄 4. 「형법」 제2편 제32장 강간과 추행의 죄, 「성폭력범죄의 처벌 등에 관한 특례법」 제3조부터 제10조까지 및 제14조(제13조의 미수범은 제외한다)의 죄 또는 「아동·청소년의 성보호에 관한 법률」 제10조의 죄로 두 번 이상 실형을 선고받은 사람이 범한 「형법」 제297조, 제298조, 제299조, 제300조, 제305조 및 「아동·청소년의 성보호에 관한 법률」 제10조의 죄
2013. 6.19.~	특강법	제4호 성폭력처벌법 제14조를 제15조로 변경 제4호 아청법 제10조를 제13조로 변경 제3호와 제4호에 형법 제297조의2(유사강간)이 추가됨

28) 대법원 2012. 9. 13. 선고 2012도7760 판결.
29) 대법원 2010. 10. 28. 선고 2010도7997 판결.

2장
주체와 객체

5. 주체-남편

> ▫ **형법 제297조(강간)**
>
> 폭행 또는 협박으로 사람을 강간한 자는 3년 이상의 유기징역에 처한다.

① 학설의 입장

과거 미국은 모범형법전상에서, 독일은 구형법상 강간죄의 객체에 법률상의 처를 제외하고 있었으나 우리 형법은 그러한 규정이 없는 점, 강간죄의 보호법익인 성적 자기결정권, 부부 간의 동거의무 범위 내에 폭행·협박을 수반한 성교행위가 포함되지 않는다는 점, 남편을 폭행·협박·강요죄로 처벌할 수 없다는 점 등을 이유로 하는 적극설, 부부관계의 특수성, 민법상의 동거의무, 과잉처벌, 입증의 곤란, 이혼소송의 수단으로 활용될 가능성 등을 이유로 하는 소극설 그리고 정상적인 부부 사이라면 강간죄는 성립할 수 없지만 이혼소송을 진행 중이거나 별거 중인 경우에는 부부 사이라도 강간죄가 성립할 수 있다는 절충설이 대립하고 있었다.

② 판례

"부부 간에는 성교에 응할 의무는 있으나 성적 자기결정권을 포기한 것으로 볼 수는 없어, 부부 일방이 폭력을 행사하여 강제추행을 하는 행위는 형사처벌의 대상이 되고, 반복될 우려가 있어 엄한 처벌이 필요하다"고 판시한 서울중앙지방법원의 판결30)과 "혼인관계가 정상적으로 유지 중인 경우에도 법률에서 정한 그 요건이 충족될 때, 강간을 인정함이 타당하다"라고 판시하여 최초로 정상적인 부부 사이의 강간을 인정한 부산지방법원의 판결31)이 있었지만 대법원은 실질적인 부부관계를 기준으로 판단하는 입장을 취하여 "처가 다른 여자와 동거하고 있는 남편을 상대로 간통죄의 고소와 이혼소송을 제기하였으나 그 후 부부 간에 다시 새 출발을 하기로 약정하고 간통죄 고소를 취하하였다면 그들 사이에 실질적인 부부관계가 없다고 단정할 수 없으므로 설사 남편이 강제로 처를 간음하였다 하더라도 강간죄는 성립되지 아니한다"라고 판시32)하고 "적어도 당사자 사이에 혼인관계가 파탄되었을 뿐만 아니라 더 이상 혼인관계를 지속할 의사가 없고 이혼의사의 합치가 있어 실질적인 부부관계가 인정될 수 없는 상태에 이르렀다면, 법률상의 배우자인 처도 강간죄의 객체가 된다"고 판시33)하여 제한된 범위에서만 남편에 의한 강간을 인정하였다.

그러나 이후 대법원 전원합의체(주심 신영철 대법관)는 흉기로 부인을 위협해 강제로 성관계를 한 혐의(특수강간)로 기소된 피고인에 대한 상고심에서, 혼인관계가 파탄된 경우뿐만 아니라 혼인관계가 실질적으로 유지되고 있는 경우에도 남편이 반항을 불가능하게 하거나 현저히 곤란하게 할 정도의 폭행이나 협박을 가하여 아내를 간음한 경우 강간죄가 성립한다고 하여 기존 판시를 변경하기에 이르렀다34). 이때 부부 사이의 성생활에 대한 국가의 개입은 가정의 유지라는 관점에서 최대한 자제하여야 한다는 전제에서, 그 폭행 또는 협박의 내용과 정도가 아내의 성적 자기결정권을 본질적으로 침해하는 정도에 이른 것인지를 판단하기 위해서는 남편이 유형력을 행사하게 된 경위, 혼인생활의 형태와 부부의 평소 성행, 성교 당시와 그 후의 상황 등을 종합적으로 고려하여 판단할 것을 주문하고 있다.

30) 서울중앙지방법원 2004. 8. 20. 선고 2003고합1178 판결.
31) 부산지방법원 2009. 1. 16. 선고 2008고합808 판결.
32) 대법원 1970. 3. 10. 선고 70도29 판결.
33) 대법원 2009. 2. 12. 선고 2008도8601 판결.
34) 대법원 2013. 5. 16. 선고 2012도14788, 2012전도252 판결.

③ 관련 문제

판례의 변경을 통해 아내가 강간죄의 객체에 포함됨으로써 판례 변경 전에 발생한 부부강간 사건을 변경 이후 처리할 때 변경 후의 판례를 적용할 수 있을지 의문이 들 수 있다. 그러나 판례의 변경은 법률의 변경이라 할 수 없으므로 변경된 법원의 기준을 따른다고 하여 소급효금지 원칙에 위배된다고 할 수 없다. 따라서 변경된 입장에 따라 강간죄 적용을 검토하여야 한다.

다만 이 판결로 인해 부부강간을 성폭력처벌법상 '친족강간'으로 처벌할 수 있을지가 문제가 된다. 즉, 성폭력처벌법상 친족강간 주체인 '동거하는 친족'에 배우자가 포함될 여지가 있어, 본 조 적용이 가능한지가 문제가 될 수 있다. 그러나 성폭력처벌법상 친족의 범위에서 배우자는 제외되어 있으므로 본 조를 적용할 수는 없다. 마찬가지로 사실혼 관계에 있는 배우자로부터 강간을 당한 경우에도 강간죄가 적용될 수는 있어도 '사실상 친족'에 의한 강간죄를 적용할 수는 없다.

생각해 볼 문제

남편에 의한 강간죄를 왜 인정하지 않았는가?

남편에 대한 강간죄를 인정한 판례는 있는가?[35]

【남편에 의한 강간죄가 인정되지 않았던 이유】

과거 성폭력범죄의 보호법익은 정조였고 1995년 이전까지 형법 제32장의 장명은 '정조에 관한 죄'였다. 이는 과거에 강간을 종족적 순수성이나 남성인 남편이나 아버지의 소유권과 명예 등을 위협하는 행위로 보는 태도가 반영된 것이다.

이러한 태도는 서양도 마찬가지여서 18세기 말 이전까지는 강간죄가 '사유재산에 대한 중·경범죄'였고, 그에 따른 당연한 결과로서 남편에 의한 강간죄가 인정되지 않았다.

---

35) 아직까지 남편에 대한 강간이 인정된 사례는 알려진 바 없다. 최근 남편에 대한 강간이 무죄가 되었다. 한겨레, "'남편 강간 여성 첫 기소'사건 무죄판결…왜?", 2016. 9. 9.

6. 객체-남성

▫ **아동청소년의성보호에관한법률 제7조(아동·청소년에 대한 강간·강제추행 등)**

① 폭행 또는 협박으로 아동·청소년을 강간한 사람은 5년 이상의 유기징역에 처한다.〈개정 2011.9.15〉

▫ **아동청소년의성보호에관한법률 제11조의2(장애인인 아동·청소년에 대한 간음 등)**

① 19세 이상의 사람이 장애 아동·청소년(「장애인복지법」 제2조제1항에 따른 장애인으로서 신체적인 또는 정신적인 장애로 사물을 변별하거나 의사를 결정할 능력이 미약한 13세 이상의 아동·청소년을 말한다. 이하 이 조에서 같다.)을 간음하거나 장애 아동·청소년으로 하여금 다른 사람을 간음하게 하는 경우에는 3년 이상의 유기징역에 처한다. [본조신설 2011.9.15.] ⇒ [현재 동법 제8조]36)

▫ **형법 제297조(강간)**

폭행 또는 협박으로 사람을 강간한 자는 3년 이상의 유기징역에 처한다.〈개정 2012.12.18〉

---

1 과거 형법과 특별법의 태도

형법은 강간죄의 객체를 남녀의 생리적·육체적 차이와 남성에 의한 강간이 일반적이라는 현실에 비추어 부녀, 즉 여자로 한정하여 왔으며 성폭력처벌법 및 아청법도 여성에 대한 간음만 인정하여 왔다. 판례도 강간죄의 객체를 부녀로 한 것이 헌법상 평등의 원칙에 어긋나지 않는다고 판시하였다37).

그러나 성전환여성에 대한 강제적인 성교행위가 문제로 제기되어 왔고 대법원은 2009. 9. 10. 기존의 판례와는 달리 인간의 성을 결정함에 있어 생물학적 요소와 정신적·사회적 요소를 종합적으로 고려하여 사회통념에 따라 결정해야 한다고 판시하여 성전환 여성에 대한 강간죄 성립을 인정하였다38).

---

36) 아청법 제8조는 2011. 9. 15. 제11조의2로 신설되어 2012년 개정으로 제8조가 되었다.
37) 대법원 1967. 2. 28. 선고 67도1 판결.
38) 대법원 2009. 9. 10. 선고 2009도3580 판결. 피고인이 피해자를 여성으로 인식하고 피해자의

② 현행 형법과 특별법의 규정

　학설 등은 시대상황이 변화하고 동성연애가 증가하고 있는 상황에서 형법
이 남성도 폭행·협박에 의한 강간의 피해자가 될 수 있다는 점을 간과하고 있
고, 여성만을 강간죄의 보호대상으로 하는 것은 여성만 처녀성과 정조를 지켜
야 한다는 전통적인 성 윤리 통념 내지 남성 중심적 성문화를 반영하는 것이므
로, 강간죄의 객체에 남성을 포함시켜야 한다고 주장하여 왔다.

　2011. 9. 15. 개정된 아청법(2012. 3. 16. 시행)은 제7조 제1항과 5항에서 남
성인 아동·청소년에 대한 강간과 위계·위력에 의한 간음을, 제11조의2 제1항에
서 남성인 장애 아동·청소년에 대한 간음과 장애 아동·청소년에 의한 간음을
규정함으로써 처음으로 남성에 대한 간음을 명문화하였다.

　그리고 2012. 12. 18. 개정된 형법(2013. 6. 19. 시행)은 간음의 객체를 '부
녀'에서 '사람'으로 확대하였고39), 2012. 12. 18. 개정된 성폭력처벌법(2013. 6.
19. 시행)도 간음의 객체를 '여자'에서 '사람'으로 변경함으로써 강간 및 위계·
위력에 의한 간음의 객체에 남성까지 포함하게 되었다40).

생각해 볼 문제

남성에 대한 강간을 인정한 판례가 없는 이유는?

　집에 들어가 식칼로 위협하여 반항을 억압한 다음 1회 간음한 사안으로, 피해자는 성전환
수술 등을 통해 여성으로서의 신체와 외관을 갖추고 있을 뿐만 아니라 여성으로서의 성적
정체성이 확고하고 남성과 10여 년간 동거하는 등 사회적으로 여성으로 활동해왔다.
39) 제242조(음행매개), 제288조(영리등을 위한 약취, 유인, 매매등) 제2항도 부녀에서 사람으로
　　객체를 확대하였다.
40) 아직까지 남성에 대한 강간이 인정된 사례는 알려진 바 없다. 최근 남성에 대한 강간미수가
　　무죄가 되었다. 동아일보, "첫 '강간미수 혐의' 여성, 참여재판서 무죄 판결", 2015. 8. 22.

7. 객체-보호감독 받는 자

▫ **형법 제303조(업무상위력 등에 의한 간음)**

① 업무, 고용 기타 관계로 인하여 자기의 보호 또는 감독을 받는 사람에 대하여 위계 또는 위력으로써 간음한 자는 5년 이하의 징역 또는 1천500만 원 이하의 벌금에 처한다.

② 법률에 의하여 구금된 사람을 감호하는 자가 그 사람을 간음한 때에는 7년 이하의 징역에 처한다.

▫ **성폭력범죄의처벌등에관한특례법 제10조(업무상 위력 등에 의한 추행)**

① 업무, 고용이나 그 밖의 관계로 인하여 자기의 보호, 감독을 받는 사람에 대하여 위계 또는 위력으로 추행한 사람은 2년 이하의 징역 또는 500만 원 이하의 벌금에 처한다.

② 법률에 따라 구금된 사람을 감호하는 사람이 그 사람을 추행한 때에는 3년 이하의 징역 또는 1천500만 원 이하의 벌금에 처한다.

③ 삭제〈2011.11.17.〉

▫ **성폭력범죄의처벌등에관한특례법 제6조(장애인에 대한 강간·강제추행 등)**

⑦ 장애인의 보호, 교육 등을 목적으로 하는 시설의 장 또는 종사자가 보호, 감독의 대상인 장애인에 대하여 제1항부터 제6항까지의 죄를 범한 경우에는 그 죄에 정한 형의 2분의 1까지 가중한다.

▫ **아동청소년의성보호에관한법률 제18조(신고의무자의 성범죄에 대한 가중처벌)**

제34조 제2항 각 호의 기관·시설 또는 단체의 장과 그 종사자가 자기의 보호·감독 또는 진료를 받는 아동·청소년을 대상으로 성범죄를 범한 경우에는 그 죄에 정한 형의 2분의 1까지 가중처벌한다.

① 2011년 이전의 상황

형법 제303조는 업무, 고용 기타 관계로 인하여 자기의 보호 또는 감독을 받는 사람에 대하여 위계 또는 위력으로써 간음한 자를 처벌하는 규정이다. 여기에서의 업무에는 공적 업무뿐만 아니라 사적 업무도 포함되고 관계에는 신분관계 및 사실상의 보호·감독관계도 포함된다.

그러나 다른 성폭력범죄에 비해 처벌이 미약하고 간음의 경우만을 처벌하였다. 이에 성폭력특례법은 1994. 1. 5. 제정 시부터 처벌조항을 두어 보호 또는 감독을 받는 자에 대한 추행도 처벌할 수 있게 하였으나 여전히 다른 성폭력범죄에 비해 법정형이 낮았다.

다만 장애인시설에서의 성폭력 문제가 일찍부터 제기되어 2006. 10. 27. 법률 제8059호로 시행된 성폭력특례법은 제11조 제3항[41])에서 가중처벌규정을 신설하였다.

② 2011년 이후의 상황

2011년 발생한 도가니 열풍은 장애인에 대한 성폭력규정을 획기적으로 바꾸는 결과를 낳았는데, 여러 가지 다른 변화와 함께 장애인 보호, 교육 등을 목적으로 하는 시설의 장 또는 종사자가 장애인에 대하여 성폭력범죄를 범한 경우 형을 2분의 1까지 가중하는 내용이 추가되었다.

이에 따라 2011. 9. 15. 일부 개정되어 2012. 3. 16. 시행된 아청법 제18조는 여러 기관·시설 또는 단체의 장과 그 종사자[42])가 자기의 보호·감독 또는 진료

---

41) ③ 장애인의 보호·교육 등을 목적으로 하는 시설의 장 또는 종사자가 보호·감독의 대상이 되는 장애인에 대하여 위계 또는 위력으로써 간음한 때에는 7년 이하의 징역에 처하고, 추행한 때에는 5년 이하의 징역 또는 3천만 원 이하의 벌금에 처한다. <신설 2006.10.27>
42) 2018. 7.17. 법률 제15352호로 시행될 아청법은 다음과 같이 규정하고 있다.
제34조(아동·청소년대상 성범죄의 신고) ② 다음 각 호의 어느 하나에 해당하는 기관·시설 또는 단체의 장과 그 종사자는 직무상 아동·청소년대상 성범죄의 발생 사실을 알게 된 때에는 즉시 수사기관에 신고하여야 한다.
 1. 「유아교육법」 제2조제2호의 유치원
 2. 「초·중등교육법」 제2조의 학교 및 「고등교육법」 제23의 학교
 3. 「의료법」 제3조의 의료기관

를 받은 아동·청소년을 대상으로 성범죄[43])를 범한 경우에는 형을 2분의 1까지 가중하도록, 2011. 11. 17. 개정 및 시행된 성폭력처벌법 제6조 제7항은 장애인의 보호 및 교육을 목적으로 하는 시설의 장 또는 종사자가 장애인에 대하여 특정한 성폭력범죄를 범한 경우 형을 2분의 1까지 가중하도록 신설되었다.

③ 법률에 의하여 구금된 사람

형법 제303조 제2항과 성폭력처벌법 제10조 제2항은 법률에 의하여 구금된 사람에 대한 간음 및 추행을 처벌하는데, 여기서 '법률에 의하여 구금된 사람'이란 형사소송법에 의하여 구속된 피의자·피고인, 자유형·보안처분의 집행 중에 있는 자, 노역장유치 중에 있는 자, 경찰서 유치장에 유치 중에 있는 자 등을 말한다. 그러나 현재 구금상태에 있지 않은 선고유예·집행유예 중에 있는 자, 불구속 피의자·피고인, 보호관찰을 받는 자 등은 제외된다.

생각해 볼 문제
업무, 고용 기타 관계와 친족관계는 어떤 차이가 있는가?

---

4. 「아동복지법」 제3조제10호의 아동복지시설
5. 「장애인복지법」 제58조의 장애인복지시설
6. 「영유아보육법」 제2조제3호의 어린이집
7. 「학원의 설립·운영 및 과외교습에 관한 법률」 제2조제1호의 학원 및 같은 조 제2호의 교습소
8. 「성매매방지 및 피해자보호 등에 관한 법률」 제5조의 성매매피해자등을 위한 지원시설 및 같은 법 제10조의 성매매피해상담소
9. 「한부모가족지원법」 제19조에 따른 한부모가족복지시설
10. 「가정폭력방지 및 피해자보호 등에 관한 법률」 제5조의 가정폭력 관련 상담소 및 같은 법 제7조의 가정폭력피해자 보호시설
11. 「성폭력방지 및 피해자보호 등에 관한 법률」 제10조의 성폭력피해상담소 및 같은 법 제12조의 성폭력피해자보호시설
12. 「청소년활동진흥법」 제2조제2호의 청소년활동시설
13. 「청소년복지 지원법」 제29조제1항에 따른 청소년상담복지센터 및 같은 법 제31조제1호에 따른 청소년쉼터
14. 「청소년 보호법」 제35조의 청소년 보호·재활센터
43) 이 책 '제1편 성폭력 처벌규정'의 '1. 성범죄와 성폭력범죄의 정의' 부분을 참고하길 바란다.

8. 주체-친족

▫ **성폭력범죄의 처벌 등에 관한 특례법 제5조(친족관계에 의한 강간 등)**

① 친족관계인 사람이 폭행 또는 협박으로 사람을 강간한 경우에는 7년 이상의 유기징역에 처한다.

② 친족관계인 사람이 폭행 또는 협박으로 사람을 강제추행한 경우에는 5년 이상의 유기징역에 처한다.

③ 친족관계인 사람이 사람에 대하여 「형법」 제299조(준강간, 준강제추행)의 죄를 범한 경우에는 제1항 또는 제2항의 예에 따라 처벌한다.

④ 제1항부터 제3항까지의 친족의 범위는 4촌 이내의 혈족·인척과 동거하는 친족으로 한다.

⑤ 제1항부터 제3항까지의 친족은 사실상의 관계에 의한 친족을 포함한다.

▫ **민법 제767조 (친족의 정의)** 배우자, 혈족 및 인척을 친족으로 한다.

제768조(혈족의 정의) 자기의 직계존속과 직계비속을 직계혈족이라 하고 자기의 형제자매와 형제자매의 직계비속, 직계존속의 형제자매 및 그 형제자매의 직계비속을 방계혈족이라 한다.

제769조(인척의 계원) 혈족의 배우자, 배우자의 혈족, 배우자의 혈족의 배우자를 인척으로 한다.

제777조(친족의 범위) 친족관계로 인한 법률상 효력은 이 법 또는 다른 법률에 특별한 규정이 없는 한 다음 각 호에 해당하는 자에 미친다.

   1. 8촌 이내의 혈족

   2. 4촌 이내의 인척

   3. 배우자

---

① 친족간 성폭력범죄 처벌의 의의

형법은 자기 또는 배우자의 직계존속에 대하여 살해, 상해, 폭행, 유기 등의 범죄를 저지른 경우 가중처벌규정을 두고 있다[44]. 그러나 직계비속에 대한 범죄는 가중처벌규정이 없으며 나아가 형사소송법 제224조는 자기 또는 배우자의 직계존속을 고소하지 못하도록 규정하고 있다. 즉 존속과 비속을 차별할 뿐만 아니라 존속이 비속에게 저지른 범죄의 경우 처벌조차 제한하고 있다.

　　그러나 가정폭력범죄에 대한 고소를 인정하고 있는 가정폭력처벌법 제6조 제2항과 함께 성폭력처벌법 제18조는 동법 제2조에서 규정하고 있는 성폭력범죄에 대하여 형사소송법 제224조에 대한 예외규정을 두고 있으며 나아가 제5조에서 존비속을 포함한 친족관계에 의한 성폭력범죄를 인정하고 다른 성폭력범죄에 비해 가중처벌[45]까지 하고 있다.

2 친족 범위의 변천

　　성폭력처벌법은 형법과 달리 성폭력범죄의 주체가 되는 친족의 용어에 대하여 정의규정을 두고 있으며 다음과 같이 확대되어 왔다.

〈친족 범위 규정의 변천〉

법률 및 시행일	친족의 범위	비고
법률 제4702호 1994. 4. 1.~	존속 등 연장의 4촌 이내의 혈족 ※ 연하의 친족은 처벌 못 함	사실상의 관계에 의한 존속 또는 친족을 포함
법률 제5343호 1998. 1. 1.~	4촌 이내의 혈족과 2촌 이내의 인척	
법률 제9110호 2008. 6. 13.~	4촌 이내의 혈족 및 인척	
법률 제11556호 2013. 6. 19.~	4촌 이내의 혈족·인척과 동거하는 친족	

---

44) 이러한 규정들은 조선시대 유교사상에서 유래한 것으로 일본 형사소송법에 있던 규정이 별다른 비판 없이 지금까지 계수된 것이지만, 1948년 제정된 일본 형사소송법에서는 비속의 직계존속 고소금지규정이 삭제되었고 이후 1973년 일본최고재판소의 존속살해죄에 대한 위헌판결이후 1995년 형법개정에서 모든 존속대상범죄에 대한 가중처벌규정이 폐지되었다. 박용철, 「형사법상 존속과 비속의 차별적 취급에 관한 연구」, 『피해자학연구』 제20권 제1호, 2012, 536~544면.

45) 원래 우리 형법은 친족 간 성폭력을 가중처벌하였다. 조선시대의 보통형법이었던 대명률은 보통의 강간에 대하여 교형(絞刑)을, 친족강간에 대하여 일등급 가중된 참형(斬刑)을 규정하였다. 심희기, 「의붓아버지와 성폭력법상의 '사실상의 관계에 의한 존속', 그리고…」, 『형사판례연구』 제5권, 1997, 443~444면.

다만 그 범위는 민법과 다를지라도[46) 친족의 개념은 민법에 의해 정해지므로 판례는 의붓손녀[47)를 강제추행 또는 준강제추행한 사안에서 혈족의 배우자의 혈족의 관계[48)에 있을 뿐이어서 인척관계에 있다고 볼 수 없다고 신분관계를 부정하였다. 다만 성폭력처벌법은 민법상의 친족개념 외에도 사실상의 관계에 의한 친족이라는 개념을 도입하여[49) 그 범위를 확장했는데 이에 대한 해석이 중요하다.

③ 사실상의 관계에 의한 친족의 해석

대법원은 "형벌법규는 그 규정 내용이 명확하여야 할 뿐만 아니라 그 해석에 있어서도 엄격함을 요하고 유추해석은 허용되지 않는 것이므로 제7조 제4항에서 규정하는 사실상의 관계에 의한 존속이라 함은, 자연혈족의 관계에 있으나 법정 절차의 미이행으로 인하여 법률상의 존속으로 인정되지 못하는 자(예컨대, 인지 전의 혼인 외의 출생자의 생부) 또는 법정 혈족관계를 맺고자 하는 의사의 합치 등 법률이 정하는 실질관계는 모두 갖추었으나 신고 등 법정절차의 미이행으로 인하여 법률상의 존속으로 인정되지 못하는 자(예컨대, 사실상의 양자의 양부)를 말하고, 위와 같은 관계가 없거나 법률상의 인척에 불과한 경우에는 그 생활관계, 당사자의 역할·의사 등이 존속관계와 유사한 외관을 가진다는 이유만으로 위의 사실상의 관계에 의한 존속에 포함된다고 할 수는 없다"고 판시[50)하여 제한적으로 해석하였다. 그러나 이후 인척도 포함하도록 조문을 개정하고 해석도 변경하여 "사실혼으로 인하여 형성되는 인척도 사실상의 관계에 의한 친족에 해당한다"고 판시[51)하였다[52).

---

46) 민법 제777조에서는 친족의 범위를 8촌 이내의 혈족과 4촌 이내의 인척으로 규정하고 있다.
47) 제주지방법원 2004. 12. 22. 선고 2004고합183 판결. 다만 본 판결에서는 재혼한 엄마의 배우자의 아버지였고 의붓손녀라 하더라도 친할머니의 남편인 경우 등은 친족관계가 인정되므로 주의를 요한다.
48) 사돈지간도 혈족의 배우자의 혈족이므로 인척에 포함되지 않는다. 대법원 2011. 4. 28. 선고 2011도2170 판결. 다만 1990년 개정되기 전의 민법에서는 혈족의 배우자의 혈족도 인척에 포함하고 있었다.
49) 형법은 친족 등의 용어에 대하여 정의규정을 두고 있지 않으므로 존속살해죄 등에서 배우자 및 직계존속의 범위는 민법에 의하여 결정된다.
50) 대법원 1996. 2. 23. 선고 95도2914 판결.
51) 대법원 2000. 2. 8. 선고 99도5395 판결.

　　다만 어떤 관계까지를 인정할 것인가하는 해석에 있어서 문제가 있는데 가장 문제가 되고 있는 사안은 모친의 동거남이 동거녀의 딸을 대상으로 성폭력범죄를 저지른 경우이다. 현재 의붓아버지의 경우 2촌 이내의 인척이며 혼인신고를 하지 않은 경우도 법률이 정한 혼인의 실질관계를 모두 갖추면[53] 사실상의 관계에 의한 친족이 되므로 본 조를 적용할 수 있다. 동거남의 경우 혼인의 실질관계를 전혀 갖추지 못하면 제외되지만, 혼인의 실질관계를 어느 정도 갖추면 의붓아버지와 동일시할 수 있는 경우도 있으므로 생활관계 등을 제대로 파악하는 것이 중요하다.

【'사실상의 관계'의 부정 사례】

　　사실상의 관계에 대하여 상세히 다루고 있는 판례로 서울고등법원 2013. 4. 4. 선고 2012노3450 판결이 있다. 이전에 동거하였던 여자의 언니를 추행한 사안에 대하여 피고인과 피해자 사이의 '사실상 제부와 처형'이라는 관계는 피고인이 피해자의 동생과 이른바 사실혼 관계에 있음을 전제로 성립하는 사실상의 인척관계를 의미하므로 그 사실혼 관계에 관하여 판단하였다. 판례는 이 사건 당시에 피고인과 피해자 동생 E 사이에 동거생활의 기간 및 내용, 가족 간의 유대, 두 사람 사이의 혼인의사 유무 등에 비추어 주관적으로 혼인의사의 합치가 있었다거나 객관적으로 부부공동생활이라고 인정할 만한 혼인생활의 실체가 존재하였다고 할 수 없어, 사실혼 관계에 있지 않았다고 했는데 다음과 같은 사정들을 종합하여 판단한 것이다.

　　① 피고인은 2010년 초경 E를 만나 교제를 시작한 후 이 사건 발생 전인 2011. 6.경까지는 피고인이 자신의 둘째 아들인 M이 거주하던 서울 광진구 N 아파트 A동 1701호에서 M의 가족과 함께 거주하였고, E는 그 근처인 서울 광진구 O에 거주하였으며, 그 기간 중에 한동안 동거하거나 서로의 거주지를 왕래하면서 서로의 호칭을 '남편', '처'

---

52) 이에 따라 피고인이 피해자의 생모의 동의를 얻어 피해자를 입양할 의사로 데려왔으나 처의 동의 없이 피해자를 자신과 처 사이의 친생자로 출생신고를 한 경우 친생자출생신고 전에는 '사실상의 관계에 의한 친족'이, 친생자출생신고 후에는 '친족'이 된다. 대법원 2006. 1. 12. 선고 2005도8427 판결.
53) 중혼적 사실혼 관계 즉 의붓아버지가 다른 여성과의 법률상 혼인관계를 정리하지 않은 채 피해자의 생모와 사실혼 관계를 유지하는 경우도 인정된다. 대법원 2002. 2. 22. 선고 2001도5075 판결.

등 부부 사이의 호칭으로 부르며 지냈으나, 2011. 6.경 서로 간에 관계를 청산하기로 하고 E가 피해자의 주거지인 서울 강북구 F 주택으로 들어가 그때부터는 피해자와 함께 거주한 것으로 보이는 점, ② 피고인은 2011. 6.경 이후에도 E가 거주하는 피해자의 주택을 찾아가 E를 만나 데이트를 하거나 성관계를 하기도 하였으나, 피고인과 E가 다시 부부로서 동거하려는 의사를 가지지는 않았던 것으로 보이는 점, ③ 피고인과 E는 이 사건으로 수사기관에서 조사를 받으면서 서로를 '남편'과 '처'로 호칭하고 동거하고 있다고 진술하기도 하였으나, 당시 현실적으로 동거하지는 않았던 것으로 보이는 점, ④ E는 피고인과 약혼식이나 결혼식을 올린 사실이 없고 피고인과의 관계도 엄마와 언니인 피해자만 알고 있었다고 진술하고 있는 점, ⑤ 피고인의 아들인 M은 당심 법정에서 자신은 E를 어머니라고 부르기도 하였으나, 다른 형제와 이모는 피고인이 E를 만나는 것을 싫어하며 반대하였고, 피고인과 E가 동거하면서 살림살이를 함께 한 사실은 없다고 진술하고 있는 점.

생각해 볼 문제

친족 간 성폭력 범죄 처벌의 의의와 대상인 친족의 범위는 어떻게 볼 것인가?54)

우리 형사법은 친족의 범위에 대하여 어떠한 규정들을 두고 있는가?

【영국 2003년 성범죄법상 가족 관계】

다음과 같이 동거 등 즉 영향력의 행사 가능여부에 따라 구분하고 있다.

제27조 가족 관계

(1) 다음의 경우, A와 B의 관계는 이 조에 해당된다.

　(a) (2) 내지 (4)의 어느 하나에 속하는 경우

　(b) 2002년 입양과아동법 제67조(입양에 의하여 부여된 신분)를 제외한 어느 항에 속하는 경우

(2) 다음의 경우, A와 B의 관계는 이 항에 해당된다.

　(a) 그들 중 한명이 다른 한명의 부모, 조부모, 형제, 자매, 아버지나 어머니가 다른 형제 또는 자매, 고모 또는 삼촌인 경우

　(b) A가 B의 수양부모이거나 이었던 경우

(3) 만약 A와 B가 같은 집에서 살거나 또는 살았거나, A가 B를 규칙적으로 돌보고, 훈련시키고, 감독하거나 B에 대한 단독 책임이 있으며, 아래에 해당되는 경우, A와 B의 관계는 이 항에 해당된다.

　(a) 그들 중의 한 명이 다른 한 명의 의붓 부모인 경우

　(b) A와 B는 사촌 간인 경우

　(c) 그들 중 한 명은 다른 한 명의 의붓 형제 또는 의붓 자매이거나 이었던 경우

　(d) 그 둘 중 한 명의 부모 또는 현재 또는 과거의 양부모가 다른 한 명의 수양부

---

54) 현대 한국의 지배적인 가족 형태는 조선 후기부터 부모와 그 자녀로 구성되는 핵가족이므로 일상생활을 공동으로 하는 가족적 공동생활 관계에서 감행되는 친족강간을 불필요하게 범위를 넓힐 필요가 없다는 주장이 있다. 심희기, 「의붓아버지와 성폭력법상의 '사실상의 관계에 의한 존속', 그리고…」, 『형사판례연구』 제5권, 1997, 457면. 그러나 여러 가지 사정으로 일상생활을 공동으로 하는 사례가 실제로 다양하게 발생하고 있으며 2012년 개정법은 '동거'하는 경우에는 모든 친족으로 주체를 확대하였다.

모이거나 이었던 경우

(4) 다음의 경우 A와 B의 관계는 이 항에 해당된다.

  (a) A와 B가 같은 집에서 사는 경우

  (b) A가 B를 규칙적으로 돌보고, 훈련시키고, 감독하거나 B에 대한 단독 책임이 있는 경우

(5) 이 조에서

  (a) '고모'는 부모 중 한 명의 자매 또는 의붓 자매를 말하며, '삼촌'은 부모 중 한 명의 형제 또는 의붓 형제를 말한다.

  (b) '사촌'은 '고모(이모)' 또는 '삼촌'의 아이를 말한다.

  (c) 다음과 같은 경우 아동의 수양부모이다.

    (i) 1989년 아동법 23(2)(a) 또는 59(1)(a)(지역 정부 또는 자선기관에서 양육)에 의하여 아동과 같이 배정된 사람인 경우

    (ii) 동법 66(1)(b)에서 규정된 의미에서 아동을 개인적으로 양육하는 경우

  (d) 만약 지속적인 가족 관계에서 파트너로서 같이 산다면(그들이 이성이든 동성이든 간에) 한 사람은 다른 사람의 파트너이다.

  (e) '의붓 부모'는 부모의 파트너이고 '의붓 형제'와 '의붓 자매'는 부모의 파트너의 자녀를 포함한다.

【형법 및 특별형법상 친족관계에 관한 규정】

우리 형사법은 다음과 같이 친족관계에 관하여 다양한 규정을 두고 있다.

1) 형법(자기 또는 배우자의 직계존속)

형을 가중하는 규정 외에도 형을 감경하는 규정을 두고 있어 직계존속이 치욕을 은폐하기 위하거나 양육할 수 없음을 예상하거나 특히 참작할 만한 동기로 인하여 분만 중 또는 분만 직후의 영아를 살해한 때(제251조)와 영아를 유기한 때(제272조) 형을 감경하고 있다.

2) 형법(친족 등)

형법 제12조[55]는 '친족'을, 형법 제151조[56]와 제155조[57]는 '친족 또는 동거의 가족'

을, 형법 제328조[58])는 '직계혈족, 배우자, 동거친족, 동거가족 또는 그 배우자 및 그 밖의 친족'을 각각 친족의 한 범위로서 규정하고 있다. 다만 2005년 민법개정으로 가족의 범위가 변경되어[59]) 모두 친족의 범위에 포함되므로 같다고 보아야 할 것이다.

3) 가정폭력범죄의 처벌 등에 관한 특례법(가정구성원)

제2조는 가정폭력이란 가정구성원 사이의 신체적, 정신적 또는 재산상 피해를 수반하는 행위이고 가정폭력범죄란 가정폭력으로서 제3호의 각 목의 어느 하나에 해당하는 죄라고 정의하면서 가정구성원을 다음 각 목의 어느 하나에 해당하는 사람이라고 하고 있다.

　　　가. 배우자(사실상 혼인관계에 있는 사람을 포함한다. 이하 같다) 또는 배우자였던 사람

　　　나. 자기 또는 배우자와 직계존비속관계(사실상의 양친자관계를 포함한다. 이하 같다)에 있거나 있었던 사람

　　　다. 계부모와 자녀의 관계 또는 적모(嫡母)와 서자(庶子)의 관계에 있거나 있었던 사람

　　　라. 동거하는 친족

---

55) 12조(강요된 행위) 저항할 수 없는 폭력이나 자기 또는 친족의 생명, 신체에 대한 위해를 방어할 방법이 없는 협박에 의하여 강요된 행위는 벌하지 아니한다.

56) 제151조(범인은닉과 친족간의 특례)
② 친족 또는 동거의 가족이 본인을 위하여 전항의 죄를 범한 때에는 처벌하지 아니한다. <개정 2005.3.31.>

57) 제155조(증거인멸 등과 친족간의 특례) ④ 친족 또는 동거의 가족이 본인을 위하여 본조의 죄를 범한 때에는 처벌하지 아니한다.<개정 2005.3.31.>

58) 제328조(친족간의 범행과 고소)
① 직계혈족, 배우자, 동거친족, 동거가족 또는 그 배우자간의 제323조의 죄는 그 형을 면제한다. <개정 2005.3.31.>
② 제1항 이외의 친족간에 제323조의 죄를 범한 때에는 고소가 있어야 공소를 제기할 수 있다. <개정 1995.12.29.>

59) 민법 제779조는 다음과 같이 가족의 범위를 규정하고 있다.
제779조(가족의 범위)
① 다음의 자는 가족으로 한다.
1. 배우자, 직계혈족 및 형제자매
2. 직계혈족의 배우자, 배우자의 직계혈족 및 배우자의 형제자매
② 제1항 제2호의 경우에는 생계를 같이 하는 경우에 한한다.[전문개정 2005.3.31.]

9. 경합시 의율(13세미만과 친족)

> □ **성폭력범죄의처벌등에관한특례법 제5조(친족관계에 의한 강간 등)**
>
> ① 친족관계인 사람이 폭행 또는 협박으로 사람을 강간한 경우에는 7년 이상의 유기징역에 처한다.
>
> ② 친족관계인 사람이 폭행 또는 협박으로 사람을 강제추행한 경우에는 5년 이상의 유기징역에 처한다.
>
> ③ 친족관계인 사람이 사람에 대하여 「형법」 제299조(준강간, 준강제추행)의 죄를 범한 경우에는 제1항 또는 제2항의 예에 따라 처벌한다.
>
> □ **성폭력범죄의처벌등에관한특례법 제7조(13세 미만의 미성년자에 대한 강간, 강제추행 등)**
>
> ① 13세 미만의 사람에 대하여 「형법」 제297조(강간)의 죄를 범한 사람은 무기징역 또는 10년 이상의 징역에 처한다.
>
> ② 13세 미만의 사람에 대하여 폭행이나 협박으로 다음 각 호의 어느 하나에 해당하는 행위를 한 사람은 7년 이상의 유기징역에 처한다.
>
>   1. 구강·항문 등 신체(성기는 제외한다)의 내부에 성기를 넣는 행위
>
>   2. 성기·항문에 손가락 등 신체(성기는 제외한다)의 일부나 도구를 넣는 행위
>
> ③ 13세 미만의 사람에 대하여 「형법」 제298조(강제추행)의 죄를 범한 사람은 5년 이상의 유기징역 또는 3천만 원 이상 5천만 원 이하의 벌금에 처한다.
>
> ④ 13세 미만의 사람에 대하여 「형법」 제299조(준강간, 준강제추행)의 죄를 범한 사람은 제1항부터 제3항까지의 예에 따라 처벌한다.
>
> ⑤ 위계 또는 위력으로써 13세 미만의 사람을 간음하거나 추행한 사람은 제1항부터 제3항까지의 예에 따라 처벌한다.

① 친족간 및 13세미만 아동대상 성폭력범죄의 경합

실무상 하나의 사안이 여러 성폭력범죄의 구성요건을 동시에 충족하는 경우가 있는데, 친부가 13세 미만의 딸에 대하여 성폭력범죄를 범하는 경우가 전형적이다. 이런 경우 적용법률의 우선순위가 논의되는데 일단 법정형을 기준으

로 판단하여 가장 무거운 법정형이 규정되어 있는 형벌법규를 적용해야 할 것이다. 그런데 가장 전형적인 사례인 친족과 13세 미만에 대한 성폭력범죄에서도 강간인지 강제추행인지에 따라 무거운 법정형이 달라지는 등 일관성이 없다. 이는 친족간 성폭력범죄와 13세 미만 아동대상 성폭력범죄가 중요 사건에 따라 집중적으로 주목을 받으며 개정되어 온 결과이므로 이에 대한 이해가 선결되어야 한다.

1994년 성폭력특례법 제정 시 13세 미만 아동에 대한 성폭력범죄에 관한 규정은 없었고, 4년이 지나서 1998. 1. 1.부터 시행된 성폭력특례법에서 처음 도입되었다. 더구나 그 법정형도 강간은 5년 이상의 유기징역으로 친족간 강간과 동일하였으나 강제추행의 경우는 친족간 강제추행이 3년 이상의 징역[60]으로 1년 이상의 징역에 500만 원 이상 2천만 원 이하의 벌금을 규정한 13세 미만 아동에 대한 강제추행보다 더 높았다.

그러나 2006년 이후 아동을 대상으로 한 중대한 성폭력범죄가 연이어 발생함에 따라 2008년 6. 13.부터 시행된 성폭력특례법은 13세 미만 아동을 대상으로 한 강간의 법정형을 친족 간 강간보다 더 가중하였다. 따라서 현재는 강간의 경우 13세 미만의 법정형이, 강제추행의 경우에는 친족 간의 법정형이 더 높으며 장기간에 걸친 성범죄가 친족 간 성폭력범죄와 13세미만 아동에 대한 성폭력범죄의 요건을 동시에 충족하는 경우 그 시기별로 각각의 법정형을 확인할 필요가 있다.

---

60) 이는 형법상의 규정과 비교하여 볼 때도 의미를 가진다. 왜냐하면 친족이 강간죄를 범한 때에는 형법상 3년에서 5년 이상의 징역으로 한 것에 비하여 강제추행죄를 범한 때에는 형법상 10년 이하의 징역에서 3년 이상의 징역으로 상대적으로 크게 가중하였다는 것을 알 수 있다. 다만 상해·치상, 살인·치사의 경우는 성폭력특례법 제8조 제2항에서 오히려 특례법상의 다른 범죄에 비해 더 낮게 처벌하고 있다.

② 구체적 적용방법

법정형을 기준으로 친족간 및 13세 미만 아동대상 성폭력범죄를 비교하면 다음과 같다.

〈 친족간 및 13세 미만 아동대상 성폭력범죄의 법정형 비교 〉

기간	친족관계 강간	친족관계 강제추행	13세 미만 강간	13세 미만 유사성교	13세 미만 강제추행
1994.4.1.~ 1997.12.31.	5년 이상의 유기징역	3년 이상의 유기징역			
1998.1.1.~ 2006.10.26.	〃 ※ 1998. 1. 1. 준강간 신설	〃 ※ 1998. 1. 1. 준강제추행 신설	5년 이상의 유기징역		1년 이상의 유기징역 또는 500만 원 이상 2천만 원이하의 벌금
2006.10.27.~ 2008.6.12.	〃	〃	〃	3년 이상의 유기징역 ※ 2006. 10. 27. 신설	1년 이상의 유기징역 또는 500만 원 이상 3천만 원 이하의 벌금
2008.6.13.~ 2010.4.14.	5년 이상의 유기징역	3년 이상의 유기징역	7년 이상의 유기징역	5년 이상의 유기징역 ※ 2006. 10. 27. 항문에 신체, 도구 삽입행위 신설	3년 이상의 유기징역 또는 1천만 원 이상 3천만 원 이하의 벌금
2010.4.15.~ 2011.11.16.	7년 이상의 유기징역	5년 이상의 유기징역	10년 이상의 유기징역	7년 이상의 유기징역	5년 이상의 유기징역 또는 3천만 원 이상 5천만 원 이하의 벌금
2011.11.17.~	〃	〃	무기 또는 10년 이상의 징역	〃	〃

현재는 강간 및 유사강간죄의 경우는 13세 미만으로 강제추행은 친족 간으로 의율하는 것이 옳다. 다만 2006. 10. 26.까지는 유사강간죄가 도입되지 않았음을 주의해야 한다.

생각해 볼 문제

친부가 13세 미만의 친딸을 위력에 의해 간음 및 추행한 경우 어떤 조항을 적용하여야 하는가?

【친족 및 13세 미만 아동에 대한 성폭력범죄가 경합한 사례】

서울중앙지방법원 2014. 3. 24. 선고 2013고합1024, 2013전고58 판결은 13세인 친딸에 대하여 "옷을 벗어라"고 말하고 피해자의 몸 위에 올라타 피해자의 반항을 억압한 다음 간음한 사안에 대하여 비록 피해자가 평소 피고인으로부터 잦은 폭행을 당하여 피고인의 말을 어기는 것을 두려워하였고, 위 공소사실과 같은 간음행위가 있을 당시 피해자가 피고인에게 하기 싫다는 말을 한 사실은 인정되나, 피고인은 위 각 간음행위를 할 당시에는 물론 그 행위가 시작되기 전에도 피해자를 폭행한 사실이 없고, 단지 피해자에게 옷을 벗고 다리를 벌리라고만 하여 그에 따랐다는 취지로만 진술하고 있는바, 비록 피고인의 간음행위가 피해자의 피고인에 대한 두려움에 기인한다고 하더라도, 그러한 사정만으로는 피고인이 각 간음행위 당시에 피해자의 반항을 억압할 만한 폭행 내지 협박이 없었다고 보았다. 따라서 친족관계에 의한 강간이 아닌 13세 미만에 대한 위계에 의한 간음으로 처리하였다.

10. 객체—장애인(장애인 성폭력사건의 특성)[61]

[1] 장애인 성폭력사건의 특징

대부분의 장애인은 정신적, 신체적 장애로 인해 사회적 관계 형성이나 사회 참여가 제한적인 경우가 많다. 특히 지적장애인은 이런 사회환경적 배제로 인해 인간관계에 대한 대처능력이 부족하여 쉽게 유인되고 가해자의 강요를 거부하는데 상당한 부담감을 느껴 저항하지 못하거나 성폭력 이후에도 가해자와 관계를 지속하는 등 피해가 지속되는 경향이 있다. 그 외에도 장애인 성폭력사건은 다음의 특징을 나타낸다.

① 성폭력 피해를 드러내기 어렵고 가족 등 제3자가 알게 되면서 드러난다. 장애와 비장애를 막론하고 우리사회에서 성폭력 피해를 드러내는 것은 어려운 일이나 특히 장애인의 경우 소통의 어려움, 보호망의 부재, 장애인에 대한 불신, 성교육 부재, 정보 부족, 상담·수사기관의 낮은 접근성 등 다양한 사유로 더 어려운 상황에 있다. 따라서 가족 등 제3자가 성폭력사실을 알게 되고나서 상담하거나 신고하는 사례가 많다[62].

② 성폭력이 지속적, 반복적으로 발생하며 가해자가 다수인 경우도 있다. 성폭력 피해가 드러나기 어려운 만큼 피해가 여러 차례 지속되는 경우가 많으며 가해자들이 서로 정보를 공유하고 여러 사람이 한 명의 피해자를 반복적으로 가해하는 사례도 있다.

③ 가해자와 가까운 사이인 경우가 많고 피해 이후에도 관계를 지속한다. 근친, 이웃, 남자친구, 복지인력 등 피해자와 가까운 사람이 가해자인 경우가 많다. 피해자는 다양한 이유[63]로 사건 이후에도 가해자와 관계

---

61) 본 장은 (사)장애여성공감의 자료를 참고·인용하였다.
62) 이 경우에도 상대적으로 소통이 수월하다고 제3자와만 소통하고 피해자의 의사를 배제해서는 안 되고 또한 피해자가 이용당하고 있다고 생각해서도 안 된다.
63) 다음과 같은 이유가 있을 수 있다.
   ① 가해자 외에는 도움을 받을 수 있는 사람이 없다.
   ② 인간관계에 대한 욕구가 있지만 친밀한 관계가 매우 부족하다.
   ③ 인간관계에 대한 대처능력이 낮다.

를 지속할 수 있는데 피해자가 가해자의 행위에 동의하거나 용서한 경우와 구별이 필요하다.

④ 성폭력과 성관계의 구분을 어려워하며 가해자를 친밀한 관계로 인식한다. 장애의 종류, 성교육의 부족, 성폭력에 대한 인식의 부재, 특정한 장애 공동체의 고유한 성문화로 성폭력과 성관계를 구분하여 인식하지 못하거나 구분하여 표현하지 못하는 경우가 있을 수 있다. 그리고 사회적 관계를 형성하기 어려운 장애 여성은 일찍부터 성폭력적 관계를 통한 남성과의 관계 형성에 익숙해지게 되고 가해자에 대한 분노와 애정의 양가감정에 혼란스러워하며 가해자가 폭력적 관계를 중단하고 사과하면 관계가 회복될 것이라고 믿는 경우가 있다.

⑤ 성매매의 외관을 띄는 경우가 있다. 판단능력이 부족한 피해자를 유인하기 위해 제공한 돈, 옷, 음식 등이 대가로 취급되어, 피해 장애 여성이 성폭력 피해자가 아닌 성매매 행위자로 오인될 여지가 있다.

② 장애아동 피해자의 특성(지적장애피해자 중심)

① 친밀성의 부재·부족으로 인해, 부적절한 성행동·성경험으로 연결
② 관계맺음과 관계유지에 대한 욕구·관계에서의 취약함으로 인해, 성폭력과 성매매로 연결
③ 보호와 통제로 인해, 가해자에게 쉽게 유인됨
④ 지적장애 여성 피해자에 대한 낙인(문제아 또는 순수한 피해자 프레임)

---

④ 자신에게 도움을 주는 사람과 자신을 이용하는 사람을 구분하지 못한다.
⑤ 성폭력 외에는 가해자는 피해자에게 도움이 되는 사람이다.
⑥ 과거의 성폭력 경험이 적절히 처리되지 않았다.
⑦ 다른 사람이 자신을 믿어줄 것이라는 신뢰가 없다.
⑧ 가해자가 아무에게도 말하지 말라고 경고한 것이 심리적으로 큰 부담이 된다.
⑨ 가해자의 연락을 거부하는 것이 심리적으로 큰 부담이 된다.
⑩ 성폭력의 의미를 이해하지 못한다.
⑪ 성폭력이 중단될 것이라고 믿는다.

생각해 볼 문제
신체적 장애인에 대한 성폭력 사건의 특성은?

11. 객체-장애인(항거불능 및 항거곤란 상태 등)

> ▫ **형법 제299조(준강간, 준강제추행)**
>
> 　사람의 심신상실 또는 항거불능의 상태를 이용하여 간음 또는 추행을 한 자는 제297조, 제297조의2 및 제298조의 예에 의한다.⟨개정 2012.12.18.⟩
>
> ▫ **형법 제302조(미성년자 등에 대한 간음)**
>
> 　미성년자 또는 심신미약자에 대하여 위계 또는 위력으로써 간음 또는 추행을 한 자는 5년 이하의 징역에 처한다.
>
> ▫ **성폭력범죄의처벌등에관한특례법 제6조(장애인에 대한 강간·강제추행 등)**
>
> 　④ 신체적인 또는 정신적인 장애로 항거불능 또는 항거곤란 상태에 있음을 이용하여 사람을 간음하거나 추행한 사람은 제1항부터 제3항까지의 예에 따라 처벌한다.
>
> ▫ **아동·청소년의성보호에관한법률 제8조(장애인인 아동·청소년에 대한 간음 등)**
>
> 　① 19세 이상의 사람이 장애 아동·청소년(「장애인복지법」 제2조제1항에 따른 장애인으로서 신체적인 또는 정신적인 장애로 사물을 변별하거나 의사를 결정할 능력이 미약한 13세 이상의 아동·청소년을 말한다. 이하 이 조에서 같다)을 간음하거나 장애 아동·청소년으로 하여금 다른 사람을 간음하게 하는 경우에는 3년 이상의 유기징역에 처한다.
>
> 　② 19세 이상의 사람이 장애 아동·청소년을 추행한 경우 또는 장애 아동·청소년으로 하여금 다른 사람을 추행하게 하는 경우에는 10년 이하의 징역 또는 1천500만원 이하의 벌금에 처한다.

① 성폭력 관련법상 장애인의 정의들과 의의

　장애인에 대한 성폭력범죄 관련 형법 제299조는 '심신상실자 등'을, 제302조는 '심신미약자[64]'를, 성폭력처벌법 제6조는 '신체적인 또는 정신적인 장애가

---

64) 형법 제10조 제2항의 심신미약과 같은 의미다. 즉 심신미약으로 사물을 변별할 능력이 미약

있는 사람(제1, 2, 3, 5, 6항)'과 '신체적인 또는 정신적인 장애로 항거불능 또는 항거곤란 상태에 있는 사람(제4항)'을, 아청법 제8조는 '장애 아동·청소년(「장애인복지법」 제2조 제1항에 따른 장애인으로서 신체적인 또는 정신적인 장애로 사물을 변별하거나 의사를 결정할 능력이 미약한 13세 이상의 아동·청소년)이라는 개념을 각각 장애인의 정의로 규정하고 있다.

이를 크게 구분하면 성폭력처벌법 제6조 제1, 2, 3, 5, 6항처럼 장애가 있기만 하면 장애인에 대한 성폭력범죄가 인정되는 규정과, 장애가 있더라도 항거불능이나 항거곤란 등의 상태가 있어야 성폭력범죄가 인정되는 규정으로 나눌 수 있다.

상태를 전제로 하는 규정은 형법 제정 당시부터 형법 제299조와 형법 제302조로 존재하고 있었고 대부분의 장애인 대상 성폭력범죄의 경우 형법 제302조로 의율해 왔다[65]. 그러나 제302조의 경우 법정형도 낮은 데다가 친고죄여서 사실상 실효성이 없었다. 따라서 장애인 대상 성폭력범죄에 있어서 가장 주목받아온 처벌규정은 현행 성폭력처벌법 제6조로 성폭력처벌법은 신체적인 장애로 항거불능 상태에 있는 사람에 대한 성폭력범죄를 제정 당시부터 비친고죄로 규정하였고 이후 그 처벌범위를 확대하면서 처벌 자체도 강화해왔다.

② 항거불능 상태 개념의 의의와 판례의 변화

성폭력처벌법상의 장애인성폭력 처벌조항도 2011. 11. 17. 성폭력처벌법 개정 이전까지는 여러 가지 문제를 안고 있었다. 이전에는 성폭력처벌법상의 처벌규정도 형법상 강간 또는 강제추행의 형과 똑같아 가중처벌규정이 아니었고 폭행협박이나 위계위력을 사용하지 않는(입증하기 어려운) 경우에 신체장애 또는 정신상의 장애로 항거불능인 상태에 있었다는 점을 입증하여 처벌할 수 있는 데 불과했기 때문이다.

물론 아동을 제외한 청소년 및 성인인 장애인의 경우 친고죄 및 반의사불

하거나 의사를 결정할 능력이 미약한 상태를 가리킨다. 신동운, 『형법각론』, 법문사, 2017, 686면.

65) 염형국, 「성폭력 제8조 '항거불능'에 대한 판결 비평」, 『성폭력 조장하는 대법원 판례 바꾸기 운동 -1차~12차 자료집 모음-』, 한국성폭력상담소, 2007, 317면.

벌죄의 제한 없이 처벌할 수 있다는 장점도 있었으나, 학설[66]과 마찬가지로 대법원은 2007년 이전까지 장애로 인한 항거불능을 엄격하게 해석하여 그 적용이 사실상 곤란하였다[67].

그러나 판례는 2007년 장애로 인한 항거불능의 판단기준을 다음과 같이 완화하였다. " '신체적인 또는 정신적인 장애로 항거불능인 상태에 있음'은 신체장애 또는 정신장애 그 자체로 항거불능의 상태에 있는 경우뿐 아니라 신체장애 또는 정신장애가 주된 원인이 되어 심리적 또는 물리적으로 반항이 불가능하거나 현저히 곤란한 상태에 이른 경우를 포함하는바, 그중 정신장애가 주된 원인이 되어 항거불능인 상태에 있었는지 여부를 판단함에 있어서는 피해자의 정신장애의 정도뿐 아니라 피해자와 가해자의 신분을 비롯한 관계, 주변의 상황 내지 환경, 가해자의 행위 내용과 방법, 피해자의 인식과 반응의 내용 등을 종합적으로 검토하여야 한다"[68]고 한 것이다.

쟁점별로 구체적인 판단기준은 다음과 같다.

쟁점	판단기준
피해자의 정신장애 정도	– 혼자서는 일상적인 생활이 어려운 정도로 장애가 중한 경우나 심하게 말을 더듬거리거나 이유 없이 웃는 듯한 표정을 자주 짓는 등 지적능력이 정상인과 차이를 보이는 외향을 가지고 있는 경우 인정될 가능성이 높다. – 장애의 정도가 경도에 불과하거나 자신의 의사를 표현할 수 있는 경우로서 일반학교를 졸업하였거나 독립적 생활을 영위하고 인터넷 채팅, 휴대전화 문자를 사용할 줄 아는 경우 항거불능상태를 인정하지 않은 사례가 있다.
가해자와의 관계	– 피고인이 피해자의 장애를 알고 있었던 경우나 낯선 사람이라도 피해자의 외향을 보고 피해자에게 장애가 있음을 알 수 있는 경우, 또는 피고인이 피해자 주변인에 대하여 폭력을 행사하는 것을 피해자가 본 적이 있는 경우 인정될 가능성이 높다. – 피해자가 피고인에게 호의를 보인 경우에 부정될 가능성이 높다.

---

66) 다수설은 강간죄와 강제추행죄와의 균형상, 그리고 형법 제302조에서 심신미약자에 대하여 위계 또는 위력으로 간음 또는 추행하는 것을 처벌하는 규정을 두고 있으므로 항거불능상태에 대해 심리적 또는 물리적으로 반항이 절대적으로 불가능한 경우와 현저히 곤란한 경우까지만 포함한다는 입장이었다.

67) 따라서 형법 제299조의 적용도 곤란하였다. 헌법재판소 2016. 11. 24. 선고 2015헌바297 결정. 형법 제299조가 정신적인 장애가 있는 사람의 항거불능 상태의 의미를 좁게 해석하여 처벌의 사각지대가 있었음을 시사하고 있다.

68) 대법원 2007. 7. 27. 선고 2005도2994 판결.

주변의 상황 내지 환경	- 범죄행위가 폐쇄적인 공간에서 벌어진 경우 인정될 가능성이 높다. - 피해자의 주변에 가족이나 친구들이 있어 도움을 청할 수 있는 경우에는 부정될 가능성이 높다.
가해자의 행위내용과 방법	- 별다른 폭행이나 협박행위 없이 인상을 쓰거나 위협을 가할 듯한 행동에도 피해자가 반항하지 못하는 경우에도 피해자의 상태에 따라 인정될 수 있다.
피해자의 인식과 반응의 내용	- 무섭거나 싫어도 별다른 저항을 못한 경우, 성행위의 의미를 이해하지 못하는 경우, 다수의 가해자로부터 피해를 입은 경우 인정 가능성이 높다. - 거절의 의사표시를 분명히 하거나 피해사실을 인식하고 스스로 고소하는 경우, 사건 후 피의자에게 애정을 표시하는 경우에는 부정될 가능성이 높다.

③ 성적 자기결정권을 고려한 보완

장애인의 성적 자기결정권을 보호법익으로 하는 성폭력처벌법의 취지에 비추어, 위와 같은 '항거불능인 상태'에 있었는지 여부를 판단할 때에는 피해자가 지적 장애등급을 받은 장애인이라고 하여도 단순한 지적장애 외에 성적 자기결정권을 행사하지 못할 정도의 정신장애를 가지고 있다는 점이 증명되어야 한다[69]고 이러한 기준이 보완되었다.

따라서 "외부적으로 드러나는 피해자의 지적 능력 이외에 정신적 장애로 인한 사회적 지능·성숙의 정도, 이로 인한 대인관계에서 특성이나 의사소통능력 등을 전체적으로 살펴 피해자가 범행 당시에 성적 자기결정권을 실질적으로 표현·행사할 수 있었는지를 신중히 판단"[70]하여야 한다.

> **【항거불능인 상태의 인정사례】**
>
> 대표적인 판례로 대법원 2014. 2. 13. 선고 2011도6907 판결이 있다.
>
> 판례는 정신지체 장애 3급에 해당하는 피해자에 대하여 무죄를 선고한 원심에 대하여 "피해자는 어릴 때부터 말이 없고 자신의 의사표현을 하지 못하는 등의 정신이상 증세를 보여 2005. 2.경(당시 28세) 병원에 내원하여 이에 대한 심리학적 검사가 실시된 사실, 이에 따르면 피해자의 전체 지능지수는 62로서 경도의 정신지체 수준에 해당

---

69) 대법원 2013. 4. 11. 선고 2012도12714 판결.
70) 대법원 2014. 2. 13. 선고 2011도6907 판결.

하는데 그중 언어적 표현력이나 추상적 사고능력은 다른 영역에 비하여 나은 수행을 보이는 반면, 피해자의 사회연령은 만 7세 8개월로서 '사회지수'는 그보다 낮은 48.94에 불과하고 의사소통능력이 매우 지체되어 있거나 사회적으로 위축되어 있으며 대인관계에서 철회 경향을 가지고 있다는 검사결과가 나온 사실, 피해자는 "피고인의 추행 당시 피고인이 무섭고 겁이 나서 이를 제지하지 못하였다. 피고인이라는 사람 자체가 무서웠으며, 몸을 만질 때 소름이 돋았다."는 취지로 진술한 사실, 피해자가 활동하던 교회의 전도사도 피해자가 평소 말이 거의 없고 사람들과 어울리지 못한다는 취지로 진술한 사실"을 고려하여 "비록 피해자가 이 사건 범행 이후 추행의 경위에 관하여 상세히 진술하는 등 어느 정도의 지적 능력을 가진 것으로 보인다 하더라도, 피해자는 그 사회적 지능 내지 성숙도가 상당한 정도로 지체되어 대인관계 내지 의사소통에 중대한 어려움을 겪어 왔으며 이 사건 범행 당시에도 이러한 정신적 장애로 인하여 피고인의 성적 요구에 대한 거부의 의사를 분명하게 표시하지 못하거나 자신의 다리를 오므리는 것 이상의 적극적인 저항행위를 할 수 없었던 것으로 볼 여지가 충분하다"고 하여 유죄를 인정하였다.

다만 이러한 판례들은 '항거불능'의 개념을 전제로 한 것으로 향후 항거곤란만의 독자적 판단기준을 정립할 필요가 있다.

생각해 볼 문제

현재의 장애인대상 성폭력범죄의 처벌은 적정한가?

항거곤란 상태를 어디까지 인정할 것인가?

【성폭력처벌법 제6조 제4항 법정형의 적정성】

헌법재판소는 성폭력처벌법 제6조 제4항에 대하여 장애인준강간죄의 보호법익의 중요성, 죄질, 행위자 책임의 정도 및 일반예방이라는 형사정책의 측면 등 여러 요소를 고려하여 본다면 형법상 준강간죄나 제6조 제5항의 법정형보다 무거운 법정형에도 나름대로 수긍할 만한 합리적인 이유가 있고 책임과 형벌의 비례원칙에 위배되지 아니한다고 판단하였다[71].

그러나 2011년 성폭력처벌법의 개정으로 장애인대상 간음의 경우는 3년 이상의 유기징역에서 무기 또는 7년 이상의 징역으로 상향되었다. 물론 '장애로 항거불능인 상태를 이용하여' 한 간음이라는 구성요건이 '폭행 또는 협박으로' 한 간음으로 변화하여 구성요건이 똑같다고는 볼 수 없다. 그러나 2012년 개정으로 다시 항거불능인 상태를 이용하여 한 간음을 처벌하는 규정이 제4항으로 도입되었다.

이는 13세미만 아동에 대한 강간이 98년도에 5년 이상의 유기징역의 법정형으로 도입되어 현재와 같이 무기 또는 10년 이상의 징역이 되기까지 7년 이상의 유기징역, 10년 이상의 유기징역이라는 중간단계를 거쳤음을 감안할 때 지나치다고 보인다. 더구나 2012년 개정은 항거불능뿐만 아니라 항거곤란인 상태를 이용하여 한 간음을 같은 형으로 처벌하도록 규정함으로써 처벌범위를 더 확대하고 있다. 결국 처벌 범위는 확대하면서 처벌 강도도 더 강화한다는 이중엄벌화가 이루어진 것이다.

이러한 개정에 대하여는 장애여성단체에서도 "개정된 법이 처벌형량을 지나치게 강화해 유죄입증을 위한 증거를 엄격하게 요구할 수밖에 없고, 피해자의 진술과 증언이 유일한 증거인 대다수 장애인 성폭력사건의 특성상 피해자에게 입증책임을 더 강하게 요구한다는 문제를 가지고 있다"고 일찍부터 비판하고 있다[72].

---

71) 헌법재판소 2016. 11. 24. 선고 2015헌바136 결정.
72) 장애여성공감·인화학교성폭력대책위원회·광주인화학교 사건 해결과 사회복지사업법 개정을 위한 도가니 대책위원회, "[논평]인화학교사건 판결 환영하며, 현실적 대안마련 촉구한다", 2012. 7. 19.

12. 객체—장애인(장애인복지법상 장애)

◻ **성폭력범죄의처벌등에관한특례법 제6조(장애인에 대한 강간·강제추행 등)**

① 신체적인 또는 정신적인 장애가 있는 사람에 대하여 「형법」 제297조(강간)의 죄를 범한 사람은 무기징역 또는 7년 이상의 징역에 처한다.

② 신체적인 또는 정신적인 장애가 있는 사람에 대하여 폭행이나 협박으로 다음 각 호의 어느 하나에 해당하는 행위를 한 사람은 5년 이상의 유기징역에 처한다.

  1. 구강·항문 등 신체(성기는 제외한다)의 내부에 성기를 넣는 행위

  2. 성기·항문에 손가락 등 신체(성기는 제외한다)의 일부나 도구를 넣는 행위

③ 신체적인 또는 정신적인 장애가 있는 사람에 대하여 「형법」 제298조(강제추행)의 죄를 범한 사람은 3년 이상의 유기징역 또는 2천만 원 이상 5천만 원 이하의 벌금에 처한다.

⑤ 위계(僞計) 또는 위력(威力)으로써 신체적인 또는 정신적인 장애가 있는 사람을 간음한 사람은 5년 이상의 유기징역에 처한다.

⑥ 위계 또는 위력으로써 신체적인 또는 정신적인 장애가 있는 사람을 추행한 사람은 1년 이상의 유기징역 또는 1천만 원 이상 3천만 원 이하의 벌금에 처한다.

◻ **아동·청소년의성보호에관한법률 제8조(장애인인 아동·청소년에 대한 간음 등)**

① 19세 이상의 사람이 장애 아동·청소년(「장애인복지법」 제2조제1항에 따른 장애인으로서 신체적인 또는 정신적인 장애로 사물을 변별하거나 의사를 결정할 능력이 미약한 13세 이상의 아동·청소년을 말한다. 이하 이 조에서 같다)을 간음하거나 장애 아동·청소년으로 하여금 다른 사람을 간음하게 하는 경우에는 3년 이상의 유기징역에 처한다.

② 19세 이상의 사람이 장애 아동·청소년을 추행한 경우 또는 장애 아동·청소년으로 하여금 다른 사람을 추행하게 하는 경우에는 10년 이하의 징역 또는 1천500만 원 이하의 벌금에 처한다.

① 장애인복지법상 장애의 의의와 종류

성폭력처벌법상 일부 조항은 단순히 장애가 있는 것만을 전제로 장애인 대상 성폭력범죄를 규정하고 있어 우선 장애 여부를 확인해야 한다. 실무적으로는 장애인 여부를 확인하기 위해서 피해자가 장애인으로 등록되어 있는지를 먼저 확인한다. 이는 장애인복지법에 따른 것으로 복지카드를 통해 장애등급을 확인할 수 있기 때문이다73).

더구나 아청법은 제8조에서 장애 아동·청소년을 규정하면서 비록 신체적인 또는 정신적인 장애로 사물을 변별하거나 의사를 결정할 능력이 미약할 것을 요구하지만 먼저 장애인복지법 제2조 제1항에 따른 장애인일 것을 전제하고 있다74). 따라서 장애인복지법 제2조 제1항의 장애인 개념을 이해할 필요가 있다.

〈장애인복지법상 장애의 종류75)〉

정신적 장애 76)	발달 장애	지적 장애인	정신 발육이 항구적으로 지체되어 지적 능력의 발달이 불충분하거나 불완전하고 자신의 일을 처리하는 것과 사회생활에 적응하는 것이 상당히 곤란한 사람
		자폐성 장애인	소아기 자폐증, 비전형적 자폐증에 따른 언어·신체표현·자기조절·사회적응 기능 및 능력의 장애로 인하여 일상생활이나 사회생활에 상당한 제약을 받아 다른 사람의 도움이 필요한 사람
	정신 장애	정신 장애인	지속적인 정신분열병, 분열형 정동장애(情動障碍 : 여러 현실 상황에서 부적절한 정서 반응을 보이는 장애), 양극성 정동장애 및 반복성 우울장애에 따른 감정조절·행동·사고 기능 및 능력의 장애로 인하여 일상생활이나 사회생활에 상당한 제약을 받아 다른 사람의 도움이 필요한 사람
		지체 장애인	가. 한 팔, 한 다리 또는 몸통의 기능에 영속적인 장애가 있는 사람 나. 한 손의 엄지손가락을 지골(指骨 : 손가락 뼈) 관절 이상의 부위에서 잃은 사람 또는 한 손의 둘째 손가락을 포함한 두 개 이상의 손가락을 모두 제1지골 관절 이상의 부위에서 잃은 사람 다. 한 다리를 리스프랑(Lisfranc : 발등뼈와 발목을 이어주는) 관절 이상의 부위에서 잃은 사람

---

73) 다만 등록하지 않은 경우도 있으며 중복장애를 가지고도 일부 장애만을 등록하는 경우가 있을 수 있어 주의가 필요하다.

74) 성폭력처벌법 제6조 제1항 등의 '신체적인 또는 정신적인 장애가 있는 사람'도 장애인복지법을 기본 전제로 판단해야 할 것이다. 2015. 11. 21. 시행된 발달장애인 권리보장 및 지원에 관한 법률도 발달장애인에 대하여 장애인복지법 제2조 제1항의 장애인 개념을 그대로 쓰고 있다.

75) 장애인복지법 시행령, 별표1.

신체적 장애	외부 신체 기능 장애		라. 두 발의 발가락을 모두 잃은 사람 마. 한 손의 엄지손가락 기능을 잃은 사람 또는 한 손의 둘째 손가락을 포함한 손가락 두 개 이상의 기능을 잃은 사람 바. 왜소증으로 키가 심하게 작거나 척추에 현저한 변형 또는 기형이 있는 사람 사. 지체(肢體)에 위 각 목의 어느 하나에 해당하는 장애 정도 이상의 장애가 있다고 인정되는 사람
		뇌병변 장애인	뇌성마비, 외상성 뇌손상, 뇌졸중(腦卒中) 등 뇌의 기질적 병변으로 인하여 발생한 신체적 장애로 보행이나 일상생활의 동작 등에 상당한 제약을 받는 사람
		시각 장애인	가. 나쁜 눈의 시력(만국식시력표에 따라 측정된 교정시력을 말한다. 이하 같다)이 0.02 이하인 사람 나. 좋은 눈의 시력이 0.2 이하인 사람 다. 두 눈의 시야가 각각 주시점에서 10도 이하로 남은 사람 라. 두 눈의 시야 2분의 1 이상을 잃은 사람
		청각 장애인	가. 두 귀의 청력 손실이 각각 60데시벨(dB) 이상인 사람 나. 한 귀의 청력 손실이 80데시벨 이상, 다른 귀의 청력 손실이 40데시벨 이상인 사람 다. 두 귀에 들리는 보통 말소리의 명료도가 50퍼센트 이하인 사람 라. 평형 기능에 상당한 장애가 있는 사람
		언어 장애인	음성 기능이나 언어 기능에 영속적으로 상당한 장애가 있는 사람
		안면 장애인	안면 부위의 변형이나 기형으로 사회생활에 상당한 제약을 받는 사람
	내부 신체 기능 장애	신장 장애인	신장의 기능부전(機能不全)으로 인하여 혈액투석이나 복막투석을 지속적으로 받아야 하거나 신장기능의 영속적인 장애로 인하여 일상생활에 상당한 제약을 받는 사람
		심장 장애인	심장의 기능부전으로 인한 호흡곤란 등의 장애로 일상생활에 상당한 제약을 받는 사람
		호흡기 장애인	폐나 기관지 등 호흡기관의 만성적 기능부전으로 인한 호흡기능의 장애로 일상생활에 상당한 제약을 받는 사람
		간 장애인	간의 만성적 기능부전과 그에 따른 합병증 등으로 인한 간기능의 장애로 일상생활에 상당한 제약을 받는 사람
		장루· 요루 장애인	배변기능이나 배뇨기능의 장애로 인하여 장루(腸瘻) 또는 요루(尿瘻)를 시술하여 일상생활에 상당한 제약을 받는 사람
		간질 장애인	간질에 의한 뇌신경세포의 장애로 인하여 일상생활이나 사회생활에 상당한 제약을 받아 다른 사람의 도움이 필요한 사람

76) 정신적 장애는 지적장애, 자폐성장애, 정신장애 등을 포괄하는 개념으로 정신분열, 정동장애, 우울장애를 뜻하는 정신장애와 구별이 필요하다.

② 지적장애인 대상 성폭력범죄의 특성과 진단기준

장애인 대상 성폭력범죄 중에서도 특히 지적장애인에 대한 성폭력범죄가 가장 많이 발생하는 것으로 알려졌으며[77] 주로 강간의 피해를 입어[78] 신체적, 정신적으로 치명적인 상처를 입고 일상생활에서도 심각한 후유증에 시달리고 있다[79].

지적장애[80]란 만 18세 이전에 나타나는데 지능지수가 70 이하이고 인지기능이 저하되어 있다. 다만 사회생활에 적응장애를 초래하는 정도가 중요하게 고려되어야 하다. 즉 '지능지수'와 사회환경적 차원에 의해 결정되는 '적응기능'

---

77) 광주여성장애인성폭력상담소에서 2002년도부터 2010년까지 지원한 피해자를 장애유형별로 분석한 바 지적장애인이 전체의 82%로 절대 다수를 차지하고 지체장애인, 청각장애인, 기타, 뇌병변장애인, 정신장애인, 시각장애인 순으로 나타났다.

〈광주여성장애인성폭력상담소에서 지원한 피해자 장애 유형〉

년도	계	지적	지체	뇌병변	시각	청각	내부	정신	기타	미파악
2002	22	22	–	–	–	–	–	–	–	–
2003	25	25	–	–	–	–	–	–	–	–
2004	57	42	9	2	–	–	–	–	4	–
2005	51	34	8	–	–	6	–	–	3	–
2006	68	40	7	2	–	14	–	–	5	–
2007	76	48	6	1	1	13	–	6	1	–
2008	68	61	2	2	1	1	–	–	1	–
2009	177	166	2	3	2	2	–	2	–	–
2010	115	104	1	3	1	3	–	3	–	–
합계	659	542	35	13	5	39	0	11	14	0

(광주여성장애인성폭력상담소 「여성장애인성폭력 실태 및 개선방향」, 『여성장애인성폭력 실태 및 대처방안 토론회 자료집』, 2011)

78)   〈광주여성장애인성폭력상담소에서 지원한 피해자 현황 분석〉

년도	계	강간	성추행	성희롱	기타
2002	22	22	–	–	–
2003	25	25	–	–	–
2004	57	52	2	3	–
2005	51	43	8	–	–
2006	68	57	11	–	–
2007	76	60	16	–	–
2008	68	67	1	–	–
2009	177	169	4	4	–
2010	115	105	6	–	4
합계	659	600	48	7	4

(광주여성장애인성폭력상담소 「여성장애인성폭력 실태 및 개선방향」, 『여성장애인성폭력 실태 및 대처방안 토론회 자료집』, 2011)

79) 더구나 재피해를 당하는 경우가 많은데 심리적 불안정으로 인한 우울, 분노로 정신질환까지 얻게 되는 사례가 증가하고 있다고 한다. 광주여성장애인성폭력상담소, 「여성장애인성폭력 실태 및 개선방향」, 『여성장애인성폭력 실태 및 대처방안 토론회 자료집』, 2011, 10면.

80) 과거 '지적장애'를 의미하는 말로 '정신지체'라는 용어가 사용되었으나 편견과 부정적인 의미 때문에 현재는 사용되지 않고 있다.

이 복합적으로 측정되는 장애로 현재 개인용 지능검사를 실시하여 얻은 지능지수에 따라 판정하며 사회성숙도 검사를 참조한다.

장애인복지법 시행규칙[81]은 지적장애에 대하여 다음과 같이 1~3급으로 나누고 있다.

등급	설명
제1급	지능지수와 사회성숙지수가 34 이하인 사람으로서 일상생활과 사회생활에 적응하는 것이 현저하게 곤란하여 일생 동안 다른 사람의 보호가 필요한 사람
제2급	지능지수와 사회성숙지수가 35 이상 49 이하인 사람으로서 일상생활의 단순한 행동을 훈련시킬 수 있고, 어느 정도의 감독과 도움을 받으면 복잡하지 아니하고 특수기술이 필요하지 아니한 직업을 가질 수 있는 사람
제3급	지능지수와 사회성숙지수가 50 이상 70 이하[82]인 사람으로서 교육을 통한 사회적·직업적 재활이 가능한 사람

---

81) 다른 장애의 자세한 장애등급도 장애인복지법 시행규칙을 통해 확인할 수 있다.
82) 지능지수가 70~80에 해당돼도 적응기능이 부족한 경우 지적장애 등록이 가능하거나 '경계선 지능'에 해당한다.

생각해 볼 문제

장애인복지법상 장애의 구분은 성폭력범죄에 있어서 유용한가?[83]
특히 지적 장애인에 대한 진단기준은 계속 유지될 것인가?

【장애의 진단기준 관련 최근의 변화】

정신적인 장애를 판단하는 데 있어서 장애등급뿐만 아니라 정신의학적 판단도 중요하다. 지적장애를 포함한 정신장애의 진단은 미국의 '정신질환의 진단 및 통계 편람'을 이용하고 있는데 2013년 제5판으로 개정되었고 많은 변화가 있었다. 이하에서는 몇 가지 중요한 개정에 대해서 소개한다.

1) 지적장애 개념과 진단기준의 변화

제4판에서는 정신지체(Mental Retardation)라는 개념을 사용하였으나 제5판에서는 (지적장애: Intellectual Disability)라는 개념을 사용하면서 IQ점수를 기준에서 제외하였다.

〈제5판(지적 장애: Intellectual Disability)의 진단기준〉

A	임상적 평가와 개별적으로 실시된 표준화된 지능검사로 확인된 지적 기능(추론, 문제해결, 계획, 추상적 사고, 판단, 학업, 경험학습)의 결함이 있다. ※ IQ점수가 진단기준에서 제외되었음
B	적응 기능의 결함으로 인해 독립성과 사회적 책임 의식에 필요한 발달학적, 사회문화적 표준을 충족하지 못한다. 지속적인 지원 없는 적응 결함으로 인해 다양한 환경(가정, 학교, 일터, 공동체)에서 한 가지 이상의 일상 활동(의사소통, 사회적 참여, 독립적 생활) 기능에 제한을 받는다.
C	지적 결함과 적응 기능의 결함은 발달 시기 동안에 시작된다.

2) 발달장애 관련 조정

DSM-IV-TR(2000)에서는 자폐성장애, 레트장애, 소아기붕괴성장애, 아스퍼거장애, 달리 분류되지 않는 전반적 발달장애로 나누고 있었으나 제5판에서는 자폐스펙트럼장애로 통합하고 심각도(severity level)로 구분하였다.

---

83) 현재 장애인을 장애상태와 정도 등 의학적 기준에 따라 1~6등급으로 구분하고 있는데, 이는 장애인의 복지를 고려한 개념으로 형법상의 개념이 아니다. 더구나 장애인 복지에 있어서도 문제가 많아 2018. 3. 20. 법률 제15270호로 시행된 개정 장애인복지법은 '장애등급'을 '장애 정도'로 변경하는 등 장애등급제를 개편하는 내용을 담고 있다.

13. 객체-장애인(성폭력처벌법 제6조의 변천)

▫ **성폭력범죄의처벌및피해자보호등에관한법률 제8조 (장애인에 대한 준강간 등)**

신체장애로 항거불능인 상태에 있음을 이용하여 여자를 간음하거나 사람에 대하여 추행한 자는 형법 제297조(강간) 또는 제298조(강제추행)에 정한 형으로 처벌한다.〈제정 1994.4.1.〉

▫ **성폭력범죄의처벌및피해자보호등에관한법률 제8조 (장애인에 대한 간음등)**

신체장애 또는 정신상의 장애로 항거불능인 상태에 있음을 이용하여 여자를 간음하거나 사람에 대하여 추행한 자는 형법 제297조(강간) 또는 제298조(강제추행)에 정한 형으로 처벌한다.〈개정 1997.8.22.〉

▫ **구성폭력범죄의처벌등에관한특례법 제6조(장애인에 대한 강간·강제추행 등)**

① 신체적인 또는 정신적인 장애가 있는 여자에 대하여 「형법」 제297조(강간)의 죄를 범한 사람은 무기 또는 7년 이상의 징역에 처한다.

② 신체적인 또는 정신적인 장애가 있는 사람에 대하여 폭행이나 협박으로 다음 각 호의 어느 하나에 해당하는 행위를 한 사람은 5년 이상의 유기징역에 처한다.

　1. 구강·항문 등 신체(성기는 제외한다)의 내부에 성기를 넣는 행위

　2. 성기·항문에 손가락 등 신체(성기는 제외한다)의 일부나 도구를 넣는 행위

③ 신체적인 또는 정신적인 장애가 있는 사람에 대하여 「형법」 제298조(강제추행)의 죄를 범한 사람은 3년 이상의 유기징역 또는 2천만 원 이상 5천만 원 이하의 벌금에 처한다.

④ 신체적인 또는 정신적인 장애가 있는 사람에 대하여 「형법」 제299조(준강간, 준강제추행)의 죄를 범한 사람은 제1항부터 제3항까지의 예에 따라 처벌한다.

⑤ 위계(僞計) 또는 위력(威力)으로써 신체적인 또는 정신적인 장애가 있는 여자를 간음한 사람은 5년 이상의 유기징역에 처한다.

⑥ 위계 또는 위력으로써 신체적인 또는 정신적인 장애가 있는 사람을 추행한 사람은 1년 이상의 유기징역 또는 1천만 원 이상 3천만 원 이하의 벌금에 처한다.

⑦ 장애인의 보호, 교육 등을 목적으로 하는 시설의 장 또는 종사자가 보호, 감독의 대상인 장애인에 대하여 제1항부터 제6항까지의 죄를 범한 경우에는 그 죄에 정한 형의 2분의 1까지 가중한다.[전문개정 2011.11.17.]

□ **성폭력범죄의처벌등에관한특례법 제6조(장애인에 대한 강간·강제추행 등)**

① 신체적인 또는 정신적인 장애가 있는 사람에 대하여 「형법」 제297조(강간)의 죄를 범한 사람은 무기징역 또는 7년 이상의 징역에 처한다.

② 신체적인 또는 정신적인 장애가 있는 사람에 대하여 폭행이나 협박으로 다음 각 호의 어느 하나에 해당하는 행위를 한 사람은 5년 이상의 유기징역에 처한다.

  1. 구강·항문 등 신체(성기는 제외한다)의 내부에 성기를 넣는 행위

  2. 성기·항문에 손가락 등 신체(성기는 제외한다)의 일부나 도구를 넣는 행위

③ 신체적인 또는 정신적인 장애가 있는 사람에 대하여 「형법」 제298조(강제추행)의 죄를 범한 사람은 3년 이상의 유기징역 또는 2천만 원 이상 5천만 원 이하의 벌금에 처한다.

④ 신체적인 또는 정신적인 장애로 항거불능 또는 항거곤란 상태에 있음을 이용하여 사람을 간음하거나 추행한 사람은 제1항부터 제3항까지의 예에 따라 처벌한다.

⑤ 위계(僞計) 또는 위력(威力)으로써 신체적인 또는 정신적인 장애가 있는 사람을 간음한 사람은 5년 이상의 유기징역에 처한다.

⑥ 위계 또는 위력으로써 신체적인 또는 정신적인 장애가 있는 사람을 추행한 사람은 1년 이상의 유기징역 또는 1천만 원 이상 3천만 원 이하의 벌금에 처한다.

⑦ 장애인의 보호, 교육 등을 목적으로 하는 시설의 장 또는 종사자가 보호, 감독의 대상인 장애인에 대하여 제1항부터 제6항까지의 죄를 범한 경우에는 그 죄에 정한 형의 2분의 1까지 가중한다.

① 성폭력처벌법 제6조의 의의

이 규정은 1994. 1. 5. 제정되어 1994. 4. 1. 시행된 성폭력특례법부터 존재하던 조항이다. 처음에는 신체장애로 항거불능인 상태에 있음을 이용하여 여자를 간음하거나 사람을 추행한 경우 처벌하는 조항이었으나, 1997년 개정으로 정신상의[84] 장애로 항거불능 상태에 있음을 이용한 간음 또는 추행까지 확대되

었다. 이후 2011년 개정을 통해 장애가 있는 사람도 대상에 포함되었고 2012년 개정을 통해 장애로 항거곤란 상태에 있는 사람도 대상에 포함되었다.

② 2011년 개정 및 2012년 개정의 평가

2011년 개봉한 영화 '도가니'를 계기로 장애인 대상 성폭력범죄에 대한 관심이 높아졌고 이는 이전부터 발생한 다양한 성폭력사건들로 인하여 계속 엄벌화되던 경향과 맞물려 장애인에 대한 성폭력범죄 처벌규정이 획기적으로 바뀌는 결과를 낳았다.

그 결과 단지 하나의 조항에 불과하였던 것이 2011년 개정을 통해 총 7항으로 세분화되었고 제5항에서 위계 또는 위력에 의한 간음과 추행을 규정함으로써 그간 항거불능에 해당하지 않아 처벌하기 어려웠던 경우에 대한 해결책을 제시하였다.

다만 '항거불능' 조항을 삭제하여 장애인의 특성을 전혀 고려하지 않았다는 비난을 받았다. 아울러 ① 처벌을 강화한 점, ② 장애인 보호, 교육 등을 목적으로 하는 시설의 장 또는 종사자가 장애인에 대하여 성폭력범죄를 범한 경우 형을 2분의 1까지 가중하는 내용을 담은 점 또한 그 이전의 법률 및 다른 법들과 비교할 때 도가니사건을 의식한 무리한 입법으로 볼 수 있다.

이에 따라 2012년 개정에서는 '신체적인 또는 정신적인 장애가 있는 사람에 대하여 준강간·준강제추행'한 경우를 규정한 제4항을 '신체적인 또는 정신적인 장애로 항거불능 또는 항거곤란 상태에 있음을 이용하여 간음하거나 추행'한 경우로 수정하여 기존의 비판을 수용하고 장애인 대상 성폭력범죄의 처벌을 위한 새로운 대안을 추가로 제시하였다.

---

84) 1994. 1. 5. 법제정 시에는 신체장애만 규정하고 있었으나 1997. 8. 22. 개정되어 1998. 1. 1. 법률 제5343호로 시행된 개정법에 '정신상의 장애로'라는 규정이 추가되었다. 이는 장애인복지법에 명시된 신체장애 내지 정신장애 등을 가진 장애인을 망라함으로써 적용대상 장애인의 범위를 확대한 것으로 평가되는데, 실제로 정신적 장애인 지적 장애자에 대한 성폭력이 대다수를 차지하는 것을 감안할 때 적절한 입법으로 평가할 수 있다. 다만 94년 제정 시 신설된 신체장애인에 대한 처벌조항도 애초 의원 입법안에는 전혀 없었고 여성의 전화, 성폭력상담소, 김부남사건대책위원회, 대구여성회 등 4개 단체가 성폭력특별법제정추진위원회를 구성하여 단일특별입법을 청원하면서 포함된 것이다. 장영민 편저, 『5대 형사특별법 제·개정 자료집』, 형사정책연구원, 2009, 565면.

생각해 볼 문제

장애인 대상 성폭력사건에는 어떤 법률을 의율해야 하는가?

【장애인 대상 성폭력범죄와 다른 성폭력범죄 경합시 처리】

　　장애인 대상 성폭력범죄도 다른 유형의 성폭력범죄와 중첩될 수 있다. 특히 아동이나 청소년인 장애인을 대상으로 성폭력범죄가 범해지는 경우 어떤 조항을 적용해야 하는지 문제가 된다. 원칙은 가장 무거운 법정형이 규정되어 있는 형벌법규를 적용해야 하지만 장애인 대상 성폭력사건의 특수성을 고려할 필요가 있다. 따라서 다음과 같은 적용방법을 추천한다.

	피해자가 성인	피해자가 성인이 아닌 경우
장애가 경계선상에 있는 피해자	성폭법 제6조 제5항	친족 또는 아동인 경우 : 성폭법 5조와 7조 청소년인 경우 : 아청법 7조
장애정도가 심한 피해자	성폭법 제6조 제4항	아동 또는 청소년인 경우 : 아청법 제8조

　　즉 무조건 성폭력처벌법 제6조를 적용하는 것이 아니라 다른 처벌조항이 적용가능한지 여부를 충분히 검토하자는 것이다. 이는 장애인 대상 성폭력범죄 관련 최근 판례 및 처벌규정이 위에서 살펴본 것처럼 폭넓게 적용될 수 있도록 변화하였지만 처벌규정 자체의 문제점과 함께 무엇보다도 쟁점이 피해자가 장애인인지 여부에 집중됨으로써 피해자에게 2차 피해가 유발될 가능성이 크기 때문이다[85].

---

85) 김정혜, 「장애여성 성폭력 판례에 대한 여성주의적 분석」, 『이화젠더법학』 제8권 제3호, 2016, 9면도 장애인을 대상으로 하는 성폭력범죄의 유죄판결에서는 여러 가지 요소를 종합적으로 고려하는 반면, 무죄판결에서는 피해자의 특성(장애정도 및 성에 대한 이해도)을 중점적으로 다루고 있다고 지적하고, 피해자의 거부로부터 '성관계를 원치 않음'이 아니라 피해자의 능력을 입증하는 논리를 문제로 지적하고 있다.

3장
범행 방법

14. 폭행과 협박(강간)

> □ **형법 제297조(강간)**
> 폭행 또는 협박으로 사람을 강간한 자는 3년 이상의 유기징역에 처한다.

① 강간죄에서의 폭행·협박

성폭력범죄의 경우 폭행·협박을 기본적 범행 방법으로 전제하고 있고 마취제, 수면제, 최면술 등을 사용하는 경우도 폭행으로 인정된다[86]. 다만 그 정도가 차이나는데 강간의 경우 대법원은 그 폭행 또는 협박이 "피해자의 항거를 **불가능하게 하거나 현저히 곤란하게 할 정도**의 것이어야 하고, 그 여부는 그 폭행·협박의 내용과 정도는 물론, 유형력을 행사하게 된 경위, 피해자와의 관계, 성교 당시와 그 후의 정황 등 모든 사정을 종합하여 판단하여야 한다"고 한 후 "사후적으로 보아 피해자가 성교 이전에 범행 현장을 벗어날 수 있었다거나 피해자가 사력을 다하여 반항하지 않았다는 사정만으로 가해자의 폭행·협박이 피해자의 항거를 현저히 곤란하게 할 정도에 이르지 않았다고 섣불리 단정하여서는 안 된다"고 판시[87]하였다.

폭행 관련해서는 피해자를 소파에 밀어붙이고 양쪽 어깨를 눌러 일어나지 못하게 한 경우가 인정되었고[88], 협박 관련해서는 유부녀인 피해자에 대하여

---

86) 대법원 1979. 9. 25. 선고 79도1735 판결.
87) 대법원 2005. 7. 28. 선고 2005도3071 판결.
88) 대법원 2005. 7. 28. 선고 2005도3071 판결.

혼인 외 성관계 사실을 폭로하겠다는 등의 내용으로 협박하여 간음한 경우에
"일반적으로 혼인한 여성에 대하여 정조의 가치를 특히 중시하는 우리 사회의
현실이나 형법상 간통죄로 처벌하는 조항이 있는 사정 등을 감안할 때 혼인 외
성관계 사실의 폭로 자체가 여성의 명예손상, 가족관계의 파탄, 경제적 생활기
반의 상실 등 생활상의 이익에 막대한 영향을 미칠 수 있고 경우에 따라서는 간
통죄로 처벌받는 신체상의 불이익이 초래될 수 있으며, 나아가 폭로의 상대방
이나 범위 및 방법(예를 들면 인터넷 공개, 가족들에 대한 공개, 자녀들의 학교
에 대한 공개 등)에 따라서는 그 심리적 압박의 정도가 심각할 수 있으므로, 단
순히 협박의 내용만으로 그 정도를 단정할 수는 없고, 그 밖에도 협박의 경위,
가해자 및 피해자의 신분이나 사회적 지위, 피해자와의 관계, 간음 또는 추행
당시와 그 후의 정황, 그 협박이 피해자에게 미칠 수 있는 심리적 압박의 내용
과 정도 등 모든 사정을 종합하여 신중하게 판단하여야 한다"고 한 후, 위 사안
이 피해자를 단순히 외포시킨 정도를 넘어 적어도 피해자의 항거를 현저히 곤
란하게 할 정도의 것이었다고 보기에 충분하다는 이유로 강간죄를 인정한 사
례[89]가 있다.

② 강간죄에서의 폭행·협박 부인 사례

피해자의 몸을 누르면서 한번 하게 해달라고 애원한 경우에 폭행이 부정되
었고[90], 또한 판례는 종합적으로 판단하면서도 특히 피해자의 행동과 태도에
관심을 두어[91] 피고인과 피해자가 원래 아는 사이 또는 친한 사이이거나 피해
자가 피고인과 늦은 밤까지 함께 있었거나, 함께 술을 마신 경우 등에 있어서는
강간죄의 성립을 부정하는 경향이 있어 구체적으로는 피해자가 성폭력 피해 당
시 공포심으로 인해 비명을 질렀지만 신체적인 저항을 못한 사안[92], 수치심으
로 인해 구조요청을 하지 못한 사안[93], 피해자가 성교를 거부하는 행동을 하였

---

89) 대법원 2007. 1. 25. 선고 2006도5979 판결.
90) 대법원 1999. 9. 21. 선고 99도2608 판결.
91) 신윤진, 「의제화간의 메카니즘」, 『성폭력-법정에 서다(한국성폭력상담소)』, 푸른사상사,
    2006, 94~95면.
92) 대법원 1993. 4. 27. 선고 92도229 판결.
93) 대법원 1990. 9. 28. 선고 90도1562 판결.

으나 탈출하거나 구조를 요청하지 않은 사안[94]), 피해자와 가해자가 함께 술을 마시고 만취한 상태에서 여관에 투숙하였고, 피해자가 제대로 저항을 하지 못하고 간음당한 사안[95]), 피해자가 강간 후 만난 경찰관에게 바로 신고하지 않는 사안[96]) 등에 대하여 폭행·협박을 인정하지 않았다.

【폭행이 부정된 사례】

　최근의 가장 대표적인 판례로 대법원 2015. 8. 27. 선고 2014도8722 판결이 있다. 이는 옛 연인을 우연히 만나 술을 마시고 아침 8시경 함께 모텔에 들어간 뒤 방안에서 피해자의 몸을 손으로 눌러 반항하지 못하게 한 다음 강간한 사안으로 판례는 다음과 같은 사정을 종합하여 무죄를 선고하였다.

　① 피고인은 피해자의 요구로 모텔객실에 함께 들어가게 되었다. 피고인은 객실 내에서 피해자와 대화를 하다가 집에 가겠다며 피해자를 두고 먼저 객실을 떠나려고 현관 쪽으로 갔는데, 피해자가 피고인을 불러 다시 들어오게 하였다.

　② 피해자는 수사기관과 제1심 법정에서, 다시 들어온 피고인이 피해자와 입을 맞추어 거부의사로 피고인의 입술과 혀를 꽉 깨물고 계속하면 혀가 잘릴 때까지 깨물겠다고 말을 하면서 발버둥을 쳤으나 피고인이 피해자의 애원과 반항에도 아랑곳없이 강제로 옷을 벗기고 간음하였다고 진술하였다. 이에 대하여 피고인은 모텔 객실에 들어가기 전에 주차한 차량 안에서는 물론 객실 안에서도 피해자에게 입을 맞추자 피해자도 장난스럽게 피고인의 입술을 살짝 깨물곤 하였고, 손으로 피해자의 가슴과 음부를 만지거나 피고인의 성기를 피해자의 체내에 삽입할 때까지 이를 거부하는 의사를 표시하거나 반항을 한 적이 없다고 변소하였다.

　③ 그런데 피고인은 피해자와 만나서 성교에까지 이른 과정을 매우 구체적으로 진술하고 있는 반면, 피해자는 수사기관에서는 자신이 모텔을 나가려는 피고인을 불러서 다시 들어오게 한 사실을 진술하지 아니하다가 제1심 법정에서는 모텔객실에서 나가려는 피고인을 나가지 말라고 부른 사실이 있음을 인정하면서도 왜 불렀는지 모르겠다고 진술하는 한편, 주점에서 함께 나온 시각과 실제로 모텔 객실에 들어

---

94) 대법원 1999. 9. 21. 선고 99도2608 판결.
95) 대법원 1985. 10. 8. 선고 85도1537 판결.
96) 부산지방법원 1984. 8. 9. 선고 84고합604 판결.

간 시각 사이에 상당한 시간적 간격이 있음을 비추어 보면 모텔 객실에 들어가기 전에 주차장의 피고인 차량 안에서 피고인과 장시간을 함께 보낸 것으로 보임에도 피고인이 객실에 들어가기 전 차량 안에서 피해자와 대화를 나누던 중 입을 맞추자 피해자도 장난스럽게 피고인의 입술을 살짝 깨문 적이 없느냐는 변호인의 신문에 기억이 나지 않는다고 진술하였고, 피고인이 피해자의 레깅스 치마와 속옷을 한꺼번에 벗길 당시 피해자가 엉덩이를 들어주어 편하게 해주지 않았느냐는 변호인의 신문에 대하여는 자신이 몸부림을 쳤으니까 엉덩이를 든 것처럼 느껴졌을 수는 있었을 것이라고 진술하여 자신의 주장과 부합하지 않는 사정들에 대하여는 구체적이고 명확한 진술을 회피하는 듯한 태도를 보였다. 나아가 피해자도 피고인이 성행위 과정에서 별도로 피해자를 폭행하거나 협박한 적은 없었다고 진술하였다.

④ 원심판결 이유와 피해자의 진술에 의하더라도 피고인이 자신의 성기를 피해자의 체내에 삽입하여 몸을 움직이던 중 피해자로부터 "오빠 이건 강간이야."라는 말을 듣자 곧바로 행동을 멈추고 성기를 빼내고는 미안하다고 사과하였다는 것이고, 피고인 스스로도 위 말을 듣고 성행위를 중단하였다고 하여 이를 인정하고 있다. 그런데 피고인이 위 성행위 과정에서 피해자를 폭행하였거나 협박하지는 아니하였고 또한 피해자의 진술과 같이 '강간'이라는 말만으로 즉시 성행위를 멈출 정도였다면 피고인이 피해자의 의사를 오해하였을 가능성은 충분히 있다고 할 수 있지만 과연 이를 넘어서서 피고인이 피해자의 의사에 반하여 피해자를 제압하고 강제로 성교에 이르렀다고 볼 수 있을지 상당한 의문이 들며 이에 관한 피고인의 변소를 쉽게 배척하기 어렵다.

⑤ 한편 피해자는 피고인과 아침 8시경 모텔 객실에 들어가 나올 때까지 약 4시간가량 모텔객실에 함께 있었는데 그동안 객실 외부로 고성이나 몸싸움 소리가 들렸던 사정은 나타나 있지 않다. 그리고 피해자와 피고인의 진술에 의하면 피고인이 성행위를 중단한 후에 피해자는 휴대전화로 친구들과 카카오톡을 이용한 메시지를 주고받고 있다가 집에 데려다 주겠다는 피고인의 말에 자신의 남자친구가 기다리는 장소에 데려다 달라고 부탁하여 함께 모텔을 나와 피고인의 차량에 동승하였고 피해자가 요청하는 장소에 이르자 먼저 하차하여 그곳에서 기다리던 남자친구를 만났다. 이에 의하면 성행위 중단 후 피해자는 피고인의 제지 없이 친구들과 자유로이 연락할 수 있는 상태였고 모텔의 직원 등에게 도움을 요청하는 것도 가능하였던 것

으로 보이는데 피해자는 이러한 구조나 도움을 요청하지 아니하였고 오히려 성행위를 중단한 후에도 상당한 시간을 모텔 객실에서 피고인과 함께 보내다 나왔고 더욱이 그 이후에도 피고인의 차량을 이용하여 피해자가 요청하는 목적장소로 이동하였다는 것이어서, 피해자는 피고인의 성행위에 불구하고 피고인과 함께 시간을 보내고 행동함에 대하여 강한 반감이나 거부감을 가지고 있지는 아니하였던 것으로 보인다.

생각해 볼 문제

성폭력범죄로 인정되려면 폭행·협박은 어느 정도까지 사용되어야하는가?

15. 폭행과 협박(강제추행 및 유사강간)

> □ **형법 제298조(강제추행)**
>
> 폭행 또는 협박으로 사람에 대하여 추행을 한 자는 10년 이하의 징역 또는 1천500만원 이하의 벌금에 처한다.
>
> □ **형법 제297조의2(유사강간)**
>
> 폭행 또는 협박으로 사람에 대하여 구강, 항문 등 신체(성기를 제외한다)의 내부에 성기를 넣거나 성기, 항문에 손가락 등 신체(성기를 제외한다)의 일부 또는 도구를 넣는 행위를 한 사람은 2년 이상의 유기징역에 처한다.

① 강제추행죄에서의 폭행·협박

견해의 대립이 있으나 판례는 강제추행의 형태를 ① 폭행·협박 선행형(상대방에게 폭행·협박을 가하여 항거를 곤란하게 한 뒤 추행행위를 하는 형태)과 ② 폭행·추행 동시형(폭행·협박 자체가 추행행위인 이른바 '기습추행'[97])으로 구분하고 있다[98].

폭행·협박 선행형의 경우 대법원은 "상대방에 대하여 폭행 또는 협박을 가하여 추행행위를 하는 경우에 강제추행죄가 성립하려면 그 폭행 또는 협박이 항거를 곤란하게 할 정도일 것을 요하고, 그 폭행·협박이 피해자의 항거를 곤란하게 할 정도의 것이었는지 여부 역시 그 폭행·협박의 내용과 정도는 물론, 유형력을 행사하게 된 경우, 피해자와의 관계, 추행 당시와 그 후의 정황 등 모든 사정을 종합하여 판단하여야 한다"고 판시하였고, 폭행·협박 동시형의 경우 "이 경우에 있어서의 폭행은 반드시 상대방의 의사를 억압할 정도의 것임을 요하지 않고 다만 상대방의 의사에 반하는 유형력의 행사[99]가 있는 이상 그 힘의

---

97) 상대방이 예상하지 못하고 있는 틈을 이용해 갑자기 추행행위를 하는 것으로서, 갑자기 여성의 성기나 젖가슴 등을 만지거나 움켜쥐는 경우를 의미한다.
98) 성범죄재판실무편람 집필위원회, 「성범죄재판실무편람」, 『재판실무편람』 제39호, 2014, 28면.
99) 서울중앙지방법원 2012. 8. 22. 선고 2012고단1879 판결. 잠들어 있던 피해자에게 다가가 손으로 피해자의 목과 얼굴을 스친 행위에 대하여 "피고인이 피해자의 목과 얼굴을 스친 것은 피고인이 의도적으로 어루만진 것이라기보다는 피해자의 코를 잡으려는 과정에서 일어난 것

대소강약을 불문한다"고 판시하고 있다[100].

② 강제추행죄에서의 폭행·협박 인정 및 부정사례

인정 사례로서 노래방에서 춤을 추면서 뒤에서 유방을 만진 행위를 강제추행으로 본 사안[101], 골프클럽 내의 식당종업원인 피해자에게 클럽 회장과의 친분을 내세워 신분상의 불이익을 가할 것처럼 하여 피해자가 거절한 러브샷을 강요한 행위를 강제추행으로 본 사안[102], 만 7세인 어린이를 아파트 엘리베이터에서 볼을 만지고 16층에서 내리는 피해자를 따라 내려 피해자의 어깨를 손으로 잡는 등 피해자의 의사에 반하여 18층 비상구로 데리고 가 피해자 앞에서 자위행위를 한 것을 강제추행으로 본 사안[103], 별다른 친분관계도 없는 피해자(10세)가 자전거를 타고 가면서 인사를 하자 자전거 앞에 가로막고 서서 피해자에게 악수를 청한 다음 피해자가 악수를 하기 위하여 손을 내밀자 기습적으로 손등에 입맞춤을 한 것을 강제추행으로 본 사안[104] 등이 있다.

③ 유사강간죄에서의 폭행·협박과 인정사례

유사강간죄에 대해서도 그간 폭행·협박 선행형만 인정되었으나 최근 폭행·유사성교 동시형이 인정되었다. 즉 기습적 행위 자체가 폭력에 해당된다고 보고 피해자가 항거할 여유도 없어 결과적으로 항거가 곤란하거나 불가능 또는 현저히 곤란하게 된 것과 마찬가지로 평가할 수 있다며 그 이유로 기습성이 강제

으로 스치는 정도에 불과하여 폭행에 이르지 않았다"고 판시하여 폭행을 인정하지 않았다.
100) 대법원 2007. 1. 25. 선고 2006도5979 판결.
101) 대법원 2002. 4. 26. 선고 2001도2417 판결.
102) 대법원 2008. 3. 13. 선고 2007도10050 판결.
103) 광주고등법원 2008. 6. 19. 선고 2007노399 판결.
104) 서울고등법원 2014. 1. 10. 선고 2013노 3117, 2013전노372(병합) 판결. 본 사안에서는 피의자와 피해자가 특별한 친분관계가 없었고, 피고인이 이전에 성기를 꺼낸 모습을 보고 어느 정도 경계하는 마음을 품고 있었을 것으로 보이는 점, 입맞춤 이후 당황하여 (자신의 손등에도 입맞춤을 해달라는) 피고인의 요청을 거절한 후 친구들에게 가려는 피해자를 "친구가 없다"는 말을 하면서 잠시나마 가로 막은 점, 피해자가 그 직후 자신의 친구들에게 피고인을 조심하라는 주의를 준 점 등이 종합하여 고려되었다.

성을 대체하기 때문에 그 힘의 대소강약을 불문한다고 봐야 한다고 판시하였다.

전신 마사지를 해주면서 누워있는 여성들의 성기에 갑자기 손가락을 집어 넣은 사안105)과 사우나 수면실에 누워 있던 60대 남성의 항문에 손가락을 넣은 사안106)에서 기습적 유사강간죄가 각각 인정되었다.

생각해 볼 문제

기습추행 및 기습유사강간은 어디까지 인정해야 하는가?

강제추행과 공중밀집장소에서의 추행을 어떻게 구별할 것인가?

---

105) 서울고등법원 2016. 8. 26. 선고 2016노1291, 2016전노89(병합) 판결.
106) 서울고등법원 2016. 8. 30. 선고 2016노1509 판결.

16. 준강간·준강제추행

> □ **형법 제299조(준강간, 준강제추행)**
>
> 사람의 심신상실 또는 항거불능의 상태를 이용하여 간음 또는 추행을 한 자는 제297조, 제297조의2 및 제298조의 예에 의한다.

① 준강간·준강제추행의 의의

형법 제299조는 사람의 심신상실 또는 항거불능의 상태를 이용하여 한 간음 또는 추행을 규정하고 있는데, 여기서 심신상실의 상태란 정신기능의 장애로 인하여 정상적인 판단능력이 없는 상태[107]를 말하고 형법 제302조에서 심신미약자에 대하여 규정하고 있으므로 심신미약의 경우는 포함되지 않는다.

또, 항거불능의 상태라 함은 형법 제297조, 제298조와의 균형상 심신상실 이외의 원인 때문에 심리적 또는 물리적으로 반항이 절대적으로 불가능하거나 현저히 곤란한 경우를 의미한다고 판시[108]하고 있다.

다만 착수시기에 피해자가 심신상실 또는 항거불능의 상태에 있으면 되고 간음행위의 시점에 피해자가 잠에서 깨는 등 객관적으로 항거불능의 상태에 있지 않다 하더라도 준강간죄 성립에 지장이 없다.

② 인정사례

교회 노회장이 교회 여신도를 간음·추행한 사안에서, 교회 여신도들이 종교적 믿음에 대한 충격 등 정신적 혼란으로 인한 항거불능의 상태에 있었다고 보아 교회 노회장에게 준강간·준강제추행죄 등을 인정한 사례[109]가 있다.

---

107) 완전 무의식상태뿐만 아니라 동의 또는 반항을 할 수 있더라도 그 정신기능이 정상적이 아니기 때문에 통상인의 동의나 반항이라고 인정할 수 없는 상태도 포함된다.
108) 대법원 2009. 4. 23. 선고 2009도2001 판결(이른바 정명석 사건).
109) 대법원 2009. 4. 23. 선고 2009도2001 판결.

③ 심신상실 또는 항거불능 상태의 증명

준강간죄는 실무상 수면 중이거나 만취 상태에 있는 피해자를 간음한 경우 주로 문제되는데 피해자의 진술이 사실상 유일한 증거인 경우가 많은 데다가 피해자가 음주 혹은 약물 등으로 피해 당시 상황을 정확히 기억하지 못하는 점, 대부분의 피해자가 일시적으로 위와 같은 상태에 빠지는 경우가 많은 점 때문에 심신상실 또는 항거불능 상태를 증명하기가 쉽지 않다.

법원에서는 CCTV화면 혹은 목격자 증언 등을 통해 확인되는 피해자의 상태, 피고인과 피해자의 평소 관계, 범행현장에 가게 된 경위 및 그 출입 전후의 상황, 성관계에 관한 쌍방의 주장 및 성관계 이후의 행태, 고소의 경위 및 시점, 이른바 블랙아웃(blackout)[110]의 가능성, 피해자의 나이, 당시 피해자의 심리적·정서적인 상태 등을 토대로 피해자가 당시 심신미약의 정도를 넘어서 심신상실 또는 항거불능 상태에 이르렀고, 피고인이 그러한 피해자의 상태를 인식하고서 이를 이용하여 간음하였다는 점에 관하여 합리적 의심의 여지가 없는 정도의 증명이 있는지 판단하고 있다[111].

또한 최근에는 검사가 '피해자가 심신상실 또는 항거불능 상태에 있었음'을 증명하기가 쉽지 않은 반면, 폭행·협박과 그로 인한 항거불능 요건의 엄격성이 완화되는 추세임을 감안하여 피해자가 음주, 약물 등으로 인한 심신미약 상태에서 미약하나마 저항한 사실이 있음을 근거로 준강간죄가 아닌 강간죄나 위력 간음죄로 기소하여 유죄판결을 받는 경우도 적지 않다고 한다[112].

---

110) 블랙아웃(blackout): 알코올이 임시 기억 저장소인 해마세포의 활동을 저하시켜 정보의 입력과 해석에 악영향을 주지만, 뇌의 다른 부분은 정상적인 활동을 하는 현상으로, 이 경우에는 단지 행위 당시의 상황을 사후에 기억할 수 없을 뿐, 행위 당시에 심신상실의 상태에 이른 것이라고는 볼 수 없다.

111) 서울고등법원 2013. 7. 19. 선고 2013노1612 판결, 서울고등법원 2013. 8. 16. 선고 2013노1677 판결 등.

112) 성범죄재판실무편람 집필위원회, 「성범죄재판실무편람」, 『재판실무편람』 제39호, 2014, 32면.

생각해 볼 문제

준강제추행죄에서 항거가 곤란한 상태를 이용한 경우도 인정해야 할 것인가?[113]

---

113) 준강제추행에 있어서 '항거가 곤란한 경우'까지 포함해야 하느냐는 논의가 있다. 이에 대하여 법문상 '항거불능'이라는 표현을 사용하고 있고 형법 제302조가 심신미약자에 대한 위계·위력에 의한 추행죄를 규정하고 있다는 점을 감안하여 현저히 곤란한 경우까지만 포함시켜야 한다고 해석되고 있다. 신동운, 『형법각론』, 법문사, 2017, 675면.

17. 위계와 위력

> ▫ **형법 제302조(미성년자등에 대한 간음)** 미성년자 또는 심신미약자에 대하여 위계 또는 위력으로써 간음 또는 추행을 한 자는 5년 이하의 징역에 처한다.
>
> ▫ **성폭력범죄의처벌등에관한특례법 제10조(업무상 위력 등에 의한 추행)**
> ① 업무, 고용이나 그 밖의 관계로 인하여 자기의 보호, 감독을 받는 사람에 대하여 위계 또는 위력으로 추행한 사람은 2년 이하의 징역 또는 500만 원 이하의 벌금에 처한다.
> ② 법률에 따라 구금된 사람을 감호하는 사람이 그 사람을 추행한 때에는 3년 이하의 징역 또는 1천500만 원 이하의 벌금에 처한다.
> ③ 삭제〈2011.11.17〉

① 위계와 위력의 정의

위계·위력에 의한 성폭력범죄는 성인의 경우 형법 제303조와 성폭력처벌법 제10조가 업무, 고용 기타 관계로 인하여 자기의 보호 또는 감독을 받는 사람을 대상으로 성폭력범죄를 저지르는 경우를 규정하고 있을 뿐, 일반적으로는 미성년자 또는 심신미약자를 피해자로 상정하고 있다. 따라서 형법 제302조(미성년자나 심신미약자에 대한 위계·위력간음), 성폭력처벌법 제7조 제5항(13세 미만 사람에 대한 위계·위력간음), 아청법 제7조 제5항(아동·청소년에 대한 위계·위력간음), 성폭력처벌법 제6조 제5항(장애인에 대한 위계·위력간음) 등이 있고 법정형도 특별법의 경우 폭행·협박에 의한 경우와 큰 차이가 없다[114].

이들 조항에 있어서 위계위력의 개념은 같은데 대법원은 위력에 대하여 "피해자의 자유의사를 제압하기에 충분한 세력을 말하고, 유형적이든 무형적이든 묻지 않으므로 폭행·협박뿐 아니라 행위자의 사회적·경제적·정치적인 지위

---

114) 성폭력처벌법 제7조와 아청법 제7조는 동일하나 성폭력처벌법 제6조의 경우 간음은 5년 이상의 유기징역으로 무기징역 또는 7년 이상의 징역보다 낮고, 추행은 1년 이상의 유기징역 또는 1천만 원 이상 3천만 원 이하의 벌금으로 3년 이상의 유기징역 또는 2천만 원 이상 5천만 원 이하의 벌금으로 낮다.

나 권세를 이용하는 것도 가능하며, 위력으로써 간음 또는 추행한 것인지 여부는 행사한 유형력의 내용과 정도 내지 이용한 행위자의 지위나 권세의 종류, 피해자의 연령, 행위자와 피해자의 이전부터의 관계, 그 행위에 이르게 된 경위, 구체적인 행위 태양, 범행 당시의 정황 등 제반 사정을 종합적으로 고려하여 판단하여야 한다"고 판시115)하고 있다.

위계에 대해서는 "행위자가 간음의 목적으로 상대방에게 오인, 착각, 부지를 일으키고는 상대방의 그러한 심리 상태를 이용하여 간음의 목적을 달성하는 것을 말하는 것이고, 여기에서 오인, 착각, 부지란 간음행위 자체에 대한 오인, 착각, 부지를 말하는 것이지, 간음행위와 불가분적 관련성이 인정되지 않는 다른 조건에 관한 오인, 착각, 부지를 가리키는 것은 아니다"라고 판시116)하고 있다.

이러한 정의에 대하여 위력에 대한 정의는 업무방해죄와 동일하면서 위계의 경우는 제한적으로 해석하고 있다는 비판117)이 있다.

② 위계에 대한 인정 및 부정 사례

실무상 위계에 의한 범죄의 성립 여부가 문제되는 경우는 드물어118) 의붓할아버지가 손녀를 예뻐하기 위하여 어르는 것처럼 가장하고 추행한 사안에서 성과 추행행위의 의미를 알지 못하고 사리판단력이 부족하며, 할아버지를 믿고 따르는 것을 이용하며, 위와 같은 추행행위가 마치 할아버지의 배를 낫게 하는 행위인 것처럼 속이거나 할아버지가 손녀의 육체적 성장을 확인하는 행위인 것처럼 속였다고 보아 인정된 사례119) 정도가 있다.

그리고 피고인이 16세의 여고생인 피해자에게 성교의 대가로 50만 원을 주겠다고 거짓말하고 피해자가 이에 속아 피고인과 성교를 한 사안에서, 사리판단력이 있는 청소년에 관하여는 그러한 금품의 제공과 성교행위 사이에 불가분의 관련성이 인정되지 아니하는 만큼 이로 인하여 청소년이 간음행위 자체에

115) 대법원 2005. 7. 29. 선고 2004도5868 판결.
116) 대법원 2001. 12. 24. 선고 2001도5074 판결.
117) 조국, 「강간죄 및 미성년자 등에 대한 위계간음죄 재론」, 『형사법연구』 제28권 제4호, 2016, 113~117면.
118) 성범죄재판실무편람 집필위원회, 「성범죄재판실무편람」, 『재판실무편람』 제39호, 2014, 36면.
119) 대법원 2013. 4. 26. 선고 2013도2396 판결.

대한 착오에 빠졌다거나 이를 알지 못하였다고 할 수 없다는 이유로 피고인의 행위가 청소년성보호법 제10조 제4항 소정의 위계에 해당하지 아니한다고 한 판례[120]가 있고, 피고인이 정신지체로 심신미약상태인 피해자에게 남자를 소개해 준다며 여관방까지 유인하여 피고인이 먼저 피해자와 1회 성교하고 계속하여 다른 남성이 피해자와 성교한 사안에서 여관으로 온 행위와 성교행위 사이에는 불가분의 관련성이 인정되지 아니하는 만큼 이로 인하여 피해자가 간음행위 자체에 대한 착오에 빠졌다거나 이를 알지 못하였다고 할 수 없다는 이유로 형법 제302조 소정의 위계에 해당하지 아니한다고 한 판례[121]가 있다.

③ 위력의 인정 사례

성년자에 대한 위력이 인정된 경우로 병원 응급실에서 당직 근무를 하던 의사가 가벼운 교통사고로 인하여 비교적 경미한 상처를 입고 입원한 여성 환자들의 바지와 속옷을 내리고 음부 윗부분을 진료행위를 가장하여 수회 누른 행위가 업무상 위력에 의한 추행에 해당한다고 인정한 판례[122]와 같이 성년자에 대한 위력이 인정된 경우도 있지만 대체로 피고인과 피해자 사이에 나이 혹은 지적능력에 상당한 불균형이 있는 경우에 인정된다.

미성년자에 대한 위력이 인정된 경우로 아들의 여자 친구였던 피해자(17세)가 아들과 헤어진 것을 알고 피고인의 집 인근에서 같이 술을 마신 후 여관에서 잠을 재워주겠다고 데리고 가, 피해자를 껴안고 키스를 하면서 "이러지 마세요"라는 피해자의 말을 무시한 채 피해자의 팔목 부위를 저항하기 어려울 정도로 힘 있게 꽉 잡았고, 울면서 눈을 감은 채 몸을 비트는 피해자의 청바지를 힘으로 벗긴 다음 "이제부터는 내가 너를 사랑해 줄게"라고 말하고 피해자를 간음한 사안[123], 체구가 큰 만27세 남자가 술에 취한 상태에서 모텔방에 있는 만 15

---

120) 대법원 2001. 12. 24. 선고 2001도5074 판결.
121) 대법원 2002. 7. 12. 선고 2002도2029 판결.
122) 대법원 2005. 7. 24. 선고 2003도7197 판결.
123) 대법원 2005. 7. 29. 선고 2004도5868 판결. 대법원은 피고인의 돌발적인 행동 이외에도 피해자가 범행일까지 피고인을 자기를 사랑해주는 친아버지처럼 신뢰하고 있었다는 사정, 피해자가 간음당한 날 새벽 친구에게 전화하여 피해사실을 알린 점, 피고인이 남자친구의 아버지로서 키가 큰 중년의 어른인 반면 피해자는 다소 술에 취한 만 17세가량의 여자 청소년에 불과한 데다가 심야에 다른 사람의 출입이 곤란한 모텔방에 피고인과 단 둘만이 있게 되

세인 피해자의 거부 의사에도 불구하고 성교를 위해 피해자의 몸 위에 올라간 것 외에 별다른 유형력을 행사하지 않은 사안[124]이 있다.

이외에도 25세의 건장한 남자가 아파트 엘리베이터 내에 13세 미만인 갑(여, 11세)과 단둘이 탄 다음 갑을 향하여 성기를 꺼내어 잡고 여러 방향으로 움직이다가 이를 보고 놀란 갑 쪽으로 가까이 다가간 사안에서 피고인은 나이 어린 갑을 범행 대상으로 삼아 의도적으로 협소하고 폐쇄적인 엘리베이터 내 공간을 이용하여 갑이 도움을 청할 수 없고 즉시 도피할 수도 없는 상황을 만들어 범행을 한 점 등 제반 사정에 비추어 볼 때, 비록 피고인이 갑의 신체에 직접적인 접촉을 하지 아니하였고 엘리베이터가 멈춘 후 갑이 위 상황에서 바로 벗어날 수 있었다고 하더라도, 피고인의 행위는 갑의 성적 자유의사를 제압하기에 충분한 세력에 의하여 추행행위에 나아간 것으로 보아 위력에 의한 추행을 인정한 판례[125]가 있다.

【위력이 인정된 사례】

1심에서 무죄, 2심에서 유죄가 된 서울고등법원 2013. 12. 12. 선고 2013노2937 판결이 있다. 가출청소년을 모텔에 데려가 샤워 후 머리를 말릴 때 머리를 말려 주겠다고 피해자에게 접근한 후 갑자기 피해자를 침대에 넘어뜨려 몸 위에 올라탄 후 "아무에게도 말하지 말라"고 협박하여 피해자를 1회 간음한 사안으로 2심은 다음과 같은 이유로 유죄를 인정하였다.

① 피해자가 집에 데려다 주겠다는 제안에 따라 피고인이 운전하는 승용차에 탑승하였다가 뜻하지 않게 모텔에 들어갔고, 이후 모텔방에서 씻고 나온 직후에 갑자기 성관계를 하자는 이야기를 들었던 점, ② 이에 대해 피해자는 명확히 거부 의사를 밝혔고, 이후 소리를 지르기도 하였던 점, ③ 피해자가 거부 의사를 밝힌 후 재차 성관계하자는 피고인의 질문에 대해 "모르겠어요"라고 한 적은 있지만, 당시는 이미 피고인이 간음할 목적으로 피해자를 침대에 눕힌 후 피해자의 팬티까지 벗긴 상태였기 때문에 피해자로서도 체념한 나머지 위와 같이 얘기하였던 것으로 보이는 점,

었다는 점 등을 들고 있다.
124) 대법원 2008. 7. 24. 선고 2008도4069 판결.
125) 대법원 2013. 1. 16. 선고 2011도7164 판결.

④ 피해자가 성관계 도중에 피고인의 어깨를 밀쳤는데도, 피고인이 이에 아랑곳하지 않고 피해자를 간음하였던 점, ⑤ 피해자는 가출하여 마땅히 갈만한 곳이 없는 등 몹시 곤궁한 상태였고, 나이도 13세에 불과하였던 점, ⑥ 나이 어린 피해자가 처음 만난 피고인과의 성관계에 선뜻 응하였다는 것은 일반인의 통념에 맞지 않는 점, ⑦ 피해자가 다른 사람의 도움을 요청하기 쉽지 않은 밀폐된 공간인 모텔객실에서 범행을 당하였던 점을 들고 있다.

생각해 볼 문제

성폭력범죄에서 위계의 범위는 어디까지인가?

성폭력범죄에서 위계·위력과 비동의는 구별할 수 있는가?

【위계에 대한 단상】

아동·청소년에 대한 성폭력범죄에서의 위계를 의사결정의 자유를 침해하는 수단으로서 '자신의 의도 또는 객관적 상황에 관한 속임수를 통해 목적한 바를 달성하는 것'으로 넓게 해석해야 한다는 견해[126]가 있다. 그러나 판례는 형벌법규는 문언에 따라 엄격하게 해석·적용해야 하고 피고인에게 불리한 방향으로 확장해석하거나 유추해석해서는 안 된다고 판시[127]하고 있다.

다만 판례도 위계를 판단함에 있어서 '사리판단력이 있는' 청소년을 전제로 하고 있는데 이를 어떻게 해석하느냐에 따라 일정 부분 문제의 해결이 가능해 보인다. 즉 이 요건을 적극적으로 활용하자는 것으로 특히 13세를 갓 넘은 피해자를 대상으로 한 성폭력범죄의 경우 유용할 수 있다. 일본의 경우 16세의 아동이 교사와 성교한 사안에 대하여 아동복지법 위반으로 처벌하면서 "피고인과의 성교가 법적·사회적으로 어떠한 의미를 가지는가를 충분히 이해하고 있지 않다고 보여지는" 아동과 성교한 것을 유죄 인정의 이유 중 하나로 한 판례[128]가 있다.

【세계 각국의 비동의간음죄】

영미의 경우 일찍부터 비동의간음죄가 인정되었고[129] 독일도 2016년 7월 7일 독일 연방의회에서 형법개정이 결의되어 비동의간음죄를 도입되었고 2016년 11월부터 시행되었다. 즉 형법 제177조[130]가 종래 강간죄는 폭력, 신체 혹은 생명에 대해 위해를 가한다는 협박, 피해자가 저항할 수 없는 상황을 이용하여야 성립하도록 규정하고 있었으나 이를 크게 개정하였다. 이에 따라 성행위를 거부하는 피해자의 의사표시를 무시하고 이루어진 성행위 등이 처벌되게 되었다[131].

---

126) 김성천, 「청소년의 성보호」, 『중앙법학』 제7권 제3호, 2005, 76~77면.
127) 대법원 2002. 2. 21. 선고 2001도2819 판결.
128) 最高裁平成28年6月21日第一法廷決定刑集70卷5号369頁.
129) 대표적 판례로는 2003년 미국 캘리포니아에서 합의에 의한 성교 중 여자가 '그만하라'고 하였음에도 불구하고 계속 성교를 한 남성에 대해 '동의의 철회(withdrawal of the consent)'의 효력을 인정하여 강간죄를 인정한 The People v. John Z(128 Cal Rptr 2d 783)이 있다.

---

130) 제177조 성적 침습, 성적 강요, 강간
  ① 타인의 인식가능한 의사에 반하여 타인에게 성적 행동을 하거나 성적 행동을 하도록 한 경우 또는 제3자에게나 제3자에 의한 성적 행동을 수행하거나 참도록 하게 한 자는 6월 이상 5년 이하의 자유형에 처한다.
  ② 타인에게 성적 행동을 하거나 하게 한 경우 또는 제3자에게나 제3자에 의한 성적 행동을 수행하거나 참도록 한 자도 다음 각 호에 해당하는 때는 동일하게 처벌한다.
    1. 저항할 의사를 형성하거나 표시할 수 있는 상황이 아닌 것을 행위자가 이용한 경우
    2. 신체적 또는 정신적 상태로 의사의 형성 또는 표시가 현저히 제한되어 있는 것을 행위자가 이용한 경우 다만 행위자가 피해자의 동의를 얻은 경우를 제외한다.
    3. 놀란 순간을 행위자가 이용한 경우
    4. 피해자가 저항한 때에 중대한 해악이 가해질 우려가 있는 상황을 행위자가 이용한 경우
    5. 피해자에게 중대한 해악을 동반하는 협박으로 성적 행동을 수행하거나 참도록 행위자가 강요한 경우
  ③ 미수는 처벌한다.
  ④ 의사를 형성하거나 표시할 능력이 없는 것이 피해자의 질병 또는 장애에 의한 경우에는 1년 이상의 자유형에 처한다.
  ⑤ 행위자가 다음 각 호에 해당하면 1년 이상의 자유형에 처한다.
    1. 폭행을 이용한 경우
    2. 신체 또는 생명에 대한 현재의 위험을 동반하는 협박을 한 경우
    3. 피해자가 무방비 상태로 행위자의 영향에 방치되어 있는 상황을 악용한 경우
  ⑥ 특히 중한 경우에는 2년 이상의 자유형에 처한다. 특별한 사정이 없는 한 다음 각 호에 해당하면 특히 중한 경우로 본다.
    1. 행위자가 피해자와 함께 성교하거나 또는 피해자에 대하여 상당히 수치스러운, 특히 신체 침입과 관련된 유사성교를 하거나 또는 피해자로 하여금 자기에 대하여 유사성교를 하게 한 경우(강간)
    2. 다수에 의해 범죄가 공동으로 범해지는 경우
  ⑦ 다음 각 호에 해당하는 자는 3년 이상의 자유형에 처한다.
    1. 흉기 또는 다른 위험한 물건을 소지한 자
    2. 폭행 또는 폭행을 가하겠다는 협박을 통해 다른 사람의 반항을 저해하거나 또는 극복하기 위하여 그 밖의 물건 또는 도구를 소지한 자
    3. 행위를 통해 피해자를 중한 건강상 훼손의 위험에 빠뜨린 자
  ⑧ 다음 각 호에 해당하는 자는 5년 이상의 자유형에 처한다.
    1. 행위 중에 흉기 또는 다른 위험한 물건을 사용한 자
    2. 피해자를
      a) 행위 중에 신체적으로 중하게 학대한 자
      b) 행위를 통해 사망의 위험에 빠뜨린 자
  ⑨ 제1항 및 제2항 중 중하지 않는 경우에 대해서는 3월 이상 3년 이하의 자유형에, 제4항 및 제5항 중 중하지 않은 경우에 대해서는 6월 이상 10년 이하의 자유형에, 제7항 및 제8항 중 중하지 않는 경우에 대해서는 1년 이상 10년 이하의 자유형에 처한다.
131) 이 외에도 옷 위로 신체를 만지는 행위도 처벌하게 되었고(184조i) 집단적으로 이루어지는 강간 및 추행에의 관여도 처벌의 대상이 되었다(184조j).

18. 의제강간 · 의제강제추행

◻ **형법 제303조(업무상위력등에 의한 간음)**

② 법률에 의하여 구금된 사람을 감호하는 자가 그 사람을 간음한 때에는 7년 이하의 징역에 처한다.

◻ **성폭력범죄의처벌등에관한특례법 제10조(업무상 위력 등에 의한 추행)**

② 법률에 따라 구금된 사람을 감호하는 사람이 그 사람을 추행한 때에는 3년 이하의 징역 또는 1천500만 원 이하의 벌금에 처한다.

◻ **형법 제305조(미성년자에 대한 간음, 추행)**

13세 미만의 사람에 대하여 간음 또는 추행을 한 자는 제297조, 제297조의2, 제298조, 제301조 또는 제301조의2의 예에 의한다.

◻ **아동청소년의성보호에관한법률 제8조(장애인인 아동·청소년에 대한 간음 등)**

① 19세 이상의 사람이 장애 아동·청소년(「장애인복지법」 제2조제1항에 따른 장애인으로서 신체적인 또는 정신적인 장애로 사물을 변별하거나 의사를 결정할 능력이 미약한 13세 이상의 아동·청소년을 말한다. 이하 이 조에서 같다)을 간음하거나 장애 아동·청소년으로 하여금 다른 사람을 간음하게 하는 경우에는 3년 이상의 유기징역에 처한다.

② 19세 이상의 사람이 장애 아동·청소년을 추행한 경우 또는 장애 아동·청소년으로 하여금 다른 사람을 추행하게 하는 경우에는 10년 이하의 징역 또는 1천500만 원 이하의 벌금에 처한다.

◻ **성폭력범죄의처벌등에관한특례법 제11조(공중 밀집 장소에서의 추행)**

대중교통수단, 공연·집회 장소, 그 밖에 공중(公衆)이 밀집하는 장소에서 사람을 추행한 사람은 1년 이하의 징역 또는 300만 원 이하의 벌금에 처한다.

1 현행 성폭력관련법상 의제를 인정한 규정들

성폭력관련법들은 일반인이 아닌 특수한 대상에 한하여 동의능력을 인정하지 않고 처벌하는 규정을 두고 있다. 이는 그 대상에 대해서는 성적자기결정권이 아닌 특수한 법익(예를 들어 13세 아동의 경우 방해 없는 성적 발전)을 보호법익으로 하거나 특수한 경우 폭행·협박 등을 입증하여 처벌하기가 사실상 곤란하다는 이유에 따른 것이다.

대상 관련해서 원래 형법 제305조는 13세 미만의 미성년자를 의제강간 또는 의제강제추행한 경우, 형법 제303조 제2항은 법률에 따라 구금된 사람을 의제강간한 경우를 처벌하고 있었다.

이러한 조항들은 형법 제정 당시부터 존재하였으나 성폭력처벌법은 형법을 보완하여 법률에 따라 구금된 사람에 대한 의제강제추행 처벌규정을 두고 공중밀집장소에 있는 사람에 대한 의제강제추행 처벌규정을 두고 있다.

아청법은 2011년 개정 시 비록 주체를19세 이상 사람으로 제한하였지만 장애 아동·청소년을 의제강간·의제강제추행한 경우뿐만 아니라 장애 아동·청소년으로 하여금 다른 사람을 의제강간·의제강제추행하게 한 경우에 처벌하는 규정을 도입하였는데 이에 대하여는 많은 비판이 있다[132].

---

132) 장애 여부 판정기준의 모호성과 그로 인한 처벌범위의 지나친 확대, 장애 아동·청소년의 나이와 정도를 구별하지 않고 성적 자기결정권을 전면 부정하고 있다는 점을 근거로 입법론적 정당성에 의문이 제기되고 있다. 성범죄재판실무편람 집필위원회, 「성범죄재판실무편람」, 『재판실무편람』 제39호, 2014, 34면.

생각해 볼 문제

장애인인 청소년의 성관계를 어떻게 볼 것인가?

합의에 의한 13세 이상의 성관계는 어떻게 할 것인가?

【아청법 제8조에 대한 단상】

아청법 제8조는 장애인인 13세 이상의 청소년에 대하여 의제강간 등을 인정하고 있다. 이 조항은 비록 가해자를 19세 이상의 사람으로 제한[133]하고 있기는 하지만 장애인의 성적 결정권을 부정한다는 점에서 큰 문제가 있다.

장애인을 성폭력으로부터 보호함과 동시에 장애인의 성적 자기결정권도 인정해야 한다는 점을 고려할 때[134] 위 조항에 대한 재검토가 필요하다. 판례[135]도 "정신적인 장애의 정도가 비교적 가벼운 경도의 장애인인 경우 성에 대한 개별적인 인식의 정도와 성관념, 사회풍조, 개방적 성의식 등의 사유로 자신이 주관적인 의사표현 방식에 따라 성적 자기결정권을 합리적으로 행사할 여지가 충분히 있다"고 인정하고 있다.

【일본의 동의연령】

일본 구형법의 경우 12세를 기준 나이로 하였다. 그 이유는 보아소나드가 구형법 제정시 나라의 풍속관습에 따라 기준 나이를 정하는 것이라고 설명하였는데 당시 일본에서는 12세에 결혼하는 자도 있다는 의견이 나와 12세로 정한 것이다. 현행형법 제정 시에도 계속 12세로 하려 하였으나 마지막 단계에서 13세가 되었으며 그 이유로는 14세로 하자는 의견도 있어 이에 대한 절충안으로 13세가 제안되었고 민법을 편찬할 때 조사한 월경개시시기 등을 인용한 찬성의견 등이 있어 15명 위원 중 8명 찬성으로 결정되었다고 한다[136].

---

133) 미국 텍사스주의 이른바 "Romeo and Juliet Law"는 피해자와의 연령차이가 3년 미만인 경우 의제강간죄가 성립되지 않거나 범죄를 경죄로 하거나 형벌을 벌금, 보호관찰, 사회봉사 등으로 하거나 성범죄자로 등록하지 않거나 등록기간을 단축시킨다. 최병각, 「법해석의 한계 : 미성년자 의제강간, 미수범까지 처벌?」, 『형사법연구』 제21권 제1호, 238면.

134) 김정혜, 「장애여성 성폭력 판례에 대한 여성주의적 분석」, 『이화젠더법학』 제8권 제3호, 2016, 7면도 장애여성을 '무성적인 존재'로 여겨 성적 욕망을 부정하고 지적장애여성은 '과도하게 성적이고 성적으로 무분별한 존재'로 분류하고 있는데, 이러한 이분법을 해체하고 성적 자율권을 가진 장애여성을 발견해야 한다고 제언하고 있다.

135) 서울중앙지방법원 2013. 2. 8. 선고 2012고합1488 판결.

136) 嶋矢貴之, 「旧刑法期における性犯罪規定の立法・判例・解釈論」, 『刑事法ジャーナル』 45号, 2015, 135면.

19. 특수강간 등—흉기 등 소지와 합동

> □ **성폭력범죄의처벌등에관한특례법 제4조(특수강간 등)**
> ① 흉기나 그 밖의 위험한 물건을 지닌 채 또는 2명 이상이 합동하여 「형법」 제297
> 조(강간)의 죄를 범한 사람은 무기징역 또는 5년 이상의 징역에 처한다.
> ② 제1항의 방법으로 「형법」 제298조(강제추행)의 죄를 범한 사람은 3년 이상의 유
> 기징역에 처한다.
> ③ 제1항의 방법으로 「형법」 제299조(준강간, 준강제추행)의 죄를 범한 사람은 제1
> 항 또는 제2항의 예에 따라 처벌한다.

① 흉기 및 그 밖의 위험한 물건의 휴대

흉기나 그 밖의 위험한 물건[137]을 지니거나 2인 이상이 합동하여 강간 등
의 죄를 범한 경우에 그 범행방법의 위험성 때문에 가중처벌된다.

이때 휴대의 의미에 주의할 필요가 있는데 범행과는 무관하게 우연히 이를
소지하게 된 경우까지를 포함하는 것은 아니지만 범행현장에서 범행에 사용하
려는 의도 아래 소지하거나 몸에 지녔다면 그 사실을 피해자가 인식하지 못하
였거나 실제로 범행에 사용하지 아니하였더라도[138] 본 조의 적용은 가능하다.

② 합동의 의미

합동범이 성립하기 위해서는 주관적 요건으로서의 공모와 객관적 요건으로
서의 실행행위의 분담이 있어야 한다.

1) 공모

공모는 사전에 어떠한 모의과정이 있어야 할 필요는 없고 포괄적 또는 개

---

137) 흉기는 본래 살상용·파괴용으로 만들어진 물건을 말하고, 위험한 물건은 흉기가 아니더라
도 널리 사람의 생명·신체를 침해하는 데 사용할 수 있는 일체의 물건을 말한다.
138) 대법원 2004. 6. 11. 선고 2004도2018 판결.

별적인 의사연락이나 인식이 있었다면 공모관계가 성립한다. 실제로도 사전에 모의과정을 거치는 경우는 그다지 많지 않고 암묵적인 공모에 해당하는 경우가 대부분이다.

판례는 합동범의 공동정범을 인정하고 있으므로 3인 이상의 범인이 합동강간의 범행을 공모한 후 적어도 2인 이상의 범인이 범행 현장에서 시간적, 장소적으로 협동관계를 이루어 강간의 실행행위를 분담하여 강간 범행을 한 경우에는 단순 공모자에 대하여도 본죄의 공동정범으로 처벌할 수 있다[139].

그러나 공모자 중의 1인이 다른 공모자가 실행행위에 이르기 전에 그 공모관계에서 이탈한 때에는 그 이후의 다른 공모자의 행위에 관하여 공동정범으로서의 책임은 지지 않고 그 이탈의 표시는 반드시 명시적일 필요는 없다[140].

다만 공모자가 공모에 주도적으로 참여하여 다른 공모자의 실행에 영향을 미친 때에는 범행을 저지하기 위하여 적극적으로 노력하는 등 실행에 미친 영향력을 제거하지 아니하는 한 공모관계에서 이탈하였다고 할 수 없다[141].

2) 실행행위의 분담

실행행위는 시간적으로나 장소적으로 협동관계에 있다고 볼 정도에 이르러야 하는데 공모 후 실행행위의 본질적인 부분에 일부 가담하는 경우는 물론 부근에서 망을 보는 경우도 협동관계에 있었다고 볼 수 있다.

실행행위 자체가 부정된 경우로 헬스클럽 종업원이 사장의 지시에 따라 승용차를 대기시켜 놓고 있다가 사장이 피해자를 승용차에 강제로 태울 때 뒷문을 열어주고, 사장이 피해자를 강간하려는 정을 알면서도 한적한 곳까지 승용차를 운전하여 가 주차시킨 후 자리를 비켜줌으로써 그 사이 사장이 피해자를 차안에서 강간하여 치상케 한 사안에서 사장이 피해자를 강간하기까지의 과정에서 종업원이 취한 일련의 행위는 사장의 강간행위에 공동 가공할 의사로 그 실행행위를 분담한 합동범의 그것이라기보다는 사장의 범행의도를 인식하고도 그 지시에 그대로 따름으로써 결과적으로 이를 도와준 방조행위에 불과하다는

---

139) 이주원, 『특별형법』 제4판, 홍문사, 2016, 474면.
140) 대법원 1986. 1. 21. 선고 85도2371 판결.
141) 대법원 2008. 4. 10. 선고 2008도1274 판결.

판례[142]가 있다.

　　실행행위의 분담이 인정된 경우로 피고인 2명이 한 명의 피해자를 연속적으로 간음하면서 상대방이 간음행위를 하는 동안에 방문 밖에서 교대로 대기하고 있었던 사안[143]과 A가 자신의 집에서 피해자를 강간하려고 하였으나 피해자가 도망가자, B는 도망가는 피해자를 뒤쫓아 가 붙잡은 다음 A와 성교를 할 것을 강요하면서 발로 피해자의 배와 등을 1회씩 차 피해자로 하여금 도망가기를 단념하게 한 후 피해자를 A의 집으로 데리고 오고, C는 여자와 성교를 하고 싶다는 A의 부탁으로 피해자를 소개시켜 주었음은 물론, 범행 당시에도 피해자가 A의 방으로 돌아오자 피해자의 뺨을 때리고 머리카락을 잡아당겼으며, 이어 B, C는 A가 피해자를 간음하는 동안 바로 그 옆방에 함께 있었던 사안[144]에서 협동관계가 인정되었다.

3) 2인 이상이 각각 서로 다른 피해자를 다른 장소에서 강간한 경우

　　또한 2인 이상이 각각 서로 다른 피해자를 각각 다른 장소에서 강간한 경우에 자신이 강간하지 아니한 다른 피해자에 대한 관계에서 어떻게 볼 것인가가 문제되는데 이는 피고인들의 관계, 피고인들이 피해자들을 만나게 된 경위 및 범행장소에 오게 된 과정, 각각의 범행과정에서 다른 피고인들이 취한 행동, 각 범행장소의 떨어진 정도 등을 종합하여 판단한다.

　　합동성이 부정된 경우로 피고인 A, B가 우연히 만난 피해자 2명에게 놀러 가자고 제안하여 각자 자기 승용차에 피해자 1명씩을 태우고 가다가 휴게소에서 피고인들만 내려서 성교하기로 모의하고 인근 여관에 객실 둘을 얻어 함께 놀다가 A가 피해자 1명에게 잠깐 할 이야기가 있다고 하면서 옆방으로 데려간 다음 각각 강제로 간음한 사안에서 A가 옆방으로 피해자를 데리고 갈 때까지 피고인들이 피해자들에 대하여 어떠한 강제력도 사용하지 않았고 다만 피해자들을 간음할 의사가 없는 것처럼 기망하였을 뿐이며 피해자들에 대한 폭행은 방에 데려간 후 A와 B 상호 간 의사의 연락 없이 따로 행해졌으므로 서로 어떠

142) 부산고등법원 1994. 4. 20. 선고 94노39 판결.
143) 대법원 1996. 7. 12. 선고 95도2655 판결.
144) 대법원 1998. 2. 27. 선고 97도1757 판결.

한 실행행위를 분담하였다고 볼 수 없다고 판시되었고[145], 또한 피고인 A, B가 피해자 1, 2를 만나 함께 술을 마시고 집에 데려다 주겠다며 운전하여 가던 중 방향을 바꾸어 야산으로 가서 차를 세운 뒤 B의 제의에 따라 피해자들을 각기 강간하기로 공모하고, 우선 B가 피해자2에게 잠시 이야기하자고 말하여 그녀를 차에서 내리게 한 다음, 그 부근의 숲 속으로 데리고 가서 이야기를 나누던 중에 강간할 마음이 없어져 이를 포기하고 차로 돌아왔으나 A가 그 사이 피해자1을 강제로 간음한 사안에서 A와 B사이에 범행현장에서 서로 강간의 실행행위를 분담한 시간적·장소적 협동관계가 있다고 보기는 어렵다고 판시하였다[146].

판례는 A와 B와 C가 서로 공모하여 A가 피해자1을, B가 피해자2를 순차 강간하고 C는 피해자3을 강간하려 미수에 그친 사안에서, "사전에 공모를 거쳐 피해자들을 유인한 후 상대방 범행 때에는 가까운 거리에서 서로 망을 봐준 경우에는 A, B, C 모두 피해자 전부에 대한 특수강간죄에 해당한다"[147]고 판시하고 있다.

 생각해 볼 문제
형법상 특수강간죄를 신설할 필요는 없는가?

---

145) 대법원 1998. 2. 24. 선고 97도3390 판결.
146) 대법원 1994. 11. 25. 선고 94도1622 판결.
147) 대법원 2004. 8. 20. 선고 2004도2870 판결.

【특수강간죄에 대한 단상】

원래 절도·강도의 경우에는 범행방법의 위험성 때문에 행위불법을 가중하여 형법에 특수절도죄, 특수강도죄를 규정하고 있으나, 강간의 경우에는 형법상 규정이 없었던 것을 특가법에 규정하였고, 성폭력특례법이 제정되면서 이를 흡수한 것이 특수강간죄이다[148].

최근 헌법재판소는 폭처법 제3조 제1항의 폭행, 협박, 손괴 부분에 대하여는 형법상의 특수폭행죄, 특수협박죄, 특수손괴죄 등과의 중복을 이유로 위헌결정을 하고[149] 상해 부분에 대하여는 합헌결정을 하였다[150]. 이에 따라 2015년 12월 폭처법 제3조 제1항은 폐지되었고 상해와 마찬가지로 형법과 중복되지 않는 강요와 공갈 부분을 반영하여 형법 제258조의2(특수상해죄), 제324조 제2항(특수강요죄), 제350조의2(특수공갈죄)가 각각 신설되었다.

따라서 성폭력처벌법상의 특수강간죄도 향후 어떻게 처리될지 주목할 필요가 있다. 다만 상해죄의 경우 단체 또는 다중의 위력을 보인 경우는 형법 제258조의2로, 단체 또는 다중에 이르지 아니하였으나 2명 이상이 공동한 경우는 여전히 폭처법 제2조 제2항에 의하여 처벌되므로 단순히 합동만을 규정한[151] 성폭력처벌법의 경우 정리가 쉽지 않을 것이다.

헌법재판소는 "어떠한 행위를 범죄로 규정하고 어떠한 정도의 형벌권을 행사할 것인지의 문제는 원칙적으로 입법자가 우리나라의 역사와 문화, 입법 당시의 시대적 상황, 국민 일반의 가치관 내지 법감정, 범죄의 실태와 죄질, 보호법익, 범죄예방효과 등을 종합적으로 고려하여 결정하여야 할 입법 정책에 관한 사항"[152]이라고 하고 있다.

일본의 경우 2004년 형법 제178조의2 집단강간등의죄를 신설하였으나 최근 형법을 개정하면서 강간죄의 법정형을 상향하면서 이를 폐지하였다. 즉 집단강간 등은 개별 정상으로 취급하기로 한 것이다.

---

148) 이주원, 『특별형법』 제4판, 홍문사, 2016, 471면.
149) 헌법재판소 2015. 9. 24. 선고 2014헌바154·398(병합) 결정.
150) 헌법재판소 2015. 9. 24. 선고 2014헌가1·헌바173(병합) 결정.
151) 형법 제30조 공동정범에서의 공동은 역할분담에 따른 분업, 합동범에서의 합동은 범죄현장에서의 협업, 폭처법 제2조의 공동은 폭력행위현장에서의 동업으로 이해되고 있다. 다만 판례는 폭처법상 공동의 의미를 엄격하게 해석하여 합동과 동일한 취지로 파악하고 있으나 실무상 공동관계의 인정범위가 합동범보다 다소 넓게 인정되는 경우도 있다고 한다. 이주원, 『특별형법』 제4판, 홍문사, 2016, 213~216면.
152) 헌법재판소 1995. 4. 20. 선고 91헌바11 전원재판부 결정.

4장
행위 태양

20. 추행

> □ **형법 제298조(강제추행)**
>
> 폭행 또는 협박으로 사람에 대하여 추행을 한 자는 10년 이하의 징역 또는 1천500만원 이하의 벌금에 처한다.

1 추행의 정의

추행은 "객관적으로 일반인에게 성적 수치심이나 혐오감을 일으키게 하고 선량한 성적 도덕관념에 반하는 행위로서 피해자의 성적 자유를 침해하는 것이라고 할 것인데, 이에 해당하는지 여부는 피해자의 의사, 성별, 연령, 행위자와 피해자의 이전부터의 관계, 그 행위에 이르게 된 경위, 구체적 행위태양, 주위의 객관적 상황과 그 시대의 성적 도덕관념 등을 종합적으로 고려하여 신중하게 결정해야 한다"고 판시153)되고 있으며 이러한 추행은 "반드시 성욕을 만족시킬 목적이나 주관적인 동기를 요건으로 하는 것은 아니라고"154) 해석되고 있다.

2 추행의 기준

이러한 추행은 결국 피해자의 성적 자유를 침해하는 것으로 평가될 수 있

---

153) 대법원 2002. 4. 26. 선고 2001도2417 판결.
154) 광주지방법원 2006. 8. 11. 선고 2006노737 판결.

는 행위로 제한된다고 할 것인데 구체적인 기준 관련, "본인의 의사와 관계없는 다른 사람의 거동이나 언사에 의하여 성적 수치심이나 혐오의 감정, 불쾌감이나 굴욕감 등을 겪는 피해를 입은 경우라 하더라도 그러한 거동 그 자체가 폭력적 행태를 띄는 것이라고 보기 어렵거나, 건전한 상식 있는 일반인의 관점에서 성적 수치심이나 혐오의 감정을 느끼게 하는 행태라고 곧바로 단정하기 어렵고, 행위자에게 성욕의 자극과 만족이라는 경향성이 드러나지 아니하여 그러한 행위를 행하는 행위자에게 성적 수치심이나 혐오감을 야기할 만한 행위라는 인식이 있었다고 평가하기 어렵다고 한다면, 이를 형사적인 책임을 지는 추행행위라 할 수 없다"고 판시[155]되고 있다.

③ 구체적 인정 사례

다만 실무적으로는 신체를 사용하여 어느 부위에 접촉하느냐가 중요한데 추행이 인정된 사례로는 치킨가게 업주가 아르바이트를 하기 위해 찾아온 15세 여학생의 엉덩이를 가볍게 친 행위[156], 직장상사가 등 뒤에서 피해자의 의사에 명백히 반하여 어깨를 주무른 경우[157], 피고인이 술에 취한 상태에서 한동네에 사는 9세의 여자 아이가 지나가자 아이를 불러 아이의 의사에 반하여 껴안고 볼에 뽀뽀한 후 엉덩이를 툭툭 친 사안[158], 초등학교 교사가 건강검진을 받으러 온 학생의 옷 속으로 손을 넣어 배와 가슴 등의 신체 부위를 만진 사안[159], 사우나 수면실에서 잠을 자던 20대 남성의 왼쪽 발바닥과 발목을 만지고 주무른

---

155) 서울중앙지방법원 2012. 8. 22. 2012고단1879 판결.
156) 광주지방법원 2006. 8. 11. 선고 2006노737 판결.
157) 대법원 2004. 4. 16. 선고 2004도52 판결. 그 이유로 여성에 대한 추행에 있어 신체 부위에 따라 본질적인 차이가 있다고 볼 수 없다고 판시하고 있는데, 사실관계를 보면 1회성이 아니라 "피고인이 어깨를 주무르는 것에 대하여 평소 수치스럽게 생각하여 오던 피해자에 대하여 그 의사에 명백히 반하여 그의 어깨를 주무르고 이로 인하여 피해자로 하여금 소름이 끼치도록 혐오감을 느끼게 하였고, 이어 나중에는 피해자를 껴안기까지 한 일련의 행위에서 드러난 피고인의 추행 성향을 앞서 본 추행에 관한 법리에 비추어 볼 때 이는 20대 초반의 미혼 여성인 피해자의 성적 자유를 침해할 뿐만 아니라 일반인의 입장에서도 도덕적 비난을 넘어 추행행위라고 평가할 만한 것이라 할 것이고, 나아가 추행행위의 행태와 당시의 경위 등에 비추어 볼 때 피고인의 범의나 업무상 위력이 행사된 점 또한 넉넉히 인정할 수 있다"는 점이 고려되었다.
158) 수원지방법원 2009. 9. 30. 선고 2009고합11 판결.
159) 대법원 2009. 9. 24. 선고 2009도2576 판결.

사안160), 상대방의 귓불과 목덜미 사이로 손을 집어넣어 머리카락을 쓸어넘긴 사안161), 단합대회(MT)에서 남성이 자고 있는 다른 남성의 성기 주변에 치약을 바른 사안162), 편의점에 들어가 상품을 진열하던 10대의 팔뚝을 한차례 쓰다듬은 사안163)에 대하여 추행이 인정되었다.

　　신체를 사용하지 않은 접촉도 추행으로 인정되는데 회사 본부장인 피고인이 소속 직원의 등산용 점퍼와 그 안의 티셔츠까지 걷어 올린 뒤 그 안의 속옷을 잡아당겨 찢은 사안164), 술에 취해 지하철에서 잠들어 있는 피해자에 다가가 어깨와 머리를 받쳐 무릎에 눕힌 다음 피해자의 양팔을 주무른 사안165), 플라스틱자로 피해자의 엉덩이 부분을 5회 가량 때린 사안166)과 주사기에 든 자신의 정액을 피해자의 엉덩이 부위에 뿌려 묻게 한 사안이 있다167).

④ 구체적 부정 사례

　　마찬가지로 신체의 어느 부위를 어떻게 접촉하였냐가 중요한데 온천 온열기내에서 잠들어 있던 피해자에게 다가가 손으로 피해자의 목과 얼굴을 스치고 코를 잡아 비튼 행위를 ① 피고인이 잡아 비틀었던 피해자의 코 부위를 사회

---

160) 로이슈, "법원, 사우나 수면실에서 자는 남성 발바닥 만진 50대 벌금형", 2016. 5. 31.
161) 헤럴드경제, "'함부로 상대 머리 쓸어 넘기면 안 돼'…'강제추행'으로 벌금형 선고받은 40대", 2017. 7. 3. 다만 이 사안에서 당시 가해자는 여직원들을 상대로 '헌 것(결혼한 여직원)', '새 것(신입 여직원)'이라 말하는 등 주변 분위기가 좋지 않았으며 피해자는 "가해자의 발언으로 수치심이 들어서 격앙된 감정이었는데 머리카락을 쓸어 넘긴 행동에 놀라서 쳐다보니까 '어 놀라네!'라는 반응을 보여 심한 모욕감이 들었다"고 진술하였다.
162) 동아일보, "MT서 동성 간 치약장난, 법원 "성추행" 첫 판결", 2017. 5. 12. 다만 이 사안에서 피해자는 가해자 한 명과는 얼굴만 아는 정도이고 또 다른 한명과는 MT에서 처음 알게 된 사이였다. 그리고 동영상 촬영도 당했으며 비록 무죄가 되었으나 피부염과 외상 후 스트레스 장애도 호소하였다.
163) 연합뉴스, "편의점 알바 10대 여성 팔뚝 쓰다듬어…벌금 700만 원", 2017. 7. 18. 다만 범행하면서 피해자의 신체 특징과 관련해 부적절한 말도 했다.
164) 대전고등법원 2015. 5. 27. 선고 2014고단2336 판결.
165) 조선일보, "심야 지하철서 술취한 여성 돕기 위해 무릎에 눕히고 팔 주물렀다면? 대법 "강제 추행"", 2016. 3. 28.
166) 인천지방법원 2014. 12. 17. 선고 2014고합669 판결.
167) 서울중앙지방법원 2014. 11. 7. 선고 2014고단6206 판결. 정액 관련해서는 정액을 자신의 손에 묻힌 다음 피해자를 뒤쫓아 가 피해자의 입에 정액을 묻힌 사안도 강제추행이 인정되었다. 제주지방법원 2013. 5. 23. 선고 2013고합57 판결.

통념상 성적으로 중요한 의미를 갖는 신체부위라고 단정하기 어려운 점, ② 피고인의 행위는 피해자의 코를 짧은 순간 잡아 비튼 것으로 그 구체적인 행위태양에 있어 성적 수치심이나 혐오의 감정을 느끼게 하는 행태라고 보기 어려운 점 등을 들어 추행이 아니라 폭행으로 인정한 사례168)가 있다.

　　그리고 골프장에서 함께 근무하는 여직원의 쇄골 바로 아래 가슴 부분을 손가락으로 한 번 찌르고 어깻죽지 등을 손으로 한 번 만진 행위에 대하여 "피고인이 만진 어깻죽지 부분은 일반적으로 이성 간에도 부탁, 격려 등의 의미로 접촉 가능한 부분이고, 피고인이 찌른 부분은 젖가슴보다는 쇄골에 더 가까워 상대방의 허락 없이 만질 수 있는 부분은 아니더라도 젖가슴과 같이 성적으로 민감한 부분은 아니며 피고인의 행위는 1초도 안 되는 극히 짧은 순간 이루어져 피해자가 이 때문에 성적 수치심을 느끼기보다는 당황했을 가능성이 크고, 이후 피해자가 불쾌감을 느꼈다 하더라도 특별한 행동의 변화 없이 자기 업무를 계속한 만큼 피고인의 행위는 성년인 피해자의 성적 자기결정권을 침탈해 형사 책임을 따져야 하는 '강제추행'으로 단정하기보다는 '성희롱'에 해당하는 것으로 보인다"한 사례169)와 교실 책상에 엎드려 자고 있던 여학생을 깨운다며 손바닥에 간지럼을 태우거나 옷차림을 지적하면서 쇄골 아래 부분에 손가락을 대는 한편, 손목을 잡은 채 손을 쓰다듬은 행위에 대하여 손바닥과 쇄골 아래, 손목 등은 사회통념상 성과 관련된 특정 신체부위라고 보기 어렵다고 무죄를 선고한 사례170)가 있다.

5 신체에 대한 물리적인 접촉과 추행 성립 여부

　　판례는 신체에 대한 물리적인 접촉이 없었더라도171) 행위 당시의 객관적

---

168) 서울중앙지방법원 2012. 8. 22. 2012고단1879 판결.
169) 대구지방법원 2012. 6. 8. 선고 2011고합686 판결.
170) 연합뉴스, "법원 "손바닥, 쇄골 아래 등은 性관련 부위 아니다"", 2013. 10. 29.
171) 형법의 폭행죄에서도 신체에 접촉하지 않는 방식의 폭행을 인정하고 있다. 대법원 1990. 2. 13. 선고 89도1406 판결은 "폭행죄에 있어서의 폭행이라 함은 사람의 신체에 대하여 물리적 유형력을 행사함을 뜻하는 것으로서 반드시 피해자의 신체에 접촉함을 필요로 하는 것은 아니므로 피해자에게 근접하여 욕설을 하면서 때릴 듯이 손발이나 물건을 휘두르거나 던지는 행위를 한 경우에 직접 피해자의 신체에 접촉하지 않았다고 하여도 피해자에 대한 불법한 유형력의 행사로서 폭행에 해당한다"고 판시하고 있다.

상황, 행위가 발생한 장소, 피해자의 상태(나이 등), 피해자의 회피 가능성 등을 기준으로 일정한 경우 강제추행죄 등의 성립을 인정하고 있다.

추행이 인정된 사례로는 태권도장 관장이 관원에게 옷을 벗게 한 행위172), 피해자들에게 자위행위 모습을 보여주고 피해자들로 하여금 이를 외면하거나 피할 수 없게 한 행위173) 등이 있다.

그리고 피고인이 사무실 출입문 인근 복도에서 자위행위를 하다가 열려진 출입문을 통해 피해 여성이 사무실 내 소파에 앉아 다른 여성과 대화하는 것을 보고 사무실 입구로 들어와 피해자가 앉아 있는 소파 팔걸이 부분에 자신의 하체를 기대고 소파 쪽으로 사정하여 소파 위에 정액이 묻게 한 사안에서 강제추행이 인정되었고. 또한 건물 앞 벤치에서 피해자들을 향해 사정한 사안에서 머리와 옷에 정액이 묻은 피해자 외에도 옆에서 같이 대화를 하던 피해자에 대해서도 강제추행이 인정되었다174).

다만 사무실에 따라 들어가 피해자를 응시하며 한 자위행위에 대하여 신체접촉을 하거나 힘을 가한 정황이 없어 강제추행에 해당하지 않는다고 하였고175), 또한 피고인이 사람 및 차량의 왕래가 빈번한 도로에서 피해자(여, 48세)에게 욕설을 하면서 자신의 바지를 벗어 성기를 보여주는 행위도 피해자에 대한 어떠한 신체 접촉도 없었고 공연음란죄의 '음란한 행위가' 특정한 사람을 상대로 행해졌다고 해서 피해자의 성적 결정의 자유가 침해당했다고 볼 수 없다고 판시하였고176), 중화음식점 주방에서 같이 있던 여성 피해자를 향해 갑자기 손으로 성기 모양을 만들어 보이며 바지 지퍼를 내린 행위에 대해 추행성을 부정하였으며177), 초등학교 4학년 남학생에게 버럭 소리를 질러 짧은 시간 음란 동영상을 보도록 강요한 행위에 대해 추행성을 부정하였다178).

172) 서울중앙지방법원 2013. 1. 11. 선고 2012고합895 판결.
173) 대법원 2010. 2. 25. 선고 2009도13716 판결. 엘리베이터라는 폐쇄된 공간에서 피해자들을 칼로 위협하는 등 꼼짝하지 못하도록 자신의 실력적인 지배하에 둔 다음 이루어졌다. 비슷한 사례로 피고인이 여자화장실에 들어가 여성 피해자들 앞에서 자위한 행위에 대해 공중밀집장소추행죄를 인정한 사례도 있다. 서울중앙지방법원 2011. 11. 28. 선고 2011노4270 판결.
174) 수원지방법원 2013. 11. 8. 선고 2013고합162 판결.
175) 연합뉴스, "신체접촉 없는 음란행위 강제추행죄 될까", 2013. 5. 19.
176) 대법원 2012. 7. 26. 선고 2011도8805 판결.
177) 서울서부지방법원 2011. 10. 13. 선고 2011노846 판결.
178) 대구고등법원 2011. 1. 13. 선고 2010노443, 2010전노34 판결.

　　이러한 판례의 입장은 형사처벌대상이 되기 어려운 단순추행행위나 외설행위, 별도의 경미한 처벌규정을 두고 있는 공중밀집장소에서의 추행행위, 성희롱 등과의 구별을 어렵게 하며 강제추행의 처벌범위를 지나치게 넓힐 수 있다는 비판이 있어 하급심에서는 강제추행을 합리적으로 제한하고자 하고 있다. 이에 따라 행위의 폭행성(유형력 유무), 기습성, 추행성, 추행의 고의 등을 제한적으로 해석하여 사실인정을 하거나 공중밀집장소추행죄 등 별도의 처벌규정을 둔 입법 취지 및 그것과의 형평성 등을 근거로 성립범위를 제한하는 판결례가 있다[179].

 생각해 볼 문제

추행이란 무엇인가? 성희롱과 어떻게 구분할 수 있는가?
추행에 있어서 중요한 신체부위는 어디일까?

179) 성범죄재판실무편람 집필위원회, 「성범죄재판실무편람」, 『재판실무편람』 제39호, 2014, 30면.

【행위자와 피해자의 관계 관련 외국의 연구결과】

　행위자와 피해자의 관계 관련 흥미로운 연구결과가 있다. 핀란드 알토 대학교와 영국 옥스퍼드 대학교의 연구진이 서로 다른 문화권(핀란드, 프랑스, 러시아, 이탈리아, 영국)의 남성과 여성들이 친구, 가족, 친척, 낯선 사람들에게 어느 정도까지 신체적 접촉을 허용하는지를 보여주는 신체지도를 작성하였다.

　연구결과에 의하면 여러 문화권에서 놀라울 정도로 비슷했는데 문화권 간의 차이는 사회적 집단 간의 차이보다 작았으며 각 집단별 접촉 부위는 여러 문화권에서 아주 비슷했다[180].

　결론적으로 만지는 사람이 누구냐에 따라 달라지며, 여성들은 남성들보다 접촉을 더 편하게 생각하고 남성들은 여성이 만질 때 더 편하게 느낀다는 점이 알려졌다.

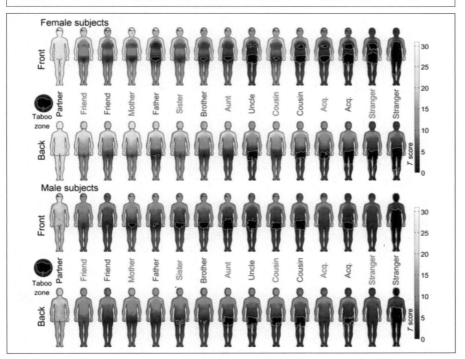

180) 허핑턴포스트, "남의 손이 닿아도 괜찮은 부위와 불쾌한 부위를 보여주는 국가별 신체 지도", 2015. 11. 2.(http://www.huffingtonpost.kr/2015/11/02/story_n_8449266.html, 2018. 6. 18. 검색). 만지는 사람의 성별은 빨간 색이 여성이고 파란 색이 남성이다. 노란색은 만져도 된다는 의미이고 색이 짙어질수록 만지면 안 되는 곳이다. 푸른색 선으로 테두리 친 부위는 만지는 것이 금기시되는 곳이다.

21. 간음과 유사성교[181]

> □ **형법 제297조(강간)**
> 폭행 또는 협박으로 사람을 강간한 자는 3년 이상의 유기징역에 처한다.
>
> □ **형법 제297조의2(유사강간)**
> 폭행 또는 협박으로 사람에 대하여 구강, 항문 등 신체(성기는 제외한다)의 내부에 성기를 넣거나 성기, 항문에 손가락 등 신체(성기는 제외한다)의 일부 또는 도구를 넣는 행위를 한 사람은 2년 이상의 유기징역에 처한다.

1 간음의 정의

간음이란 결혼 아닌 성교행위로서 남자의 성기를 여자의 성기에 삽입하는 것을 말하며, 남자의 성기가 여자의 성기 속에 들어가기 시작하는 순간에 기수가 되며, 성기의 완전삽입이나 사정을 요하지 않는다.

2 유사성교의 정의

형법이 2012년 개정을 통해 새롭게 도입한 개념으로 그 시작은 성매매 관련하여 "구강·항문 등 신체 내부로의 삽입행위 내지 적어도 성교와 유사한 것으로 볼 수 있는 정도의 성적 만족을 얻기 위한 신체접촉행위"를 유사성교행위로 판시[182]한 것에서 비롯하였다[183]. 성폭력범죄 관련해서는 아동성폭력의 경우에 상대적으로 많이 발생하여 2006년 13세 미만 미성년자에 대한 성폭력범죄

---

181) 개정형법은 제297조의2를 두어 조명을 유사강간이라고 하고 있으나 강간은 폭행이나 협박을 이용한 경우이므로 이 책에서는 행위를 지칭할 경우에는 유사성교로, 죄명을 지칭할 때는 유사강간죄로 표기하기로 한다.
182) 대법원 2006. 10. 26. 선고 2005도8130 판결.
183) 성매매처벌법 제2조 제1항 제1호에서는 "나. 구강·항문 등 신체의 일부 또는 도구를 이용한 유사 성교행위"를 성매매로 정의하고 있고 아청법도 제2조 4호에서 "나. 구강·항문 등 신체의 일부나 도구를 이용한 유사 성교행위"를 아동·청소년을 대상으로 하거나, 아동·청소년으로 하여금 하게 하는 것을 아동·청소년의 성을 사는 행위로 정의하고 있다.

에 처음 도입되었다.

　2006년 성폭력특례법은 제8조의2 제2항에서 "1.구강·항문 등 신체(성기를 제외한다)의 내부에 성기를 삽입하는 행위, 2. 성기에 손가락 등 신체(성기를 제외한다)의 일부나 도구를 삽입하는 행위"로 규정하였으나 2008. 6. 13. 개정 시 제2호에 항문을 추가하여 "2. 성기·항문에 손가락 등 신체(성기를 제외한다)의 일부나 도구를 넣는 행위"로 수정되었다.

　이후 장애인 및 일반인 대상 성폭력범죄에도 적용범위가 확대되었으며 그 경과는 다음과 같다.

〈각 법률별 유사성교 규정 도입 경과〉

구분	법률명	조명	비고
성폭법	2006. 10. 27~	제8조의2 13세 미만의 미성년자에 대한 강간, 강제추행 등	
아청법	2010. 1. 1~	제7조 아동·청소년에 대한 강간·강제추행 등	
성폭법	2011. 11. 17~	성폭력 제6조 장애인에 대한 강간, 강제추행 등	
형 법	2013. 6. 19~	제297조의2 유사강간	

생각해 볼 문제

유사성교의 범위를 이대로 정의해도 좋은가?

유사강간죄를 강간죄 및 강제추행죄처럼 기본유형범죄로 보아 특별법에 통일적으로 규정해야 하는 것은 아닌가?[184]

【세계 각국의 유사강간죄】

유사강간죄에 대하여 강간죄보다 낮은 법정형도 문제이지만 우선 그 범위가 문제된다. 침해받는 피해자의 보호법익을 기준으로 재검토할 필요가 있는데 문제는 다른 나라들의 규정들도 다 제각각이라는 점이다.

일본의 개정형법의 경우 강간을 성교, 항문성교 또는 구강성교[185]로 확대하고 '강제성교 등'[186]이라고 한 후 강제성교와 강제추행의 2분법을 유지하고 있다.

영국의 2003년 성범죄법의 경우 강간[187]을 '질, 항문 또는 입에 성기 삽입'으로 규정하고 있어 일본과 유사하다. 다만 삽입에 의한 성폭행[188]을 성추행과 별도로 규정하면서 그 범위를 '고의로 다른 사람의 질이나 항문에 몸의 일부 또는 그 외 다른 것 삽입'으로 정의하고 있다.

미국 미시간주는 1974년 성적행위죄법(Criminal Sexual Conduct Act)를 제정하였는데 이는 미국에서 강간죄를 처음으로 전면개정한 것이다. 이 법률은 다른 주에도 큰 영향을 주었는데 강간(rape)이라는 용어가 이미 시대에 맞지 않는다고 하여 성중립적 용어를 채택하고 성적행위죄를 4가지로 나누고 있다. 즉 성교, 구강성교, 항문성교 등을 '성적 삽입(sexual penetration)'으로, 성기에의 의도적 접촉 또는 성기 위 의복에의 의도적 접촉으로 합리적으로 해석하여 이러한 접촉이 성적 자극이나 만족을 목적으로 하든지, 보복목적, 굴욕감을 줄 목적 또는 분노에서 성적 방법으로 행해지는 것을 '성적 접촉(sexual touch)'으로 규정하였다. 그리고 성적 삽입을 제1급 성적행위죄와 제3급 성적행위죄의 핵심 행위로, 성적 접촉을 제2급 성적행위죄와 제4급 성적행위죄의 핵심 행위로 규정하고 있다[189].

---

184) 성폭력처벌법 제4조 제2항(특수강간 등) 및 제5조(친족관계에 의한 강간 등), 아청법 제8조(장애인인 아동·청소년에 대한 간음 등)에 유사성교 관련 규정이 추가되지 않은 것이 대표적인 입법의 미비이다. 아울러 성폭력처벌법 제6조(장애인에 대한 강간·강제추행 등)에 위계·위력에 의한 유사성교죄도 추가하여야 할 것이다.
185) 일본의 논의 과정에서는 임상경험상 항문성교와 구강성교로 인한 피해가 통상의 성교로

인한 피해와 구별할 의미가 없으며 국제적으로도 정신적 피해는 대부분 동일하게 취급된다
는 점이 주장되었다. 법제심의회 형사법(성범죄관계)부회, 「제2회 의사록」 5면(코니시 위
원)(http://www.moj.go.jp/keiji1/keiji12_00132.html, 2018. 6. 18. 검색).
186) 제177조(강제성교 등) 13세 이상의 자에 대해 폭행 또는 협박을 이용하여 성교, 항문성교
또는 구강성교(이하 「성교 등」이라고 한다.)를 한 자는 강제성교 등의 죄로 하여 5년 이상의
유기징역에 처한다. 13세 미만의 자에 대해 성교 등을 한 자도 같다.
187) 1. 강간
    (1) (A)는 다음에 해당하면 범죄를 저지른 것이다.
        (a) 고의로 다른 사람(B)의 질, 항문 또는 입에 성기를 삽입하고,
        (b) B가 그 삽입에 동의하지 않았으며,
        (c) B가 동의한다고 A가 믿을 상당한 이유가 없는 때
    (2) 믿음이 상당한지는 B가 동의하는지를 확인하기 위해 A가 취한 행동을 포함하여 모든
        정황을 참작한 후 결정된다.
    (3) 75조와 76조는 이 조에 의한 범죄에 적용한다.
    (4) 이 조에 의하여 유죄인 자는 정식기소에 의하여 종신형에 처한다.
188) 2. 삽입에 의한 성폭행
    (1) (A)는 다음에 해당하면 범죄를 저지른 것이다.
        (a) 고의로 다른 사람(B)의 질이나 항문에 몸의 일부 또는 그 외 다른 것으로 삽입하고,
        (b) 그 삽입이 성적이고,
        (c) B가 그 삽입에 동의하지 않았으며,
        (d) B가 동의한다고 A가 믿을 상당한 이유가 없는 때
    (2) 믿음이 상당한지는 B가 동의하는지를 확인하기 위해 A가 취한 행동을 포함하여 모든
        정황을 참작한 후 결정된다.
    (3) 75조와 76조는 이 조에 의한 범죄에 적용한다.
    (4) 이 조에 의하여 유죄인 자는 정식기소에 의하여 종신형에 처한다.
189) 자세한 내용은 斎藤豊治, 「アメリカにおける性刑法の改革」, 『日本弁護士連合会 両性の平
    等に関する委員会編 性暴力被害の実態と刑事裁判』, 信山社, 2015, 137~145면.

22. 노출과 공연음란

> **□ 경범죄처벌법 제3조(경범죄의 종류)**
>
> 33. (과다노출) 공개된 장소에서 공공연하게 성기·엉덩이 등 신체의 주요한 부위를 노출하여 다른 사람에게 부끄러운 느낌이나 불쾌감을 준 사람
>
> **□ 형법 제245조(공연음란)**
>
> 공연히 음란한 행위를 한 자는 1년 이하의 징역, 500만 원 이하의 벌금, 구류 또는 과료에 처한다.

① 과거의 논의

일찍부터 형법 제245조의 '공연음란죄'와 경범죄처벌법 제3조 제1항 제33호의 '과다노출죄'를 적용하여 공중장소에서의 다양한 노출 행위에 대처해 왔다. 판례는 이를 구별하였으며[190] 이에 따라 단순한 성기·알몸노출은 경범죄처벌법의 대상이며, 공연음란죄의 규율대상은 일반 보통인의 성욕을 명백히 자극·흥분시키는 것으로 보통인의 성적 수치심을 심각하게 침해하는 행위, 예컨대 성교, 성기애무, 자위 등 성적 행위를 공연히 타인 앞에서 행하는 것으로 제한해야 한다는 주장[191]이 있었다.

② 과다노출죄 관련 위헌결정과 개정

원래 경범죄처벌법은 과다노출죄에 대해 "여러 사람의 눈에 뜨이는 곳에서 공공연하게 알몸을 지나치게 내놓거나 가려야 할 곳을 내놓아 다른 사람에게

---

190) 대법원 2004. 3. 12. 선고 2003도6514 판결. 이 판결은 신체의 노출행위가 있었다고 하더라도 그 일시와 장소, 노출 부위, 노출 방법·정도, 노출 동기·경위 등 구체적 사정에 비추어, 그것이 일반 보통인의 성욕을 자극하여 성적 흥분을 유발하고 정상적인 성적 수치심을 해하는 것이 아니라 단순히 다른 사람에게 부끄러운 느낌이나 불쾌감을 주는 정도에 불과하다고 인정되는 경우 그와 같은 행위는 경범죄처벌법에 해당할지언정 형법에 해당하지 않는다고 판시하고 있다.
191) 조국, 「'공연음란죄'의 내포와 외연」, 『절제의 형법학』 제2판, 박영사, 2015, 453~454면.

부끄러운 느낌이나 불쾌감을 준 사람"이라고 규정하였고 헌법재판소는 이에 대하여 알몸을 '지나치게 내놓는' 것이 무엇인지 판단 기준을 제시하지 않고 있고 '가려야 할 곳'의 의미도 알기 어렵다고 보았다. 그리고 '부끄러운 느낌이나 불쾌감'은 사람마다 달리 평가될 수밖에 없고, 노출되었을 때 부끄러운 느낌이나 불쾌감을 주는 신체부위도 사람마다 달라 이를 통해 '지나치게'와 '가려야 할 곳'의 의미를 확정하기도 곤란하다고 하여 결국 죄형법정주의의 명확성원칙에 위반된다고 위헌결정을 하였다[192]. 이에 따라 2017. 10. 24. 법률 제14908호로 개정되어 동일 시행된 경범죄처벌법은 '성기·엉덩이 등 신체의 주요한 부위'로 노출의 부위를 제한하였다.

③ 공연음란죄의 음란한 행위

다만 현행 공연음란죄에 대하여도 그 문언이 포괄적이고 불명확하다는 비판이 일찍부터 있어 왔다. 그러나 음란행위에 대한 판단은 그 행위태양이 다양하고 정형화하기 어려울 뿐만 아니라, 그 당시의 사회와 시대적 변화, 문화적 배경 등에 따라 변동하는 상대적, 유동적인 것이고, 그 시대에 있어서 사회의 풍속, 윤리, 종교 등과도 밀접한 관계를 가지므로[193] 다소 개방적인 입법형식을 취할 수밖에 없다.

판례는 음란에 대하여 일반 보통인의 성욕을 자극 또는 흥분케 하여 정상적인 성적 수치심을 해하고 선량한 성적 도의 관념에 반하는 것이라고 해석해 왔고[194] 행위 관련해서는 노출 부위를 음란성 판단의 주요 기준으로 삼아 성기 노출이 있는 경우에 대체로 음란행위를 인정하고 있다[195].

---

192) 헌법재판소 2016. 11. 24. 선고 2016헌가3 결정.
193) 헌법재판소 2013. 8. 29. 선고 2011헌바176 결정.
194) 대법원 2008. 3. 13. 선고 2006도3558 판결. 과거 음란과 추행은 같은 의미로 이해되었지만 최근 추행에 대하여 성적 의도를 배제하고 성적 자유에 대한 침해가 필요하다고 보면서 달리 해석되고 있다. 이러한 경과에 대해서는 김준호,「형법상 강제추행 개념의 해석 범위」,『저스티스』제153호, 2016, 85~87면을 참고하길 바란다.
195) 이러한 기준은 음란물에도 적용되는데 판례는 교복을 입은 여고생이 성인 남자의 성기를 빨고 있는 모습, 교복을 입은 여고생이 팬티를 벗어 음부와 음모를 노출시킨 모습 등은 음란한 도화 및 문서에 해당한다고 보고 있다. 대법원 2002. 8. 23. 선고 2002도2889 판결. 그러나 비디오물 관련 남녀 간의 성교나 여성의 자위 장면 또는 여성에 대한 애무 장면 등을 묘사하더라도 남녀 성기나 음모의 직접적인 노출이 없는 경우 성적 부위나 행위를 적나라하

즉 고속도로에서 알몸이 되어 성기를 노출한 상태로 공중 앞에서 바닥에 드러눕거나 돌아다닌 경우는 음란한 행위이지만[196], 상점 카운터를 지키고 있던 주인의 딸(여, 23세)에 대하여 등을 돌려 엉덩이가 드러날 만큼 바지와 팬티를 내린 다음 엉덩이를 들이민 사안에서 엉덩이를 노출한 행위는 음란행위가 아니라고 보았다[197].

다만 노출의 동기·경위 관련해서 위 엉덩이를 노출한 사안에서는 항의의 표시라는 점을 고려한 반면 요구르트 제품의 홍보를 위하여 전라의 여성 누드 모델들이 일반 관람객과 기자 등 수십 명이 있는 자리에서, 알몸에 밀가루를 바르고 무대에 나온 후 분무기로 요구르트를 몸에 뿌려 밀가루를 벗겨내어 음부 및 유방 등이 노출되게 한 행위에 대하여 판례[198]는 성행위를 묘사하거나 성적인 의도를 표출하는 행위는 아니었지만 공연음란죄로 판단하였다.

4 음란한 행위의 한계

우선 공개적인 장소의 키스행위 등은 이미 형법상 음란의 개념에서 제외되었다고 해석되고 있으므로 공연음란죄의 적용 대상이 안 될 것이며 누드모델, 스트리킹, 스트립쇼의 경우 형법상 음란의 개념에서 제외되지만 동성·이성간의 성행위 또는 자위행위는 공연음란죄, 단순한 성기·유방의 노출은 경범죄처벌법 상의 과다노출로 보아야 할 것이다[199].

그리고 특히 예술적 표현행위 관련해서 알몸노출이 자주 문제되는데 판례는 일관되지 않는다. 대표적인 판례로는 연극 미란다 관련 완전 나체의 여주인공과 팬티만 입은 남자주인공이 관람석으로부터 4~5m 떨어진 무대 위 침대에서 격렬하게 뒹구는 장면과 침대 위에 쓰러져 있는 여자 주인공에게 다가가서

게 표현 또는 묘사한 것이라고 단정할 수 없다고 하여 음란성을 부정하고 있다. 대법원 2008. 3. 13. 선고 2006도3558 판결.

196) 대법원 2000. 12. 22. 선고 2000도4372 판결. 이와 유사한 사례로 수원시 소재 생고기집 야외 식탁에서 여종업원과 뒤 식탁에 손님들이 있는 상태에서 옷을 모두 벗고 나체 상태에서 약 40분간 고기를 구워 먹은 것에 공연음란죄를 적용한 사례가 있다. 수원지방법원 2014. 8. 14. 선고 2014고단3032 판결.

197) 대법원 2004. 3. 12. 선고 2003도6514 판결.

198) 대법원 2006. 1. 13. 선고 2005도1264 판결.

199) 배종대, 『형법각론』 제9전정판, 홍문사, 2015, 782면.

입고 있던 옷을 모두 벗긴 다음 그녀의 양손을 끈으로 묶어 창틀에 매달아 놓고 자신은 그 나신을 유심히 내려다보면서 자위행위를 7~8분 연기하는 장면에 대하여 "정상인의 성욕을 자극하여 성적 흥분을 유발하거나 그 호색적 흥미를 돋구기에 충분한 것이라고 할 수 있어 음란하다"고 판단한 판례가 있는데[200] 이에 대하여는 많은 비판이 있다[201].

또한 최근 대법원은 법학전문대학원 교수가 남성 성기 사진에 학술적, 사상적 주장을 덧붙인 결합 표현물을 자신의 블로그에 게시한 행위에 대해, 남성 성기 사진은 음란물에 해당하지만 게시에 대하여 목적의 정당성, 그 수단이나 방법의 상당성, 보호법익과 침해법익 간의 법익균형성이 인정되어 정당행위에 해당한다[202]고 하여 새로운 해결방법을 제시하였다.

---

200) 대법원 1996. 6. 11. 선고 1996도980 판결.
201) 조국, 「'공연음란죄'의 내포와 외연」, 『절제의 형법학』 제2판, 박영사, 2015, 447~449면은 헌법재판소 1998. 4. 30. 선고 95헌가16 전원재판부 결정의 취지에 비추어 연극 '미란다'가 하등의 예술적 가치가 없다고 말하기 어려우며, 또한 이 작품의 해악이 있다고 하더라도 그 해악이 사상의 경쟁 메커니즘에 의해서 해소되기 어려울 정도라고 단언할 수 없기 때문에 음란성이 부정되어야 한다고 주장하고 있다. 즉 그 이후의 다른 노출 연극과 같이 'XX세 미만 관람금지'가 이루어질 수 있도록 행정지도해야 할 사안이라고 지적하고 있다.
202) 대법원 2017. 10. 26. 선고 2012도13352 판결.

생각해 볼 문제

공연음란죄의 적용범위는 어디까지일까?

형법이 아닌 특별법으로만 형사처벌이 가능한 성폭력범죄가 있을까?

【아동복지법상의 성폭력범죄】

성희롱은 형사처벌의 대상이 아니지만 아동을 대상으로 하는 경우 아동복지법에 처벌규정이 있다. 즉 현행 아동복지법은 제17조 제2호에서 "누구든지 아동에게 음란한 행위를 시키거나 이를 매개하는 행위 또는 아동에게 성적 수치심을 주는 성희롱 등[203]의 성적 학대행위를 하여서는 아니 된다"라고 규정하고 있다.

이와 관련 성적 학대행위는 "아동에게 성적 수치심을 주는 성희롱 등의 행위로서 아동의 건강·복지를 해치거나 정상적 발달을 저해할 수 있는 성적 폭력 또는 가혹행위를 의미하고, 이는 '음란한 행위를 시키는[204] 행위'와는 별개의 행위로서, 성폭행의 정도에 이르지 아니한 성적 행위도 그것이 성적 도의관념에 어긋나고 아동이 건전한 성적 가치관의 형성 등 완전하고 조화로운 인격발달에 현저하게 저해할 우려가 있는 행위이면 이에 포함된다"고 판시되었다[205]. 그리고 이에 해당하는지 여부는 "행위자 및 피해 아동의 의사·성별·연령, 피해 아동이 성적 자기결정권을 제대로 행사할 수 있을 정도의 성적 가치관과 판단능력을 갖추었는지 여부, 행위자와 피해 아동의 관계, 구체적인 행위 태양, 그 행위가 피해 아동의 인격 발달과 정신 건강에 미칠 수 있는 영향 등의 구체적인 사정을 종합적으로 고려해 그 시대의 건전한 사회통념에 따라 객관적으로 판단"되어야 한다[206].

[203) 아동에게 음란한 행위를 시키는 행위는 아동복지법 제정 당시부터 있었으나 '성적 학대행위'는 2000. 1. 12. 아동복지법이 전부 개정되면서 포함되었는데 처음에는 "아동에게 성적 수치심을 주는 성희롱, 성폭행 등의 학대행위"였다가, 2011. 8. 4. 개정 시 "아동에게 성적 수치심을 주는 성희롱·성폭력 등의 학대행위로", 2014. 1. 28. 개정 시 현재의 규정으로 변경되었다.

204) 행위자가 아동으로 하여금 제3자를 상대방으로 하여 음행을 하게 하는 행위를 가리키는 것일 뿐 행위자 자신이 직접 그 아동의 음행의 상대방이 되는 것까지를 포함하지는 않는다. 대법원 2000. 4. 25. 선고 2000도223 판결. 다만 일본의 아동복지법 제34조 제1항 제6호도 아동에게 음행을 시키는 행위를 처벌대상으로 규정하고 있는데 행위자 자신이 상대방이 되는 경우도 포함된다고 해석하고 있다. 그리고 음행을 아동의 심신의 건전한 육성을 저해할 우려가 있다고 인정되는 성교 또는 이에 준하는 성교유사행위로 보고 아동을 단순히 자신의 성적 욕망을 만족시키기 위한 대상으로 취급하고 있다고 밖에 볼 수 없는 자를 상대방으로

하는 성교 또는 성교유사행위가 포함된다고 하고 있다. 자세한 내용은 石井徹哉,「児童福祉法34条1頁6号にいう「淫行」の意義と「させる行為」に当たるか否かの判断方法」, 『平成28年度重要判例解説』, 有斐閣, 2017, 182~183면.

205) 대법원 2017. 6. 15. 선고 2017도3448 판결.

206) 대법원 2015. 7. 9. 선고 2013도7787 판결. 본 판결은 23세의 육군 일병이 인터넷게임을 통해 알게 된 초등학교 4학년(당시 10세)에게 영상통화로 전화해 3차례에 걸쳐 주요 신체부위를 보여 달라고 요구하여 본 사안으로 피해 아동이 특별한 저항 없이 응했다거나 현실적으로 육체적 또는 정신적 고통을 느끼지 않은 사정이 있다 하더라도 당시 피해자가 자신의 성적 행위에 관한 자기결정권을 자발적이고 진지하게 행사한 것으로 보기는 어려우므로 피고인의 행위는 성적 학대행위에 해당한다고 봐야 한다고 판단하였다.

23. 공중밀집장소에서의 추행

> □ **성폭력범죄의처벌등에관한특례법 제11조(공중 밀집 장소에서의 추행)**
> 대중교통수단, 공연·집회 장소, 그 밖에 공중(公衆)이 밀집하는 장소에서 사람을 추행한 사람은 1년 이하의 징역 또는 300만 원 이하의 벌금에 처한다.

1 공중밀집장소의 의의

판례는 입법 취지, 규정에 공중이 '밀집한' 장소가 아니라 '밀집하는' 장소로 규정되어 있는 점, 그리고 예시적으로 열거된 지하철, 버스, 영화관, 공연장, 운동장 등 외에도 다양한 장소에서의 발생가능성 등을 들어 "현실적으로 사람들이 빽빽이 들어서 있어 서로 간의 신체적 접촉이 이루어지고 있는 곳만을 의미하는 것이 아니라 이 사건 찜질방 등과 같이 공중의 이용에 상시적으로 제공·개방된 상태에 놓여 있는 곳 일반을 의미한다"고 하여 그 행위 당시의 현실적인 밀집도 내지 혼잡도는 상관없고 다만 "그 장소의 성격과 이용현황, 피고인과 피해자 사이의 친분관계 등 구체적 사실관계에 비추어" 공중밀집장소의 일반적 특성을 이용한 추행행위라고 보기 어려운 특별한 사정이 없는지를 고려해야 한다고 판시[207]하고 있다.

2 요구되는 추행과 인정 사례

본 조는 강제추행죄와는 달리 '폭행 또는 협박'을 요하지 않는데 공개되어 있는 공공연한 장소에서 피해자가 명시적·적극적인 저항 내지 회피가 어려운 상황을 이용하여 유형력을 행사하지 않고 범한 추행행위를 처벌하기 위한 것이다. 따라서 강제추행에 해당되는 유형력의 행사가 입증되면 강제추행죄를 적용하고 강제추행에 이르지 않을 정도의 추행이 장소의 특성을 이용해 저질러졌다면 본 죄를 적용한다.

강제추행에 이르지 않을 정도의 추행으로는 슬쩍 가슴이나 엉덩이 등을 만

---

207) 대법원 2009. 10. 29. 선고 2009도5704 판결.

지는 형태로 행해지는 추행, 폭행, 그 자체가 추행에 해당한다고 판례가 인정하는 기습추행의 요건을 갖추지 못한 경미한 정도의 추행이 해당될 것이다. 구체적으로 지하철에서 옆에 앉은 피해자의 다리나 허벅지를 더듬는 행위[208], 지하철에서 피해자의 옆쪽에 비스듬히 바짝 붙어 손으로 피해자의 엉덩이 등을 만진 행위[209], 영화관에서 옆 좌석에 앉아 있는 피해자의 옆구리와 엉덩이를 더듬는 행위[210], 찜질방 수면실에서 옆에 누워 있던 피해자의 가슴 등을 손으로 만진 행위[211] 등이 해당한다.

③ 부정 사례

버스 뒷쪽 좌석에 앉아 있는 피해자에게 몸을 밀착시키고 다리로 허벅지, 어깨, 팔뚝부위를 수회 비볐다는 사안에서 판례는 피해자가 촬영한 동영상에 의하더라도 "피고인이 촬영기간의 대부분 동안 버스 앞 쪽을 향해 몸을 돌려 피고인의 옆 부분이 피해자의 좌석 팔걸이 자체에 부딪힌 것으로 보이고 위 팔걸이의 앞 쪽을 통하여 피해자 쪽으로 깊숙이 들어가는 경우를 발견하기 어려울 뿐만 아니라 피해자의 신체를 지속적으로 누르거나 비비는 방식으로 신체 접촉을 의도하고 있는 것으로 보기도 어려운 점, 접촉되었다는 피해자의 신체 부위와 피고인의 신체 부위는 버스의 흔들림에 따라 자연스럽게 접촉할 수 있는 부분으로 보이는 반면 통상 추행에 사용되거나 추행을 당하는 신체 부분과는 거리가 있는 점, 피해자는 피고인에 앞서 다른 탑승객에게 추행을 하고 있다고 항의한 바 있는데, 한 버스 내에서 공범이 아닌 두 사람이 동시에 혹은 순차적으로 추행을 한다는 것은 다소 이례적이라 할 것이고, 당시 피해자는 무릎 위에 가방을 올려놓고 있었고 피고인과 피해자 사이에는 좌석 팔걸이가 있었던 점" 등을 고려하여 무죄를 선고하였다[212].

---

208) 서울중앙지방법원 2004. 6. 16. 선고 2004고단2967 판결.
209) 서울중앙지방법원 2004. 6. 11. 선고 2004고단3229 판결.
210) 의정부지방법원 2004. 7. 12. 선고 2004고단1396 판결.
211) 대법원 2009. 10. 29. 선고 2009도5704 판결.
212) 울산지방법원 2013. 11. 8. 선고 2013노693 판결.

생각해 볼 문제

공중밀집 장소에서의 추행과 준강제추행을 어떻게 구별할 것인가?

24. 다중이용장소 및 주거 침입

▫ **성폭력범죄의처벌등에관한특례법 제12조(성적 목적을 위한 다중이용장소 침입행위)**

　자기의 성적 욕망을 만족시킬 목적으로 화장실, 목욕장·목욕실 또는 발한실(發汗室), 모유수유시설, 탈의실 등 불특정 다수가 이용하는 다중이용장소에 침입하거나 같은 장소에서 퇴거의 요구를 받고 응하지 아니하는 사람은 1년 이하의 징역 또는 300만 원 이하의 벌금에 처한다.〈개정 2017.12.12.〉

▫ **성폭력범죄의처벌등에관한특례법 제3조(특수강도강간 등)**

　① 「형법」 제319조 제1항(주거침입)[213], 제330조(야간주거침입절도)[214], 제331조(특수절도)[215] 또는 제342조(미수범. 다만, 제330조 및 제331조의 미수범으로 한정한다)의 죄를 범한 사람이 같은 법 제297조(강간)부터 제299조(준강간, 준강제추행)까지의 죄를 범한 경우에는 무기징역 또는 5년 이상의 징역에 처한다.

　② 「형법」 제334조(특수강도)[216] 또는 제342조(미수범. 다만, 제334조의 미수범으로 한정한다)의 죄를 범한 사람이 같은 법 제297조(강간)부터 제299조(준강간, 준강제추행)까지의 죄를 범한 경우에는 사형, 무기징역 또는 10년 이상의 징역에 처한다.

① 최근의 개정과 그 취지

　2017. 12. 12. 시행된 개정 성폭력처벌법은 제12조의 제목을 성적 목적을 위

---

213) 제319조(주거침입, 퇴거불응) ① 사람의 주거, 관리하는 건조물, 선박이나 항공기 또는 점유하는 방실에 침입한 자는 3년 이하의 징역 또는 500만 원 이하의 벌금에 처한다.〈개정 1995.12.29.〉
214) 제330조(야간주거침입절도) 야간에 사람의 주거, 간수하는 저택, 건조물이나 선박 또는 점유하는 방실에 침입하여 타인의 재물을 절취한 자는 10년 이하의 징역에 처한다.
215) 제331조(특수절도) ① 야간에 문호 또는 장벽 기타 건조물의 일부를 손괴하고 전조의 장소에 침입하여 타인의 재물을 절취한 자는 1년 이상 10년 이하의 징역에 처한다.
　② 흉기를 휴대하거나 2인 이상이 합동하여 타인의 재물을 절취한 자도 전항의 형과 같다.
216) 제334조(특수강도) ① 야간에 사람의 주거, 관리하는 건조물, 선박이나 항공기 또는 점유하는 방실에 침입하여 제333조의 죄를 범한 자는 무기 또는 5년 이상의 징역에 처한다.〈개정 1995.12.29.〉
　② 흉기를 휴대하거나 2인 이상이 합동하여 전조의 죄를 범한 자도 전항의 형과 같다.

한 '공공장소' 침입행위에서 성적 목적을 위한 '다중이용장소' 침입행위로 변경하였다. 이는 장소라는 적용대상을 정함에 있어서 각종 행정 법률의 조문을 인용함으로써 오히려 불분명해지는 문제점[217]을 개선하기 위한 개정이다.

이 죄는 성적 욕망을 실제로 달성할 필요는 없으나 목적범이며 미필적 의도로도 족하다.

② 다중이용장소의 범위

본 조항이 적용되는 장소는 화장실, 목욕장·목욕실 또는 발한실, 모유수유시설, 탈의실 등 불특정 다수가 이용하는 다중이용장소이다[218]. 원래 공공장소여서 주거권자가 없음에도 불구하고 입장이 제한된 공간을 침입하는 행위를 처벌하기 위한 것으로 이전에는 주거침입죄로만 처벌이 가능했던 것을 보완한 것이다.

③ 공공장소 정의의 문제점과 부정 사례

개정 전의 성폭력처벌법 제12조와 현행 대통령령인 성폭력범죄의처벌등에관한특례법시행령은 공공장소를 다음과 같이 정하였다.

〈 공공장소의 범위 〉

공공장소의 종류	적용법령	주요 내용
공중화장실 등	공중화장실 등에 관한 법률 제2조 제1호부터 제5호	공중화장실
		개방화장실
		이동화장실
		간이화장실
		유료화장실

---

217) 서효원,「성적 목적을 위한 공공장소 침입행위 관련「성폭력범죄의 처벌 등에 관한 특례법」제12조 개정 검토」,『형사법의 신동향』통권 제53호, 2016은 이러한 문제점을 종합적으로 지적하고 있다.

218) 개정 전에는「공중화장실 등에 관한 법률」제2조 제1호부터 제5호까지에 따른 공중화장실 등 및「공중위생관리법」제2조 제1항 제3호에 따른 목욕장업의 목욕장 등 대통령령으로 정하는 공공장소가 대상이었다.

목욕장	공중위생관리법 제2조 제1항 제3호 ※ 다만 숙박업 영업소에 부설된 욕실 등 대통령령이 정하는 경우는 제외	물로 목욕을 할 수 있는 시설, 설비
		맥반석 등을 가열하여 발생되는 열기 또는 원적외선 등을 이용하여 땀을 낼 수 있는 시설 및 설비
모유수유시설	모자보건법 제10조의3	국가 및 지방자치단체가 설치를 지원한 모유수유시설로서 임산부가 영유아에게 모유를 먹일 수 있도록 설치된 장소
체육시설의 탈의실, 목욕실	체육시설의 설치·이용에 관한 법률 제2조 제1호	체육 활동에 지속적으로 이용되는 시설과 그 부대시설의 탈의실 또는 목욕실
대규모점포의 탈의실, 목욕실	유통산업발전법 제2조 제3호	건물 안에 하나 또는 여러 개로 나누어 설치되고 상시 운영되는 매장면적의 합계가 3천 제곱미터 이상인 매장을 보유한 점포 집단의 탈의실 또는 목욕실

이에 따라 처벌이 불가능한 입법적 공백까지 발생했는데[219]. 예를 들면 공중위생관리법 시행령 제2조(적용제외 대상)는 숙박업 영업소에 부설된 욕실뿐만 아니라 「체육시설의 설치·이용에 관한 법률」에 의한 종합체육시설업의 체온 관리실, 「농어촌정비법」에 따른 농어촌민박사업용 시설, 「산림문화·휴양에 관한 법률」에 따라 자연휴양림 안에 설치된 시설, 「청소년활동진행법」 제10조 제1호에 의한 청소년 수련시설, 「관광진흥법」 제4조에 따라 등록한 외국인관광 도시민박업용 시설에 부설된 욕실은 목욕장에서 제외하고 있다.

또한 법 적용 시 해당 법률뿐만 아니라 시행령의 세부적인 내용까지 확인하여야 했는데 예를 들면 체육시설의 설치·이용에 관한 법률 제2조 제1호에서 규정하는 체육시설의 종류는 법 제3조에서 운동 종목과 시설 형태에 따라 대통령령으로 정하도록 규정하고 있어 구체적인 내용은 시행령 별표 1에서 규정하고 있다. 그리고 유통산업발전법 제2조 제3호의 대규모 점포도 구체적인 내용은 별표로 규정하고 있다.

결국 실외 화장실에 들어가 피해자가 용변을 보는 칸의 바로 옆 칸에서 칸막이 사이의 빈 공간으로 머리를 들이민 사안에 대하여 그 화장실이 "가게 밖 왼쪽에 있는 건물의 2층으로 올라가는 계단 중간에 설치되어 있고 가게 영업시간에 맞추어 개방·폐쇄하여 가게를 이용하는 불특정 다수의 손님을 위하여 제

219) 서효원, 「성적 목적을 위한 공공장소 침입행위 관련 「성폭력범죄의 처벌 등에 관한 특례법」 제12조 개정 검토」, 『형사법의 신동향』 통권 제53호, 2016, 354면.

공되고 있는 점, 전주시장에 대한 사실조회 회신서에 첨부된 전주시에 위치한 공중화장실, 개방화장실, 이동화장실, 간이화장실 현황에 이 사건 화장실이 포함되어 있지 않은 점 등을 종합해 공중화장실 등에 해당하지 않는다"고 한 판례220)가, 주점에 설치된 여자용 화장실에 들어가 바로 옆칸에서 용변을 보고 있는 피해자의 모습을 쳐다 본 사안에서 그 화장실이 "00주점을 이용하는 손님들을 위하여 주점의 주인이 설치한 것으로, 주점의 홀을 통해서만 드나들 수 있고 위 주점이 영업을 하는 동안 주점을 이용하는 손님들과 주인, 종업원이 이용하는 화장실인 사실을 인정할 수 있어" 공중화장실 등에 해당하지 않는다고 한 판례221)가 나왔고 이러한 문제점을 해소하고자 법이 개정되었다.

④ 성폭력처벌법 제3조 제1항의 주거침입

본 조에서 규정한 범죄유형은 '주거침입기수 (준)강간·(준)유사강간·(준)강제추행', '야간주거침입절도기수·미수 (준)강간·(준)유사강간·(준)강제추행', '특수절도기수·미수 (준)강간·(준)유사강간·(준)강제추행'으로 주거침입죄 등과 강간죄 등의 결합범이다.

행위의 주체는 주거침입 기수범, 야간주거침입절도 기수범 및 미수범, 특수절도 기수범 및 미수범으로 일종의 신분범으로 볼 수 있다.

건물의 로비222), 다가구용 단독주택이나 공동주택 내부에 있는 엘리베이터223), 공용계단과 복도도 주거침입죄의 객체인 '사람의 주거'에 해당하므로 피해자를 따라 피해자가 거주하는 아파트 내부의 엘리베이터에 탄 다음 그 안에서 폭행을 가하여 반항을 억압한 후 계단으로 끌고 가 피해자를 강간한 경우 본조의 적용이 가능하다.

침입과 관련하여 판례는 통설과 달리 신체의 일부만 주거 안으로 들어가더라도 사실상의 주거의 평온을 해할 수 있는 정도에 이르렀다면 주거침입죄 기수가 된다는 입장이므로224) 주간에 방문을 잡아당기거나, 창문을 열려고 하거

---

220) 전주지방법원 2016. 5. 19. 선고 2015노1324 판결.
221) 광주지방법원 2014. 4. 23. 선고 2013고단6387 판결.
222) 대법원 2010. 3. 11. 선고 2009도5008 판결.
223) 대법원 2009. 9. 10. 선고 2009도4355 판결.
224) 나아가 대법원 2003. 5. 30. 선고 2003도1256 판결은 "타인의 주거에 거주자의 의사에 반하

나 방문고리를 잡아당겨 실행에 착수하였으나 주거에 신체의 일부라도 들어가지 못한 미수범의 경우 이 죄의 주체가 될 수 없다.

그리고 야간주거침입절도죄에 대하여 판례는 야간의 적용범위를 주거침입 시만이고 절취행위 시는 아니라고 하고 있다. 그 이유로는 형법이 야간에 이루어지는 주거침입행위의 위험성에 주목하여 야간주거침입절도라는 가중처벌규정을 둔 것이지 야간에 절도하는 행위를 가중처벌하는 것이 아니라는 것이다[225].

⑤ 성폭력처벌법 제3조 제2항의 주거침입

본 조에서 규정한 범죄유형은 '특수강도 기수·미수(준)강간·(준)유사강간·(준)강제추행'이다. 즉, 행위의 주체는 특수강도의 기수범 및 미수범으로 일종의 신분범으로 볼 수 있다. 따라서 일반 강도죄, 준강도죄, 인질강도죄, 해상강도죄 및 그 미수죄를 범한 자는 본죄의 행위주체가 될 수 없다.

야간에 사람의 주거, 관리하는 건조물, 선박이나 항공기 또는 점유하는 방실에 침입하여 강도의 죄를 범한 자 또는 흉기를 휴대하거나 2인 이상이 합동하여 강도의 죄를 범한 자가 (준)강간, (준)유사강간, (준)강제추행의 죄를 범한 경우에 성립한다.

여 들어가는 경우는 주거침입죄가 성립하며 이 때 거주자의 의사라 함은 명시적인 경우뿐만 아니라 묵시적인 경우도 포함되고 주변사정에 따라서는 거주자의 반대의사가 추정될 수도 있다"고 판시하여 주거침입죄를 넓게 인정하고 있다.

225) 대법원 2011. 4. 14. 선고 2011도300 판결.

생각해 볼 문제

다중이용장소와 주거의 범위는 어디까지일까?[226]

특수강도강간죄 규정을 정비할 필요는 없는가?

【특수강도강간죄의 문제점】

　죄질이 서로 다른 여러 범죄유형에 단일한 법정형을 규정한 것에 대하여 여러 차례 문제가 제기되었다. 헌법재판소는 주거침입강간죄와 야간주거침입절도강간죄, 특수절도강간죄에 동일한 법정형을 규정한 것에 대하여 주거침입강간죄가 종종 그 피해가 당사자 본인에게만 국한되지 않고 가정을 파괴하며 주거에서 성적 자기결정권을 침해하는 범죄로 법익침해 또한 중대하므로 헌법상 평등원칙·과잉금지원칙을 위반하지 않는다고 결정하였다[227].

　다만 주거침입강제추행죄(헌법재판소 2006. 12. 28. 선고 2005헌바85 전원재판부 결정)와 특수강도강제추행죄(헌법재판소 2001. 11. 29. 선고 2001헌가 16 전원재판부 결정)에 대하여도 헌법재판소는 수긍할 만한 합리적인 이유가 있다고 보았으나 유사강간죄 신설 이후 변화가 있어 주목할 필요가 있다. 2013년 주거침입강제추행죄에 대한 사안에서 5명의 헌법재판관은 강간에 못지않은 행위를 대상으로 유사강간죄가 신설되었으므로 강간에 못지않은 행위(유사강간) 이외의 강제추행에 대해 무기징역 또는 5년 이상의 징역은 실질적 평등원칙에 어긋나고 형벌체계상 균형을 잃었다고 반대의견을 제시하였다[228].

---

226) 2012. 7. 30. 윤호중 의원이 대표발의한 성폭력처벌법 개정안에서는 "공중화장실, 목욕탕, 수영장 등 대통령령이 정하는 공공장소"로 공공장소를 규정하였으나 제19대 국회 아동·여성대상 성폭력 대책 특별위원회는 국회 수석전문위원의 수정안을 받아들여 현재와 같은 규정으로 입법하였다. 국회 수석전문위원은 수정의 이유로 "공중화장실, 목욕탕, 수영장은 그 종류 및 형태 등이 다양하고 그 개념이 포괄적이거나 추상적이어서 포괄위임금지원칙에 위배될 소지가 있어 좀 더 구체적으로 한정할 필요가 있다"고 지적하였다. 서효원, 「성적 목적을 위한 공공장소 침입행위 관련 「성폭력범죄의 처벌 등에 관한 특례법」 제12조 개정 검토」, 『형사법의 신동향』 통권 제53호, 2016, 329~330면.

227) 헌법재판소 2004. 6. 24. 선고 2003헌바53 전원재판부 결정.

228) 헌법재판소 2013. 7. 25. 선고 2012헌바320 결정.

25. 통신매체를 이용한 음란행위

> □ **성폭력범죄의처벌등에관한특례법 제13조(통신매체를 이용한 음란행위)**
> 　자기 또는 다른 사람의 성적 욕망을 유발하거나 만족시킬 목적으로 전화, 우편, 컴퓨터, 그 밖의 통신매체를 통하여 성적 수치심이나 혐오감을 일으키는 말, 음향, 글, 그림, 영상 또는 물건을 상대방에게 도달하게 한 사람은 2년 이하의 징역 또는 500만 원 이하의 벌금에 처한다.

1 입법경위

　본죄는 1994년 성폭력특례법 제정 당시에 신설된 조항으로 타인에게 전화를 걸어 상대방이 불쾌감을 느낄 정도로 음란한 말을 하는 음란전화를 처벌하기 위해 도입되었다. '자기 또는 다른 사람의 성적 욕망을 유발하거나 만족시킬 목적'을 필요로 하는 목적범으로 미필적 의도로도 족하지만 목적을 실제로 달성할 필요는 없다. 그리고 이러한 목적이 있는지는 "피고인과 피해자의 관계, 행위의 동기와 경위, 행위의 수단과 방법, 행위의 내용과 태양, 상대방의 성격과 범위 등 여러 사정을 종합하여 사회통념에 비추어 합리적으로 판단[229]"하여야 한다[230].

2 통신매체 이용의 의의

　'전화, 우편, 컴퓨터, 그 밖에 일반적으로 통신매체라고 인식되는 수단을 이

---

229) 대법원 2017. 6. 8. 선고 2016도21389 판결.
230) 택시가 승차거부를 하였다는 이유로, 120 다산콜센터 상담원인 피해자에게 전화하여 "니네 엄마 보지다 이년아, 너 내 말 들어, 이거 녹화하고 있지, 야 씹년아, 야 미친년아, 니네 엄마 보지다, 이년아"라고 말하여 피해자에게 성적 수치심이나 혐오감을 일으키는 말을 도달하게 하였다는 범죄사실에 대하여 2심은 이 사건의 발생 경위, 피고인과 피해자의 관계, 피고인과 가해자가 나눈 전체 통화내용 등을 종합하여 피고인은 단지 화가 나서 그 분풀이로 피해자에게 이 사건 공소사실 기재와 같은 말을 한 것으로 보일 뿐이라고 무죄를 선고한 판례가 있다. 김현아, 「카메라등이용촬영죄 등 실태 및 판례 분석」, 『한국여성변호사회 주최 온라인 성폭력 실태 및 피해자 지원을 위한 심포지엄 자료집』, 2016. 9. 26. 80면.

용해야 하므로 행위자가 직접 상대방에게 말, 글, 물건 등을 도달하게 하거
나231) 통신매체가 아닌 다른 간접수단232)을 이용한 경우는 성립하지 않는다.

그리고 상대방에게 도달233)해야 하는데 도달이란 상대방이 인식할 수 있는
상태에 두는 것으로 특정인에게 전송하지 않고 불특정 다수인의 접근이 가능한
인터넷사이트의 게시판에 게재하는 것은 도달에 해당하지 않는다234). 그러나
상대방이 성적 수치심을 일으키는 그림 등을 직접 접하는 경우뿐만 아니라 인
터넷 링크(internet link)를 보낸 것도 링크를 이용해 성적 수치심을 일으키는 그
림 등에 바로 접할 수 있는 상태가 조성되었다면 그러한 행위는 전체로 보아 상
대방에게 도달하게 한다는 구성요건을 충족한다235).

③ 성적 수치심이나 혐오감을 일으키는 말, 음향, 글, 그림, 영상 또는 물건의 의의

본조의 제목이 음란행위이며 성폭력처벌법상 성폭력범죄라는 점을 감안하
면 본 조에서 '성적 수치심이나 혐오감을 일으키는' 것은 '음란한' 것을 의미한
다고 해석해야 한다236). 판례는 성적 수치심이나 혐오감을 일으키는 것은 "피해
자에게 단순한 부끄러움이나 불쾌감을 넘어 인격적 존재로서의 수치심이나 모
욕감을 느끼게 하거나 싫어하고 미워하는 감정을 느끼게 하는 것으로서 사회
평균인의 성적 도의관념에 반하는 것을 의미한다"고 판시237)하고 있다.

다만 본 조는 사회의 건전한 성풍속 확립과 함께 성적 자기결정권과 일반

---

231) 대법원 2016. 3. 10. 선고 2015도17847 판결로 피고인이 6회에 걸쳐 성적 수치심 등을 일으
키는 내용의 각 편지를 작성한 다음 이를 옆집에 사는 피해자의 주거지 출입문에 끼워 넣은
사안.
232) 예를 들어 퀵서비스 등이 있을 수 있을 것이다. 이주원, 『특별형법』 제4판, 홍문사, 2016,
506면.
233) 정통망법 제74조 제1항 제3호는 제44조의7 제1항 제3호를 위반하여 부호·문언·음향·화
상 또는 영상을 반복적으로 상대방에게 도달하게 한 자를 처벌하고 있다. 다만 그 부호·문
언·음향·화상 또는 영상은 공포심이나 불안감을 유발하게 하는 것으로 성적 욕망을 만족시
킬 목적을 요구하지 않는다.
234) 이주원, 『특별형법』 제4판, 홍문사, 2016, 506면.
235) 대법원 2017. 6. 8. 선고 2016도21389 판결.
236) 이주원, 『특별형법』 제4판, 홍문사, 2016, 506면.
237) 대법원 2017. 6. 8. 선고 2016도21389 판결.

적 인격권 보호를 보호법익으로 함으로 표현의 자유와 관련하여 논의되는 음란
물과는 차이가 있다. 판례[238]는 음란물 관련 "표현물을 전체적으로 관찰·평가
해 볼 때 단순히 저속하다거나 문란한 느낌을 준다는 정도를 넘어서서 존중·보
호되어야 할 인격을 갖춘 존재인 사람의 존엄성과 가치를 심각하게 훼손·왜곡
하였다고 평가할 수 있을 정도로, 노골적인 방법에 의하여 성적 부위나 행위를
적나라하게 표현 또는 묘사한 것으로서, 사회통념에 비추어 전적으로 또는 지
배적으로 성적 흥미에만 호소하고 하등의 문학적·예술적·사상적·과학적·의학
적·교육적 가치를 지니지 아니하는 것을 뜻한다고 볼 것이고, 표현물의 음란
여부를 판단함에 있어서는 표현물 제작자의 주관적 의도가 아니라 그 사회의
평균인의 입장에서 그 시대의 건전한 사회통념에 따라 객관적이고 규범적으로
평가하여야 한다"고 판시하였다.

생각해 볼 문제

정보통신망 이용촉진 및 정보보호에 관한 법률상의 범죄[239]와 어떻
게 구분할 것인가?[240]

---

238) 대법원 2008. 3. 13. 선고 2006도3558 판결.
239) 제74조는 제1항 제3호 이외에도 다양한 유형의 범죄를 규정하고 있다.
　　제74조(벌칙) ① 다음 각 호의 어느 하나에 해당하는 자는 1년 이하의 징역 또는 1천만 원
　　이하의 벌금에 처한다. <개정 2012.2.17., 2014.5.28.>
　　1. 제8조 제4항을 위반하여 비슷한 표시를 한 제품을 표시·판매 또는 판매할 목적으로 진
　　　 열한 자
　　2. 제44조의7제1항 제1호를 위반하여 음란한 부호·문언·음향·화상 또는 영상을 배포·판
　　　 매·임대하거나 공공연하게 전시한 자
　　3. 제44조의7제1항 제3호를 위반하여 공포심이나 불안감을 유발하는 부호·문언·음향·화
　　　 상 또는 영상을 반복적으로 상대방에게 도달하게 한 자
　　4. 제50조 제5항을 위반하여 조치를 한 자
　　5. 삭제 <2014.5.28.>
　　6. 제50조의8을 위반하여 광고성 정보를 전송한 자
　　7. 제53조제4항을 위반하여 등록사항의 변경등록 또는 사업의 양도·양수 또는 합병·상속
　　　 의 신고를 하지 아니한 자
　　② 제1항제3호의 죄는 피해자가 구체적으로 밝힌 의사에 반하여 공소를 제기할 수 없다.
　　[전문개정 2008.6.13.]
240) 서울시는 2012년 6월 '악성민원에 대한 적극 대응계획'을 수립 후에 성희롱은 원스트라이크아
　　웃제에 의거 성폭력처벌법으로, 폭언·욕설은 삼진아웃제로 정보통신망법에 의거 고발하고 있다.
　　서울시, "120다산콜 성희롱·폭언 법적조치 강력대응 후 악성전화 뚝", 보도자료, 2015. 5. 26.

26. 카메라 등을 이용한 촬영

> ▫ **성폭력범죄의처벌등에관한특례법 제14조(카메라 등을 이용한 촬영)**
> ① 카메라나 그 밖에 이와 유사한 기능을 갖춘 기계장치를 이용하여 성적 욕망 또는 수치심을 유발할 수 있는 다른 사람의 신체를 그 의사에 반하여 촬영하거나 그 촬영물을 반포·판매·임대·제공 또는 공공연하게 전시·상영한 자는 5년 이하의 징역 또는 1천만 원 이하의 벌금에 처한다.
> ② 제1항의 촬영이 촬영 당시에는 촬영대상자의 의사에 반하지 아니하는 경우에도 사후에 그 의사에 반하여 촬영물을 반포·판매·임대·제공 또는 공공연하게 전시·상영한 자는 3년 이하의 징역 또는 500만 원 이하의 벌금에 처한다.
> ③ 영리를 목적으로 제1항의 촬영물을 「정보통신망 이용촉진 및 정보보호 등에 관한 법률」 제2조 제1항 제1호의 정보통신망[241](이하 '정보통신망'이라 한다)을 이용하여 유포한 자는 7년 이하의 징역 또는 3천만 원 이하의 벌금에 처한다.

① 입법취지와 경과

1997년 신촌에 있는 대형백화점 여자 탈의실에서 이른바 '몰래카메라'가 발견되면서 1998. 12. 18. 법률 제5593호로 시행된 성폭력특례법에 도입되었다. 스마트폰의 보급 등으로 최근 급격히 증가하고 있으며 2015년 일명 '워터파크 몰카' 사건이 국민적 공분을 일으켰다. 그리고 최근 피해자가 유포된 자신의 동영상을 이른바 '사이버장의사'를 이용하여 자신의 부담으로 삭제하고 있다는 실상이 알려지며 다시 큰 관심을 받고 있다.

---

241) 전기통신사업법 제2조 제2호에 따른 전기통신설비를 이용하거나 전기통신설비와 컴퓨터 및 컴퓨터의 이용기술을 활용하여 정보를 수집·가공·저장·검색·송신 또는 수신하는 정보통신체제를 말하고 신문, 잡지, TV 등을 통한 유포는 본죄에 해당하지 않는다.

〈 관련 규정의 변천 〉

법률 및 시행일	규정의 내용	비고
법률 제5593호 1998.12.28.~	· 성적 욕망 또는 수치심을 유발할 수 있는 타인의 신체를 카메라뿐만 아니라 이와 유사한 기능을 가진 장치로 몰래 촬영한 자에 대하여 처벌할 수 있도록 함(제14조의2) · 미수범을 처벌할 수 있도록 함(제12조) · 법인에 소속된 직원이 법인의 업무와 관련하여 몰래카메라 등을 설치하여 촬영한 경우에는 그 행위자를 처벌하는 외에 법인에 대하여도 처벌할 수 있도록 함(제37조)	
법률 제8059호 2006.10.27.~	· 본인 의사에 반하여 촬영된 성적 촬영물의 유통행위에 대한 처벌(제14조의2) · 촬영물을 반포·판매·임대 또는 공연히 전시·상영한 자도 촬영한 자와 같은 법정형으로 처벌하는 한편, 영리목적으로 정보통신망을 이용하여 유포한 자는 7년 이하의 징역 또는 3천만 원 이하의 벌금으로 가중처벌하도록 함(제14조의2)	

② 다른 사람[242]의 신체의 의의

인격체인 피해자의 성적 자유 및 함부로[243] 촬영당하지 않을 자유를 보호하기 위한 것으로 촬영한 부위가 '성적 욕망 또는 수치심을 유발할 수 있는 타인의 신체'에 해당하는지 여부는 "객관적으로 피해자와 같은 성별, 연령대의 일반적이고도 평균적인 사람들의 입장에서 성적 욕망 또는 수치심을 유발할 수 있는 신체에 해당되는지 여부를 고려함과 아울러, 당해 피해자의 옷차림, 노출의 정도 등은 물론, 촬영자의 의도와 촬영에 이르게 된 경위, 촬영 장소와 촬영 각도 및 촬영 거리, 촬영된 원판의 이미지, 특정 신체 부위의 부각 여부 등을 종

---

242) 스스로 자신의 신체를 촬영한 영상물은 본조의 적용대상에 포함되지 않는다. 법률신문, "[판결]내연녀 '알몸 셀카' 인터넷에 공개…성폭력처벌법으로는 처벌 못해", 2016. 1. 11. 내연녀로부터 받은 내연녀의 셀카 나체 사진을 자신의 구글 계정 프로필 사진으로 지정하고 내연녀 딸의 유튜브 동영상에 댓글을 달아 사진을 공개한 사안에서 무죄가 선고되었다.

243) 판례는 타인의 승낙을 받아 촬영한 영상물은 포함되지 않는다고 보고 있다. 대법원 2010. 10. 28. 선고 2010도6668 판결. 피고인이 모텔 객실 안에서 피해자가 침대 위에서 나체로 잠을 자고 있는 동안 음부 및 가슴 부위를 촬영한 사안에서 피해자가 법정에서 정확한 날짜가 기억나지는 않으나 만난 지 얼마 되지 않은 시기에 계속하여 나체사진을 찍게 해 달라고 보채어, 잠결에 또 귀찮은 마음이 들기도 하여 결국 마음대로 하라고 한 적이 한 번 있다고 진술함으로써 무죄가 선고되었다. 서울북부지방법원 2013. 10. 17. 선고 2013노927 판결.

합적으로 고려하여 구체적·개별적·상대적으로 결정하여야 한다"고 판시[244]하고 있다.

　일반적으로 타인의 특정 신체부위, 특히 성적인 부위를 부각해서 촬영하는 것은 유죄가 되며 전신을 촬영한 것은 무죄가 되는데 유죄로 인정된 것은 유방이나, 음부, 치마 속 신체부위[245]뿐만 아니라 엉덩이 부위[246], 치마 밑으로 들어난 무릎 위 허벅다리 부분[247], 3회에 걸쳐 촬영한 피해자의 등 부위[248], 치마 밑 다리 부위[249], 용변을 보기 직전의 무릎 아래 맨 다리 부분과 용변을 본 직후의 무릎 아래 맨다리 부분[250] 등이 인정되고 있다. 쟁점별로 다음과 같은 유죄판례들이 있다.

〈 주요 쟁점과 유죄판례 〉

쟁점	내용
촬영자의 의도[251]와 촬영에 이르게 된 경위	열차 안에서 승차권을 확인 중이던 승무원, 버스 정류장에서 청색 반바지에 면 티셔츠를 입은 피해자, 노상에서 흰색 미니스커트와 회색 가디건을 입은 피해자들을 각각 휴대폰 카메라로 전신을 촬영한 사안에서 항소심은 다른 사정들과 함께 피고인이 자위행위를 하기 위해 촬영한 점을 고려하여 벌금을 선고하였다.
촬영장소[252]	대학병원 안내데스크 의자에 앉아 있던 만 25세 여성인 피해자의 엉덩이와 다리 부위를 촬영한 사안에 대하여 피해자(병원 직원)와 피고인(환자)의 관계, 피해자가 예뻐 보여서 촬영했다는 피고인의 촬영의도, 피해자 모르게 은밀히 이루어진 촬영 경위, 피해자가 수치심을 느껴 피고인에게 강력히 항의한 점, 피고인이 치마를 입고 있던 피해자의 하반신 뒷모습 쪽을 좀 더 중점적으로 촬영한 점 등과 함께 촬영장소가 병원의 환자 대기석이라는 점을 종합하여 유죄를 선고하였다.
촬영 각도[253] 및 촬영 거리, 촬영된 원판의 이미지	노상, 지하철 등에서 엉덩이에 밀착된 짧은 치마, 핫팬츠를 입은 10대 또는 20대 여성을 촬영한 사안에서 가슴 위쪽까지 파여 가슴골이 살짝 드러나는 옷을 입은 피해 여성을 향하여 위에서 아래 방향으로 내려다보는 각도로 피해 여성의 가슴 부위를 향하여 촬영한 점 등을 이유로 유죄를 선고하였다.

244) 대법원 2008. 9. 25. 선고 2008도7007 판결.
245) 김영철·조현욱, 「성적 욕망 또는 수치심을 유발할 수 있는 다른 사람의 신체부위 해당여부 - 대법원 2014. 7. 24. 선고 2014도6309 판결 - 」, 『법학연구』 제57권 제3호, 2016, 158~159면.
246) 대전지방법원 2015. 3. 25. 선고 2014고단4385 판결.
247) 대법원 2008. 9. 25. 선고 2008도7007 판결.
248) 대법원 2014. 2. 27. 선고 2013도8619 판결(김영철·조현욱, 「성적 욕망 또는 수치심을 유발할 수 있는 다른 사람의 신체부위 해당여부 - 대법원 2014. 7. 24. 선고 2014도6309 판결 - 」, 『법학연구』 제57권 제3호, 2016, 158~159면에서 재인용).
249) 서울중앙지방법원 2007. 9. 6. 선고 2007노2094 판결.
250) 대법원 2014. 7. 24. 선고 2014도6309 판결.

특정 신체 부위의 부각 여부254)	노상, 지하철 등에서 엉덩이에 밀착된 짧은 치마, 핫팬츠를 입은 10대 또는 20대 여성을 촬영한 사안에서 각 사진의 초점이 엉덩이와 허벅지 부위에 맞춰져 있거나 엉덩이와 허벅지 부위가 사진의 중앙에 위치하는 점 등을 이유로 유죄를 선고하였다.

다만 아직 통일된 해석기준이 있다고 볼 수 없고 비슷한 사안에서도 판단이 달라질 수 있다. 쟁점별로 무죄가 된 판례들은 다음과 같다.

〈주요 쟁점과 무죄판례〉

쟁점	내용
당해 피해자의 옷차림, 노출의 정도 등255)	스마트폰으로 상반신 부분을 촬영한 사안에서 피해자는 검은색 레깅스를 입고, 허벅지까지 내려오는 회색 긴 티셔츠 위에 모자가 달린 옷을 입어 목 윗부분과 손을 제외하고는 외부로 노출된 신체 부위가 없었으며 특별히 가슴 부위를 강조하거나 가슴 윤곽선이 드러나 있지 않으며, 몰래 촬영한 것이긴 하지만 사람의 시야에 통상적으로 비춰지는 부분을 그대로 촬영한 것이어서 피해자에게 불안감과 불쾌감을 유발한 것은 맞지만 성적 욕망 또는 수치심을 유발할 수 있는 신체 촬영으로 단정하기 어렵다며 무죄를 선고하였다.
촬영자의 의도256)와 촬영에 이르게 된 경위	지하철 전동차 안에서 앉아 있던 20세 여성인 피해자의 다리 부분을 촬영한 사안에 대하여 다른 이유들과 함께 피고인이 자신의 성적 욕망을 충족시키기 위한 목적으로 사진을 촬영한 것이라기보다는 피해자의 모습에 호감을 느껴 장래 자신의 반려자도 유사한 모습이기를 희망하는 마음에서 그 사진을 간직하고자 피해자의 전체적인 모습을 촬영한 점을 들어 무죄를 선고하였다.
촬영 각도 및 촬영 거리257), 촬영된 원판의 이미지	지하철 승강장에서 짧은 치마를 입은 채로 의자에 앉아 있는 여성을 촬영한 사안에서 피고인이 촬영한 사진은 근접한 거리에서 여성 신체의 특정 부위를 특정 각도에서 부각하여 촬영한 것이라기보다는 다소 떨어진 거리에서 여성 1명의 전체 모습을 지하철역 승강장 전체의 모습과 함께 일반적인 눈높이에서 촬영한 것으로 보이는 점 등을 고려하여 무죄를 선고하였다.
특정 신체 부위의 부각 여부258)	전동차 안에서 다소 헐렁한 하얀색 블라우스와 검정색 짧은 바지를 입고 다리를 벌린 채 서 있는 여성의 오른쪽 앞부분에서, 휴대전화에 내장된 카메라로 위 여성의 목 부분에서 종아리 부분까지를 위쪽에서 아래쪽을 향하여 촬영한 사진에 대하여, 위 여성이 앞으로 매고 있는 검정색 가방이 바지의 상당 부분을 가리고 있고, 특별히 다리 부분을 부각시켜 촬영한 것으로는 보이지 않아 위 사진이 성

251) 서울중앙지방법원 2014. 7. 18. 선고 2014노1555 판결.
252) 대전지방법원 2012. 10. 10. 선고 2012노1168 판결.
253) 대법원 2015. 1. 30. 선고 2014도16438 판결.
254) 대법원 2015. 1. 30. 선고 2014도16438 판결(전윤경, 「성폭력범죄의처벌등에관한특례법위반(카메라등이용촬영)죄의 구성요건 해석 및 개선방안」, 『법학연구』 제19권 제3호, 2016, 118~122면.에서 재인용).

> 적 욕망 또는 수치심을 유발할 수 있는 타인의 신체를 촬영한 것이라고 보기 어렵다는 이유로 무죄를 선고하였다.

이러한 차이를 낳는 결정적 이유로는 외국의 경우 유사한 범죄의 구성요건을 '신체의 특정 부위'에 대한 '사적인 장소'에서의 촬영행위로 구체화하고 제한하고 있는데 반해 우리나라의 경우 그 구성요건이 지나치게 광범위하고 추상적이라는 점이 지적되고 있다[259].

③ 카메라 등을 이용한 촬영과 반포·제공 등

촬영은 피사체에 대한 영상정보를 카메라 등 기계장치의 필름 또는 메모리 장치에 적극적으로 입력하는 것을 의미하므로 인터넷 채팅용 화상카메라를 이용하여 화상채팅을 하던 도중 상대방 여성이 스스로 나체를 찍어 전송한 영상을 컴퓨터에 저장한 사례에서 상대방이 자신을 카메라에 비춤으로써 스스로 구성한 영상을 소극적으로 수신하여 컴퓨터에 저장하는 행위는 촬영이 아니다[260].

반포는 불특정 또는 다수인에게 무상으로 교부하는 것을 말하고, 계속적·반복적으로 전달해 불특정 또는 다수인에게 반포하려는 의사를 가지고 있다면 특정한 1인 또는 소수의 사람에게 교부하는 것도 반포에 해당할 수 있다. 제공은 반포에 이르지 않는 무상 교부 행위로 반포할 의사 없이 특정한 1인 또는 소수의 사람에게 무상으로 교부하는 것은 제공에 해당한다[261].

다만 여전히 포섭되지 않는 행위태양이 많다. 예를 들어 촬영한 자가 이를 자신의 휴대폰으로 옆에 있는 사람에게 보여주는(제시하는) 경우 처벌할 수 없다. 그리고 촬영된 사진에 대하여 1) 가해자가 모두 삭제하겠다고 한 후 추후

---

255) 대법원 2016. 1. 14. 선고 2015도16851 판결.
256) 서울중앙지방법원 2013. 11. 22. 선고 2013고합886 판결.
257) 서울중앙지방법원 2015. 12. 18. 선고 2015고단6990 판결.
258) 서울중앙지방법원 2015. 6. 19. 선고 2014고단9913 판결.
259) 성범죄재판실무편람 집필위원회, 「성범죄재판실무편람」, 『재판실무편람』 제39호, 2014, 43면.
260) 대법원 2013. 6. 27. 선고 2013도4279 판결.
261) 대법원 2016. 12. 27. 선고 2016도16676 판결. A가 2015년 1월 연인이었던 B와의 동의하에 성관계를 촬영한 후 같은 해 11월 B가 다른 남성인 C와 모텔에 있었다는 말을 듣고 화가 나 C에게 자신과 B와의 성관계 동영상을 보낸 사안에서 반포가 아니라 제공으로 인정하였다.

보관하고 있는 것이 발견되더라도[262], 2) 제3자가 사진, 동영상을 계속 보관하고 있더라도 이를 처벌할 수 없다.

---

262) 스마트폰을 이용한 촬영의 경우 스마트폰 자체의 몰수가 문제되고 있다.

생각해 볼 문제

향후 구성요건은 어디까지 확장될 것인가?

【입법추진되고 있는 개정안】

 2017. 9. 26. 정부에서 관계부처 합동으로 발표한 '디지털 성범죄(몰래 카메라 등) 피해 방지 종합대책'은 카메라 등을 이용한 촬영에 대하여 '몰카'라는 약칭 대신 '불법 촬영'이라는 용어를 사용할 계획임을 밝히고 ① 연인 간 복수 목적 등으로 특정부위·행위가 촬영된 영상물을 유포하는 행위에 대하여 처벌조항을 신설하여 벌금 없이 징역형으로만 처벌하고, ② 자신의 신체를 촬영한 촬영물을 타인이 동의 없이 유포한 행위에 대하여 처벌조항을 신설하고, ③ 영리목적으로 촬영대상자 동의 없이 정보통신망을 이용하여 유포하는 행위에 대하여 처벌을 강화하여 벌금 없이 징역형으로만 처벌한다는 개선방안을 제시하고 있다. 향후 국회에서의 입법 동향에 주시해야 한다.

【미수 이전의 처벌】

 카메라등이용촬영죄는 촬영이 인정되는 범위가 넓고 설사 촬영에 실패하더라도 미수로 처벌이 가능하다. 다만 촬영을 시도했는지조차 명확하지 않은 경우가 발생할 수 있다.

 일본의 판례[263]는 여성의 치마 밑으로 스마트폰 같은 물건을 잠깐 집어넣었으나 그 물건이 무엇이었는지는 판명되지 않았고, 그 결과 행위자의 목적조차 파악할 수 없었던 사안에서 '비외(卑猥)한 언동'이라고 보아 유죄를 인정하였다.

 해당 사안은 편의점 내에서 피해여성의 등 뒤에 있던 피고인이 저지른 것으로 점내에 설치되어 있던 CCTV에는 이러한 피고인의 동작이 찍혀있으나 현장에서 검거되지 않았고 그 후 영상이 기록되어 있을 스마트폰도 발견 못했다.

 이에 검사는 피고인의 촬영 및 녹화행위의 입증을 단념하고 단순히 '비외한 언동'으로만 기소한 것으로, 해당하는 처벌규정은 다음과 같다.

 공중에 현저하게 불편을 끼치는 폭력적 불량행위 등의 방지에 관한 조례[264]

 제3조 ① 누구라도 공공장소 또는 대중교통수단에서 사람에 대하여 정당한 이유 없이 사람에게 현저히 수치심이나 불안 또는 혐오감을 일으키게 하는 방법으로

다음의 행위를 해서는 안 된다.

1. 사람의 신체에 직접 또는 의복 기타 신체에 착용하는 물건(이하 「의복 등」이라고 한다)의 위로 접촉하는 것

2. 의복 등으로 덮여있는 사람의 신체 또는 속옷을 엿보거나 또는 촬영하거나 혹은 녹화하는 것

3. 전2호 외에 비외한 언동을 하는 것

　제9조 제2조부터 전조까지의 규정 중 어느 하나를 위반한 자는 50만 엔 이하의 벌금 또는 구류 혹은 과료에 처한다.

---

263) 広島高松江支部平成28年2月26日判決高刑速236頁.

264) 일본 돗토리현의 조례이나 다른 현에도 비슷한 조례가 있다. 다만 규정방식에는 차이가 있어 크게 ① 단순하게 '비외한 언동을 해서는 안 된다'고 규제대상행위를 일반적으로 규정하는 방식, ② '비외한 행위로 다음의 것들을 해서는 안 된다'고 한 다음 신체접촉행위, 의복 내 훔쳐보기·촬영행위, (적외선 카메라 등을 이용한)의복 내 투시행위 등을 구체적·한정적으로 열거하는 방식, ③ 신체에 접촉하거나 의복 내를 촬영하는 등의 '비외한 언동을 해서는 안 된다' 등 하고 일정한 행위를 구체적으로 열거하면서 거기에 준하는 비외한 행위의 처벌을 넓게 예정하는 방식이 있다. 杉本一敏, 「いわゆる迷惑防止条例における「卑わいな言動」の罪」, 『刑事法ジャーナル』第15号, 2009, 135면.

5장
결과 및 기타 구성요건

27. 상해와 치상—신체적

> **형법 제301조(강간 등 상해·치상)**
>
> 제297조, 제297조의2 및 제298조부터 제300조까지의 죄를 범한 자가 사람을 상해하거나 상해에 이르게 한 때에는 무기 또는 5년 이상의 징역에 처한다.

1 성폭력범죄에서의 상해와 치상의 의의

상해의 인정 여부는 공소시효의 기간, 법정형 및 그에 따른 집행유예 여부를 결정하는 데 중요할 뿐만 아니라 개정 전 법률에서는 친고죄 해당 여부도 좌우하므로 실무상 중요한 쟁점이다.

상해죄 일반에서는 피해자의 신체의 완전성을 훼손하거나 생리적 기능에 장애를 가져오면 된다고 하여 폭넓게 인정하고 있으나, 판례는 경미한 상해는 성폭력범죄의 상해에서 제외하고 있다. 이는 항거곤란한 정도의 폭행 등을 범죄구성요건으로 하는 성폭력범죄의 경우 기본 범죄의 행위 자체에 수반하여 경미한 상해가 발생할 가능성이 많고, 위와 같은 행위 자체의 위험성을 감안하여 법정형을 높게 규정하고 있다는 점을 고려한 것이다[265].

---

265) 성범죄재판실무편람 집필위원회, 「성범죄재판실무편람」, 『재판실무편람』 제39호, 2014, 37~38면.

2 성폭력범죄에서의 상해와 치상의 기준

성폭력범죄에 의해 피해자들은 다양한 신체적 피해266)를 입는데 그 피해는 폭행·협박에 의한 것만이 아니다. 대법원은 "강간치상죄에 있어 상해의 결과는 강간의 수단으로 사용한 폭행으로부터 발생한 경우뿐 아니라 간음행위 그 자체로부터 발생한 경우나 강간에 수반하는 행위에서 발생한 경우도 포함한다"고 판시267)하고 있다.

상해를 인정하는 기준에 대하여 대법원은 "상해가 극히 경미한 것으로서 굳이 치료할 필요가 없어서 자연적으로 치유되며 일상생활을 하는 데 아무런 지장이 없는 경우에는 강간치상죄의 상해에 해당되지 아니한다고 할 수 있을 터이나, 그러한 논거는 피해자의 반항을 억압할 만한 폭행 또는 협박이 없어도 일상생활 중 발생할 수 있는 것이거나 합의에 따른 성교행위에서도 통상 발생할 수 있는 상해와 같은 정도임을 전제로 하는 것이므로 그러한 정도를 넘는 상해가 그 폭행 또는 협박에 의하여 생긴 경우라면 상해에 해당된다고 할 것이며, 피해자의 건강상태가 나쁘게 변경되고 생활기능에 장애가 초래된 것인지는 객관적·일률적으로 판단될 것이 아니라 피해자의 연령, 성별, 체격 등 신체·정신상의 구체적 상태를 기준으로 판단되어야 한다"고 판시268)하고 있다.

구체적으로는 일상생활에서 흔히 발생할 수 있는 상처인지 여부, 일상생활 가부 및 별도의 치료 요부, 피해자가 의사의 진단을 받게 된 경위, 상해의 발견 경위, 실제 치료 여부 및 내용, 피해자의 나이 등의 사정을 모두 고려하여 상해 인정 여부를 판단하고 있다269).

---

266) 강간피해자들에게 흔히 나타나는 신체적 피해로는 골반통증, 질 부위의 손상과 출혈, 성병, 임신, 두통, 소화장기 장애, 월경전 증후군, 심인성 발작 등이 지적되고 있다. 조은경, 「강간피해의 심리적 반응에 대한 고찰」, 『피해자학 연구』 제3호, 1994, 75면.
267) 대법원 1995. 1. 12. 선고 94도2781 판결.
268) 대법원 2003. 9. 26. 선고 2003도4606 판결.
269) 성범죄재판실무편람 집필위원회, 「성범죄재판실무편람」, 『재판실무편람』 제39호, 2014, 38면.

③ 구체적 인정 사례

구체적 사례로 요치 10일의 0.1센티미터 정도의 회음부찰과상을 입힌 경우270), 억지로 성교하려 하고 그로 인하여 피해자에게 요치 1주일간의 좌둔부 찰과상을 입게 한 경우271), 7세 1개월 남짓 되는 피해자의 질 내에 손가락을 넣어 만지는 등 추행을 하여 피해자의 음순 좌우 양측에 담적색 피하일혈반이 생기게 한 경우272), 병원에서 치료를 받지 않더라도 일상생활에 지장이 없고 또 자연적으로 치료될 수 있는 것이더라도 피해자의 얼굴과 머리를 몇 차례 때려 피해자가 코피를 흘리고(흘린 코피가 이불에 손바닥만큼의 넓이로 묻었음) 콧등이 붓게 한 경우273), 피해자가 피고인의 손가락을 깨물며 반항하자 물린 손가락을 비틀며 잡아 뽑다가 피해자에게 치아결손의 상해를 입힌 경우274), 성경험이 있는 피해자의 특이체질로 인해 새로 형성된 처녀막이 파열된 경우275), 미성년자에 대한 추행행위로 인하여 그 피해자의 외음부 부위에 약간의 발적과 경도의 염증이 발생하게 한 경우276), 엄지와 검지로 약 10초간 피해자의 목을 내리눌러 피해자에게 경추부좌상 및 우측 주관절 부염좌상을 발생케 한 경우277), 강제추행 과정에서 피해자가 젖가슴에 약 10일 요치의 좌상을 입고, 그 압통과 종창을 치료하기 위하여 주사를 맞고 3일간 투약한 경우278), 피해자가 소형승용차 안에서 강간범행을 모면하려고 저항하는 과정에서 피고인과의 물리적 충돌로 인하여 입은 요치 2주의 우측 슬관절 부위 찰과상 및 타박상, 우측 주관절 부위 찰과상279), 피해자에게 외음부 열상 및 염증 등을 입게 하여 당일 의사가 염증 소견으로 진단하고 항생제 처방까지 하였고 실제 피해자가 약을 복용한 경우280) 등이 신체의 완전성을 훼손한 사례로 상해가 인정되었고, 보행불능·수

270) 대법원 1983. 7. 12. 선고 83도1258 판결.
271) 대법원 1984. 7. 24. 선고 84도1209 판결.
272) 대법원 1990. 4. 13. 선고 90도154 판결.
273) 대법원 1984. 7. 24. 선고 84도1209 판결.
274) 대법원 1995. 1. 12. 선고 94도2781 판결.
275) 대법원 1995. 7. 25. 선고 94도1351 판결.
276) 대법원 1996. 11. 22. 선고 96도1395 판결.
277) 대법원 1997. 9. 5. 선고 97도1725 판결.
278) 대법원 2000. 2. 11. 선고 99도4794 판결.
279) 대법원 2005. 5. 26. 선고 2005도1039 판결.
280) 대법원 2013. 4. 11. 선고 2012도5885 판결. 의사는 2차적인 염증 소견만 없다면 자연 치료

면장애·식욕감퇴 등 기능의 장해를 일으킨 경우[281], 수면제 성분인 졸피뎀과 트리아졸람이 들어있는 커피를 마시게 하여 피해자를 일시적으로 수면 또는 의식불명상태에 이르게 한 경우[282]가 생리적 기능에 장애가 초래된 사례로서 상해로 인정되었다.

4 구체적 부정 사례

구체적 사례로 좌전경부 흡입상[283], 피해자의 다리에 푸르거나 붉은 약간의 멍이 든 상처가 나타난 경우[284], 파열된 것이 아니라 단지 처녀막 일부에 피멍이 있는 것에 불과한 처녀막타박상과 질전정부 찰과상의 경우[285], 경부와 전흉부 피하출혈과 통증으로 약 7일간의 가료를 요하는 상처를 입힌 경우[286], 강간 도중 피해자의 어깨와 목을 입으로 빨아서 생긴 동전 크기의 반상출혈상[287], 강간하려다 미수에 그친 과정에서 피해자의 손바닥에 생긴 2센티미터의 가볍게 긁힌 상처[288], 3~4일간의 가료를 요하는 정도의 외음부충혈과 양상박부 근육통[289], 머리카락이나 음모를 깎거나 절단하는 행위[290] 등 그 정도가 경미하여 굳이 따로 치료를 받지 않아도 자연적으로 치유될 수 있으며 일상생활을 하는데 아무런 지장이 없는 경우 상해로 인정되지 않았다.

가 가능한 상처이고 일상생활에 큰 지장을 줄 정도는 아니라는 의견을 나타냈으나, 좌박(타박상) 및 일부 열상(찢어진 상처)에 대하여 의사는 연고를 발라주고 3일분의 항생제 및 응급 피임제를 처방하였고 피해자는 며칠 후 다시 위 병원에서 진료를 받았으며 이 사건 범행 후 걸을 때마다 상해부위가 따끔거리고 아팠으며, 통증이 사라지기까지 약 1개월 정도 걸렸고 계속하여 연고를 바르고 약을 먹었다고 진술하였다.

281) 대법원 1969. 3. 11. 선고 69도161 판결.
282) 대법원 2017. 6. 29. 선고 2017도3196 판결.
283) 대법원 1991. 11. 8. 선고 91도2188 판결.
284) 대법원 2004. 3. 11. 선고 2004도483 판결.
285) 부산지방법원 동부지원 2004. 11. 5. 선고 2004고합187 판결.
286) 대법원 1994. 11. 4. 선고 94도1311 판결.
287) 대법원 1986. 7. 8. 선고 85도2042 판결.
288) 대법원 1987. 10. 26. 선고 87도1880 판결.
289) 대법원 1989. 1. 31. 선고 88도831 판결.
290) 대법원 2000. 3. 23. 선고 99도3099 판결.

⑤ 인과관계

성폭력범죄와 상해 사이에는 상당인과관계가 인정되어야 한다. 대법원은 피고인이 경영하는 속셈학원의 강사로 피해자를 채용하고 학습교재를 설명하겠다는 구실로 유인하여 호텔 객실에 감금한 후 강간하려 하자, 피해자가 완강히 반항하던 중 피고인이 대실 시간 연장을 위해 전화하는 사이에 객실 창문을 통해 탈출하려다가 지상에 추락하여 사망한 사안에서, 피고인의 강간미수행위와 피해자의 사망과의 사이에 상당인과관계가 있다고 보아 피고인을 강간치사죄로 처단한 원심의 판단을 수긍[291]하였다. 그러나 피고인이 피해자를 폭행하여 비골 골절 등의 상해를 가한 다음 강제추행한 사안에서, 피고인의 위 폭행을 강제추행의 수단인 폭행으로 볼 수 없어 위 상해와 강제추행 사이에 인과관계가 없다는 이유로 강제추행치상죄의 상해로 인정한 원심판결을 파기한 사례[292], 상해를 가한 시점과 성관계를 요구한 시점 사이에 시간적 간격이 있던 점과 상해를 가한 후 성관계를 요구하면서 그때부터 추가로 폭행을 가하지 않은 점 등에 비추어 피고인이 처음부터 강간의 고의로 상해를 가하였다고 보기 어려우므로 상해죄와 강간죄의 경합범의 죄책을 인정하여야 한다고 강간상해죄를 인정한 1심 판결을 파기한 사례[293]가 있다.

생각해 볼 문제

성폭력범죄 발생 시 어떤 경우에 상해·치상으로 인정하는가?

---

291) 대법원 1995. 5. 12. 선고 95도425 판결.
292) 대법원 2009. 7. 23. 선고 2009도1934 판결.
293) 서울고등법원 2011. 9. 22. 선고 2011노2052 판결.

28. 상해와 치상—정신적

> □ 성폭력범죄의처벌등에관한특례법 8조(강간 등 상해·치상)
>
> ① 제3조제1항, 제4조, 제6조, 제7조 또는 제15조(제3조제1항, 제4조, 제6조 또는 제7조의 미수범으로 한정한다)의 죄를 범한 사람이 다른 사람을 상해하거나 상해에 이르게 한 때에는 무기징역 또는 10년 이상의 징역에 처한다.
>
> ② 제5조 또는 제15조(제5조의 미수범으로 한정한다)의 죄를 범한 사람이 다른 사람을 상해하거나 상해에 이르게 한 때에는 무기징역 또는 7년 이상의 징역에 처한다.

① 정신적 기능 훼손과 상해

과거에는 다른 신체적 상해가 있는 경우에만 정신적 기능 훼손을 상해로 주장하였으나[294] 최근 성폭력범죄에 따른 정신적 충격으로 뇌 기능에 악영향이 생겼다고 호소하는 피해자가 증가함에 따라, 이를 상해로 보아 강간 등 상해·치상죄로 기소하게 되었다[295].

대법원도 최근 약물을 투약하여 피해자를 일시적으로 수면 또는 의식불명 상태에 이르게 한 사안에서 정신적 기능도 육체적 기능과 같이 생리적 기능에 포함된다고 보았고 다만 이러한 상해를 판단함에 있어 피해자에게 발생한 의식장애나 기억장애 등 신체, 정신상의 변화와 내용 및 정도를 종합적으로 고려해야 하고 피해자의 연령, 성별, 체격 등 신체·정신상의 구체적인 상태, 약물의

---

294) 이경아·허윤정, 「아동·청소년 대상 성폭력범죄 판례분석」, 『한국여성변호사회 주최 아동·청소년 대상 성폭력범죄 판례분석 심포지엄 자료집』, 2014. 12. 131~132면. 다만 이는 성폭력 발생 후 초기에 신고 되는 사건의 경우 대부분 성폭력범죄로 인한 공포심이나 대인기피, 사회 부적응 등 증상을 호소하는데 그 증상이 과연 어느 정도 지속될 것인지, 어느 정도여야 상해로 인정할 것인지를 수사기관이 판단하는 것이 어렵다는 점에도 기인한다.

295) 성범죄재판실무편람 집필위원회, 「성범죄재판실무편람」, 『재판실무편람』 제39호, 2014, 40면. 그러나 객관적 기준 없이 피해자 호소를 기준으로 외상 후 스트레스 장애 등을 상해로 인정할 경우, 사실상 거의 모든 성폭력범죄사건에서 상해·치상죄가 인정될 수 있다는 문제가 있을 수 있다. 최근 범죄로 인한 정신적 상해나 스트레스가 뇌 기능에 끼치는 변화에 주목하여 fMRI(기능적 자기공명영상)을 통해 이를 탐지한 후 정상적인 경우와 대조·비교함으로써 정신적 상해에 이르는 외상 후 스트레스 장애를 진단하는 방법 등이 연구되고 있다. 성범죄재판실무편람 집필위원회, 「성범죄재판실무편람」, 『재판실무편람』 제39호, 2014, 41면.

종류와 용량, 투약방법, 음주 여부 등 약물의 작용에 미칠 수 있는 여러 요소를 기초로 해야 한다고 판시하였다[296]. 그러나 성폭력범죄로 인한 정신적 기능 훼손, 즉 피해의 심각성은 일찍부터 인식되어져 왔고 판례도 비교적 초기부터 상해로 인정해왔다.

② 성폭력범죄로 인한 정신적 피해

성폭력범죄로 인한 정신적 피해는 그 증상이 매우 다양하다. 일반적으로 지속적인 불안, 공포, 불면증, 전신마비, 대인기피 현상을 경험하거나 과거 경험이 반복적으로 떠오르면서 공황발작, 우울증, 수면장애와 악몽, 집중력 저하 등의 증상으로 고통을 느끼는 등 신체적 피해보다 훨씬 오래 지속되고 심각한 것으로 알려져 있다.

또한 범죄로 직접적인 피해를 입은 피해자 이외에도 주변에 있는 가족들이 피해를 같이 겪는다는 점을 이해해야 한다. 특히 아동성폭력의 경우 부모가, 결혼한 여성인 경우 배우자 등이 피해자를 지켜주지 못했다는 이유로 피해자 못지않은 정신적 피해를 겪게 된다[297].

자주 보고되는 후유증으로는 불안장애(Anxiety Disorder), 해리성 정체성장애(Dissociative Disorder), 기분장애(Mood Disorder), 신체형 장애(Somatoform Disorder)[298], 기타장애 등이 있는데 성폭력범죄가 가장 대표적인 외상이라는 점을 고려하면 급성 스트레스 장애(Acute Stress Disorder)와 외상후 스트레스 장애(Posttraumatic Stress Disorder)로 나누어볼 수 있을 것이다[299].

---

296) 대법원 2017. 6. 29. 선고 2017도3196 판결.
297) 2012년 8월 충남 서산에서 아르바이트하던 피자가게 점주에게 성폭행을 당하고 스스로 목숨을 끊은 아르바이트 여대생 사건의 경우 미성년 남동생이 큰 충격을 받아 심리치료를 받고 있는 사실이 보도되었다. 서울신문, "아동·청소년 성폭행범 최고 무기징역刑", 2012. 9. 11.
298) 2013년에 개정된 미국의 정신질환의 진단 및 통계 편람 제5판은 신체증상 및 관련 장애(Somatic Symptom and Related Disorders)로 용어를 대체하였다.
299) 양자의 구별은 외상 발생 후 30일을 기준으로 분류한다. APA 저, 권준수 외 역, 『정신질환의 진단 및 통계 편람』제5판, 학지사, 2015, 306면. 다만 급성 스트레스 장애의 경우 외상후 스트레스 장애에 비하여 치료적 개입이 더 어려운 것으로 알려져 있다.

③ 인정 사례

　성폭력범죄로 인한 정신적 피해의 심각성은 일찍부터 인정되어 강간으로 10일간의 가료를 요하는 전환반응(히스테리)증을 일으킨 경우300)를 상해로 인정한 바 있고 그 심각성을 인식하게 한 초기의 대표적인 사례로 김부남 사건을 들 수 있다. 9살에 발생한 강간으로 피해자는 그 후 20년 동안 정신적인 고통에 시달려 불안정한 결혼생활을 보냈고, 마침내 복수를 위한 살인까지도 저지르게 되었다301). 법원은 "원래 내성적이고 정신분열증인 성격이 9살 때의 강간 경험으로 인하여 더욱 정신분열성인 성격으로 발달되었고, 이러한 치명적인 경험이 적절히 치유되지 못하여 결혼 후에도 정상적인 성생활이 어려워지고 더욱이 이혼으로 충격을 받게 되면서 증상이 악화되었다. 9살 때의 강간 경험이 외상후 스트레스 장애로 발전하고 이상한 행동, 부적절한 정서, 흥미의 결여, 심한 사회적 고립과 위축 등의 증상이 나타나는 잔재형 정신분열증 환자로, 이 사건 범행 당시에도 이와 같은 증상이 갑자기 발현되면서 억제할 수 없는 충동에 의한 행동의 장애를 보였던 것이다"라고 판시302)하였다.

　대법원은 성폭력특례법 제9조 제1항의 상해는 "피해자의 신체의 완전성을 훼손하거나 생리적 기능에 장애를 초래하는 것으로, 반드시 외부적인 상처가 있어야만 하는 것이 아니고, 여기서의 생리적 기능에는 육체적 기능뿐만 아니라 정신적 기능도 포함된다"고 판시하고 이어서 "피고인들의 강간행위로 인하여 피해자가 불안, 불면, 악몽, 자책감, 우울감정, 대인관계 회피, 일상생활에 대한 무관심, 흥미상실 등의 증상을 보였고, 이와 같은 증세는 의학적으로는 통상적인 상황에서는 겪을 수 없는 극심한 위협적 사건에서 심리적인 충격을 경험한 후 일으키는 특수한 정신과적 증상인 외상후 스트레스 장애에 해당하고, 피해자는 그와 같은 증세로 인하여 2일간 치료약을 복용하였고, 6개월간의 치료를 요하는 사실을 인정하고, 피해자가 겪은 위와 같은 증상은 강간을 당한 모든 피해자가 필연적으로 겪는 증상이라고 할 수도 없으므로 결국 피해자는 피고인

---

300) 대법원 1970. 2. 10. 선고 69도2213 판결.
301) 외국 연구에 의하면 아동 성폭력 피해자의 정신적 상처가 제대로 치료되지 않는 경우 많은 경우 범죄가해자로 변하거나 성매매의 구렁에 빠지는 것이 밝혀졌다.
302) 광주고등법원 1991. 12. 20. 선고 91노899 판결.

들의 강간행위로 말미암아 위 법률 제9조 제1항이 정하는 상해를 입은 것이다"
라고 판시하여 PTSD의 상해성을 인정하였다[303].

4 인과관계

　　성폭력범죄와 상해 사이에는 상당인과관계가 인정되어야 할 것이다. 신안
흑산도 집단성폭행사건에서 피고인들은 피해자의 정신적 상해가 언론의 계속적
인 보도, 피해자 인적사항의 노출 우려, 피해자 주변 사람들의 태도, 악성 댓글,
수사기관에서의 조사로 인한 재경험 등으로 인한 것이라고 주장했으나 판례[304]
는 수사기관의 조사로 인한 재경험 및 언론 보도 등으로 인한 피해자의 스트레
스는 범행으로 인하여 필수적으로 또는 부수적으로 수반될 수 있는 것으로 피
해자의 상해 정도를 심화시키는 하나의 요소가 될 수 있을 뿐으로 예견 가능한
범위를 벗어나 피해자에게 새로운 정신적 상해를 유발하였다고 인정하기 어렵
다고 하였고 또한 "피해자는 사건과 유사하게 강간을 당하면서 범인만 다른 사
람의 얼굴로 나오는 꿈을 계속적으로 꾸고 있고 사건 당시 기억나는 장면이나
사건 이후 피고인들을 만났던 장면 등을 계속해서 생각하는 등 이 사건에 대한
재경험으로 인해 극심한 고통을 겪고 있는 것으로 보이는 점 등에 비추어 피해
자의 우울 및 불안 등의 정신적 고통은 이 사건 범행 자체로 입은 정신적 충격
과 성적 수치심 등 때문인 것으로 봄이 상당하다"고 하였다.

---

303) 대법원 1999. 1. 26. 선고 98도3732 판결.
304) 광주지방법원 목포지원 2016. 10. 13. 선고 2016고합47 판결.

생각해 볼 문제

성폭력범죄 발생 시 입는 정신적 피해는 어떤 것이 있으며 PTSD (외상후 스트레스 장애)란 무엇인가?

【PTSD의 이해】

PTSD는 형사재판에서 피해자뿐만 아니라 가해자도 양형을 감경할 목적으로 주장하고 있고 민사재판에서도 손해배상 청구, 보상과 연금을 위해, 가정폭력과 학대 피해자 보호를 위해 주장된다[305].

---

305) 코니시 세이코,「피해자 정신의학 – 정신과의가 본 재판에서의 피해자와 PTSD」, 장응혁 외 역,『사회안전과 법』, 경찰대학출판부, 2016, 93면.

29. 실행의 착수 시기

□ **형법 제300조(미수범)**

제297조, 제297조의2, 제298조 및 제299조의 미수범은 처벌한다.〈개정 2012.12.18.〉

□ **성폭력범죄의처벌등에관한특례법 제15조(미수범)**

제3조부터 제9조까지 및 제14조의 미수범은 처벌한다.

---

① 강간 및 강제추행의 실행의 착수

간음 및 추행의 고의로 상대방의 의사에 반하는 유형력 행사, 즉 폭행 및 협박을 개시하면 실행의 착수가 인정된다. 따라서 폭행·협박에 의하여 피해자가 실제로 항거불능하게 되거나 항거가 현저히 곤란한 상황에 이르러야만 실행의 착수가 인정되는 것은 아니다[306]. 기습추행 관련해서 신체적 접촉 없이 단순히 양 팔을 높이 들어 피해자를 껴안으려다 멈춘 행위에 대하여 미수죄가 인정된 판례[307]가 있다.

다만 그러한 폭행, 협박과 간음 등과의 사이에 시간적 간격이 있더라도 인과관계가 인정되어야 하고 평소 지속적인 폭행과 폭언으로 겁을 먹게 하여 거절하거나 적극적으로 반항할 수 없는 억압된 상태에 있음을 이용하여 간음한 경우에는 준강간죄가 인정된다.

② 준강간죄의 실행의 착수

강간 및 강제추행죄의 경우 비교적 그 시기를 확정하기가 쉽지만 준강간죄의 경우 실행의 착수시기를 언제로 볼 것인지가 문제 된다[308]. 판례는 "피고인이 잠을 자는 피해자의 옷을 벗긴 후 자신의 바지를 내린 상태에서 피해자의 음부 등을 만지고 자신의 성기를 피해자의 음부에 삽입하려고 하였으나, 피해자

---

306) 대법원 2000. 6. 9. 선고 2000도1253 판결.
307) 대법원 2015. 9. 10. 선고 2015도6980 판결. 판례는 '껴안는 행위'에 착수하였다고 하지 않고 '껴안으려는 행위'를 피해자의 의사에 반하는 유형력 행사로 인정하고 있다.
308) 성범죄재판실무편람 집필위원회, 「성범죄재판실무편람」, 『재판실무편람』 제39호, 2014, 31면.

가 몸을 뒤척이고 비트는 등 잠에서 깨어 거부하는 듯한 기색을 보이자 더 이상 간음행위에 나아가는 것을 포기한 경우, 준강간죄의 실행착수가 있었다고 보아야 한다"라고 판시하여, 실행의 착수시기를 '간음행위를 시작하거나 그와 밀접한 행위를 한 때'로 보았다309). 따라서 자신의 성기를 드러내지도, 피해자의 옷을 벗기지도 않은 채 그저 피해자의 옷 위로 음부 등을 만진 정도라면 이는 강제추행의 기수가 될 뿐 준강간의 실행에 착수하였다고 보기 어렵다310).

③ 주거침입강간죄 등의 실행의 착수

주거에 침입하여 범하는 성폭력범죄에 대하여 주거침입행위는 그 범죄의 신분적 요소에 불과하므로, 그 실행의 착수시는 주거침입행위 시가 아니라 강간 등 실행 시이다311).

④ 카메라 등을 이용한 촬용죄의 실행의 착수

카메라 기타 이와 유사한 기능을 갖춘 기계장치 속에 들어 있는 필름이나 저장장치에 피사체에 대한 영상정보가 입력될 때 기수가 되고 카메라의 셔터를 눌렀으나 카메라가 정상적으로 작동하지 아니하여 촬영에 실패한 경우에는 기수가 아니라 미수범이 된다312).

피고인이 지하철 환승에스컬레이터 내에서 휴대전화로 피해자의 치마 속 신체 부위를 동영상 촬영하였다고 하여 기소된 사안에서, 동영상 촬영 중 저장버튼을 누르지 않고 촬영을 종료하였다는 이유만으로 위 범행이 기수에 이르지 않았다고 단정한 원심판결에 법리오해로 인한 심리미진 등의 위법이 있다고 한 판례313)가 있다.

---

309) 대법원 2000. 1. 14. 선고 99도5187 판결.
310) 서울고등법원 2014. 11. 5. 선고 2014노138 판결.
311) 대법원 2003. 5. 16. 선고 2003도1455 판결.
312) 미수범 처벌의 근거로는 숙박업소나 유흥업소를 출입하는 손님들을 촬영하기 위해 몰래카메라를 설치하는 경우 등을 처벌하는 데 한계가 있기 때문이라고 설명되고 있다. 이주원, 『특별형법』 제2판, 홍문사, 2013, 422면.
313) 대법원 2011. 6. 9. 선고 2010도10677 판결은 "최근 기술문명의 발달로 등장한 디지털카메

5 결과적 가중범의 미수문제

결과적 가중범의 경우 기본범죄가 미수에 그치고 중한 결과가 발생한 경우 어떻게 처리할지가 문제된다. 판례는 위험한 물건인 전자충격기를 피해자의 허리에 대고 피해자를 폭행하여 강간하려다가 미수에 그치고 피해자에게 약 2주간의 치료를 요하는 안면부 좌상 등의 상해를 입힌 사안에서 특수강간치상죄의 기수를 인정하여 결과적 가중범의 기수를 인정하고 있다[314].

다만 미수에도 이르지 않은 경우는 결과적 가중범의 기수를 인정할 수 없다. 따라서 강도의 범의로 야간에 칼을 휴대한 채 타인의 주거에 침입하여 동정을 살피는 행위만으로는 특수강도죄의 실행에 착수한 것으로 볼 수 없어 설사 강간이 있더라도 본 조를 적용할 수 없다. 성폭력처벌법 제3조 제2항의 특수강도강간죄가 성립하려면 적어도 특수강도죄의 실행의 착수가 있어야 하고 특수강도죄의 실행의 착수는 강도의 실행행위 즉 사람의 반항을 억압할 수 있는 정도의 폭행 또는 협박을 할 때 인정되기 때문이다[315].

라나 동영상 기능이 탑재된 휴대전화 등의 기계장치는, 촬영된 영상정보가 사용자 등에 의해 전자파일 등의 형태로 저장되기 전이라도 일단 촬영이 시작되면 곧바로 촬영된 피사체의 영상정보가 기계장치 내 ram(random access memory) 등 주기억장치에 입력되어 임시저장되었다가 이후 저장명령이 내려지면 기계장치 내 보조기억장치 등에 저장되는 방식을 취하는 경우가 많고, 이러한 저장방식을 취하고 있는 카메라 등 기계장치를 이용하여 동영상 촬영이 이루어졌다면 범행은 촬영 후 일정한 시간이 경과하여 영상정보가 기계장치 내 주기억장치 등에 입력됨으로써 기수에 이르는 것이고, 촬영된 영상정보가 전자파일 등의 형태로 영구저장되지 않은 채 사용자에 의해 강제종료되었다고 하여 미수에 그쳤다고 볼 수는 없다"라고 판시하고 있다.

314) 대법원 2008. 4. 24. 선고 2007도10058 판결.
315) 대법원 1991. 11. 22. 선고 91도2296 판결.

30. 구성요건의 인식

□ **형법 제13조(범의)**

죄의 성립요소인 사실을 인식하지 못한 행위는 벌하지 아니한다. 단, 법률에 특별한 규정이 있는 경우에는 예외로 한다.

　□ **제15조(사실의 착오)**

① 특별히 중한 죄가 되는 사실을 인식하지 못한 행위는 중한 죄로 벌하지 아니한다.

　□ **제27조(불능범)**

실행의 수단 또는 대상의 착오로 인하여 결과의 발생이 불가능하더라도 위험성이 있는 때에는 처벌한다. 단, 형을 감경 또는 면제할 수 있다.

---

① 주관적 구성요건

범죄가 성립하기 위해서는 고의가 필요하고 미필적 고의로도 충분하다. 성폭력범죄 중 강제추행죄를 예로 들면 폭행·협박으로 사람을 그의 의사에 반하여 추행한다는 사실에 대한 인식·의욕을 내용으로 한다.

성적 만족 여부는 추행의 개념요소가 아니어서[316] 판례는 그 성립에 필요한 주관적 구성요건에 성욕을 자극, 흥분, 만족시키려는 주관적 동기나 목적이 있어야 하는 것은 아니라고 판시[317]하고 있다.

② 피해자의 동의

실무상 문제가 되는 것은 여러 가지가 있지만 우선 피해자의 동의가 있다.

---

316) 이러한 주관적 요소를 구성요건으로 인정하게 된다면 성폭력범죄가 목적범 내지 경향범으로 이해될 수 있어 복수심이나 호기심과 같은 동기에 의해 행해지는 경우 의율할 수 없어 불합리하다는 점, 피해자의 성적 자기결정권이 행위자의 내심의 동기에 의하여 좌우될 수 있어 법익보호에 어긋난다는 점, 구성요건의 명확성을 해할 수 있다는 점이 이유로 제시되고 있다. 이재상,『형법각론』제9판, 박영사, 2014, 167면.
317) 형법 제305조의 미성년자의제강제추행죄에 대하여 대법원 2006. 1. 13. 선고 2005도6791 판결. 성폭력특례법상 13세 미만의 미성년자에 대한 추행죄에 대하여 대법원 2009. 9. 24. 선고 2009도2576 판결.

피해자의 동의 즉 승낙은 위법성을 조각하는 것이 아니라 구성요건에 해당하지 않게 하며 과거에는 추정적 승낙을 이유로 성폭력범죄의 성립을 부정한 사례318) 도 있었으나 최근에는 피해자의 의사를 중시하는 방향으로 실무가 운용되고 있다. 그러나 피해자 의사표시의 진위 등을 둘러싸고 여전히 많은 논란이 있다319).

③ 아동·장애인의 인식

아동·장애인에 대한 인식 여부도 많은 논란이 되는데 장애여성 대상 성폭력범죄의 재판에서 ① 간음·추행의 행위수단과 ② 피해자 진술의 신빙성과 함께 ③ 피해자의 장애에 대한 피고인의 인식이 가장 자주 쟁점이 된다320).

1) 주관적 구성요건

13세 미만 미성년자, 장애인, 아동청소년 대상 성폭력범죄가 인정되기 위해서 행위자는 피해자가 신체적인 또는 정신적인 장애가 있거나 13세 미만이거나 아동청소년에 해당한다는 사실을 인식하여야 한다.

그 입증책임은 검사에게 있으나 판례는 "피고인이 일정한 사정의 인식 여부와 같은 내심의 사실에 관하여 이를 부인하는 경우에는 이러한 주관적 요소로 되는 사실은 사물의 성질상 그 내심과 상당한 관련이 있는 간접사실 또는 정황사실을 증명하는 방법에 의하여 이를 입증할 수밖에 없고, 이 때 무엇이 상당한 관련성이 있는 간접사실에 해당할 것인가는 정상적인 경험칙에 바탕을 두고 사실의 연결 상태를 합리적으로 분석·판단하는 방법에 의하여야 한다"고 판시하였다321).

---

318) 대법원 1983. 6. 28. 선고 83도399 판결.
319) 대법원 2015. 8. 27. 선고 2014도8722 판결. 피고인은 피해자가 내심으로 동의를 하였던 것 같고, 설령 동의하지 않았더라도 겉으론 잘 표현하지 않아서 몰랐고, 피해자가 거부의사를 밝혔을 때 즉시 중단했다고 하여 동의 또는 착오에 의한 간음을 주장하였다. 즉 내숭정도로 받아들이고 미필적 고의도 없었다고 한 것이다. 대법원도 피고인이 피해자의 의사를 오해하였을 가능성은 충분히 있다고 보았지만 결론적으로 폭행협박이 증명되지 않았다고 하여 무죄를 선고하였다.
320) 김정혜, 「장애여성 성폭력 범죄에 대한 법원의 판단 연구: 지적장애여성 성폭력 판결을 중심으로」, 서울대학교 대학원 박사학위논문, 2015, 104면.
321) 대법원 2012. 8. 30. 선고 2012도7377 판결.

인식과 사실에 차이가 발생하는 경우 착오론에 의해 판단하게 된다. 예를 들어 만약 간음 피해자가 13세 미만인 것으로 알았으나 사실은 13세 이상인 때에는 미성년자의제강간의 불능범에 해당하며 반대로 13세 이상인 것으로 알았으나 사실은 13세 미만인 경우에는 사실의 착오로 고의가 조각된다[322].

2) 비친고죄

아동·청소년인 피해자(여, 17세)를 강간하려다 미수에 그친 사안에서 1, 2심 재판부는 피고인이 사건 당시 피해자가 19세 미만의 청소년이라는 사실을 인식하였음이 증명되었다고 볼 수 없어 아청법위반이 아니라 형법상 강간미수죄로 의율하고, 이는 구형법에 의하면 피해자의 고소가 있어야 공소를 제기할 수 있는데 이 사건의 경우 공소제기 전에 고소가 취소되었으므로 공소기각 하였다.

그러나 대법원은 "아청법이 제7조에서 아동·청소년에 대한 강간과 그 미수범 등을 가중하여 처벌하는 규정을 두면서도 그와는 별도로 아동·청소년을 대상으로 하는 한 형법 제297조, 제300조 등의 죄도 '아동·청소년대상 성범죄'의 하나로 규정하고 있는 점을 비롯하여 아청법의 입법 취지와 경위 등에 비추어 살펴볼 때, 19세 미만인 아동·청소년을 대상으로 강간이나 강간미수의 범죄를 저질렀다면, 그 범죄를 저지른 자가 범행대상이 아동·청소년임을 인식하였는지 여부나 아청법위반으로 기소되었는지 여부와 상관없이 아청법 제16조 본문이 정한 비친고죄에 해당한다고 보아야 한다"고 판시하였다[323].

3) 전자장치 부착명령

범죄자가 피해자의 나이를 알지 못했더라도 전자장치 부착명령은 가능하다. 즉, 성폭력범죄를 다시 범할 위험성이 있는 사람에 대한 전자장치 부착명령

---

322) 특히 나이 기준(13세 또는 연 18세)에 임박한 경우 문제가 되는데, 다른 사정(예를 들면, 피해자가 피고인에게 자신의 나이를 명확하게 사실대로 진술한 사실이 없다는 점 등)을 같이 고려하여 인식을 인정하지 않고 형법을 적용하여 가볍게 처벌하고 있다. 이경아·허윤정, 「아동·청소년 대상 성폭력범죄 판례분석」,『한국여성변호사회 주최 아동·청소년 대상 성폭력범죄 판례분석 심포지엄 자료집』, 2014. 12. 207면.
323) 대법원 2013. 6. 28. 선고 2013도3793 판결.

의 청구요건의 하나로 특정범죄자에 대한 보호관찰 및 전자장치 부착 등에 관한 법률 제5호 제1항 제4호에서 규정한 '16세 미만의 사람에 대하여 성폭력범죄를 저지른 때'란 피부착명령청구자가 저지른 성폭력범죄의 피해자가 16세 미만의 사람인 것을 말하고 더 나아가 피부착명령청구자가 자신이 저지른 성폭력범죄의 피해자가 16세 미만이라는 점까지 인식하여야 하는 것은 아니라고 하고 있다[324].

생각해 볼 문제

성욕의 만족이나 흥분과 같은 주관적 요소는 구성요건요소가 될 수 없는가?

> **【성적 의도 관련 세계 각국의 상황】**
>
> 성적 의도 관련 일본의 다수설은 불요설이지만 독일은 원칙적 불요설이며[325] 일본의 최고재판소·판례는 고의로 추행행위를 한 것만으로는 강제추행죄가 성립하지 않고 더하여 '범인의 성욕을 자극흥분시키거나 만족시키려는 성적 의도가 있어야 한다고 하고 있다[326].

324) 대법원 2011. 7. 28. 선고 2011도5813 판결.
325) 森永真綱, 「性的意図は強制わいせつ罪の成立要件か?」, 『法学教室』 440号, 2017, 3면.
326) 最高裁昭和45年1月29日判決刑集24卷1号1頁.

6장
죄 수

31. 일죄(법조경합과 포괄일죄)

> □ **형법 제305조의2(상습범)**
>
> 상습으로 제297조, 제297조의2, 제298조부터 제300조까지, 제302조, 제303조 또는
> 제305조의 죄를 범한 자는 그 죄에 정한 형의 2분의 1까지 가중한다.[본조신설
> 2010.4.15.]

① 단순일죄

죄수란 한 사람에 대한 죄의 수를 다루며 범죄의 수를 확정하고 확정한 범
죄를 어떻게 처벌하는가 하는 문제를 다룬다.

이 중 일죄는 범죄의 수가 1개인 것으로 1개의 자연적 행위가 1개의 구성요
건을 충족하는 경우가 가장 대표적이나 죄수론 관련해서는 문제될 것이 없으며
법조경합(특별관계, 보충관계, 흡수관계)과 포괄일죄(결합범, 계속범, 집합범,
접속범, 연속범327))가 문제된다.

법조경합은 1개의 행위가 외관상 수개의 죄의 구성요건에 해당하는 것처럼
보이나 실질적으로 1죄만을 구성하는 경우이고 포괄일죄는 수개의 행위가 포괄

---

327) 생명, 신체, 자유와 같은 일신전속적 법익에 대해서는 연속범이 인정되지 않으므로 수인에
대한 강간은 연속범으로 포괄일죄가 되지 않는다. 다만 일반 강간죄와 특별법상의 특수강간
이 연속된 경우 연속범이 인정되며 실체법적으로는 포괄일죄가 되므로 여러 개의 구성요건
중에서도 가장 중한 죄 하나만 처벌받고 소송법적으로 단일행위로 간주되므로 유죄판결의
기판력은 연속된 모든 행위에 미친다. 배종대, 『형법총론』제12판, 홍문사, 2016, 742~744면.

적으로 1개의 구성요건에 해당하여 일죄가 되는 경우이다.

② 성폭력범죄에서의 죄수의 기준과 판례

성폭력범죄에서 죄수는 일반적으로 행위가 기준이 되며 판례는 "미성년자 의제강간죄 또는 미성년자 의제강제추행죄는 행위 시마다 한 개의 범죄가 성립한다"고 판시[328]하고 있다. 다만 그 행위는 단순한 행위가 아닌 사회적·형법적 행위로 보아야 한다.

그리고 강간 시 강제추행을 한 경우 추행은 강간의 불가벌적 수반행위가 되므로 강간죄만 성립하고 강간 후 계속 추행하면서 또다시 강간하려고 하였으나 미수에 그친 경우, "강제추행의 경위, 피고인의 의사 및 강간과 강제추행의 장소가 동일하고 시간적으로 밀접한 점에 비추어 추행행위는 처음에 한 강간행위의 계속으로 보여진다는 이유"로 강제추행죄가 따로 성립하지 않는다고 판시[329]하였다.

또한 판례는 강간의 수단으로 폭행이나 협박을 한 경우 강간죄의 일죄만 성립하고 "그것과 별도로 강간의 수단으로 사용된 폭행·협박이 형법상의 폭행죄나 협박죄 또는 폭처법위반의 죄를 구성한다고 볼 수 없으며, 강간죄와 이들 각 죄는 이른바 법조경합의 관계일 뿐이다"라고 판시[330]하였다. 그리고 같은 논리로 강도상해죄와 강도강간죄에서 "그 실행행위의 일부인 강도미수 행위는 각 죄에 흡수되어 별개의 범죄를 구성하지 않는다"고 보았고[331] 흉기를 휴대하고 주거에 침입하여 식칼로 위협하여 반항을 억압한 다음 피해자를 강간하고 상해를 입힌 경우 주거침입죄는 성립하지 않고 특수강간치상죄만 성립하였다[332].

다만 대법원은 "강간죄의 성립에 언제나 직접적으로 또 필요한 수단으로서 감금행위를 수반하는 것은 아니므로 감금행위가 강간미수죄의 수단이 되었다 하여 감금행위는 강간미수죄에 흡수되어 범죄를 구성하지 않는다고 할 수는 없는 것이고, 그때에는 감금죄와 강간미수죄는 일개의 행위에 의하여 실현된 경우로서 형법 제40조의 상상적 경합관계에 있다"고 판시[333]하였다.

---

328) 대법원 1982. 12. 14. 선고 82도2442 판결.
329) 서울고등법원 1998. 3. 18. 선고 98노97 판결.
330) 대법원 2002. 5. 16. 선고 2002도51 판결.
331) 대법원 2010. 4. 29. 선고 2010도1099 판결.
332) 대법원 1999. 4. 23. 선고 99도354 판결.

아울러 강간의 실행행위 계속 중에 강도행위를 한 경우 강도강간죄를 구성
한다고 하여 다른 특수한 사정이 없는 한 특수강간범이 강간행위 종료 전에 특
수강도의 행위를 한 이후에 그 자리에서 강간행위를 계속하는 때에도 특수강도
가 부녀를 강간한 때에 해당하여 특수강도강간죄로 의율한 사례334)가 있다.

동일한 폭행이나 협박을 이용하여 수회 간음한 경우에는 동일한 법익에 대
해 구성요건에 해당하는 수개의 행위가 접속하여 행해지는 접속범이기 때문에
강간죄의 단순일죄가 된다335).

③ 성폭력범죄에서의 상습범

상습범이란 행위자가 범행의 반복으로 얻은 범죄경향으로 죄를 범하는 것
을 말하는데 성폭력범죄 관련해서는 2010년 형법 개정 시 도입되었다336).

333) 대법원 1983. 5. 24. 선고 83도1787 판결.
334) 대법원 2010. 12. 9. 선고 2010도9630 판결. 이 사안에서 재물탈취를 위한 새로운 폭행, 협
    박이 없었으나 부녀를 강간할 목적으로 폭행, 협박에 의하여 반항을 억압한 후 반항억압상
    태가 계속 중임을 이용하였기 때문에 강도죄 성립을 인정하였다.
335) 대법원 1970. 9. 29. 선고 70도1516 판결로 피해자를 1회 간음하고 200미터쯤 오다가 다시
    1회 간음한 사안. 다만 대법원 1987. 5. 12. 선고 87도694 판결은 동일한 피해자에 대해 1시
    간 간격으로 장소를 달리한 강간을 실체적 경합으로 보았다. 이에 대해서는 포괄일죄로 봐
    야 한다는 주장이 있다. 배종대, 『형법총론』 제12판, 홍문사, 2016, 741면.
336) 2008년 한국형사정책학회에서 위촉한 10명의 형법 학자들이 검토하고 성안한 개정안에 의
    하면 상습도박죄를 제외한 각칙상의 상습범 규정을 전면 폐지할 것을 제안하였다. 형법개정
    연구회, 『형사법개정연구(Ⅳ) 형법총칙 개정안 : 죄수·형벌 분야』, 한국형사정책연구원,
    2009, 18면.

32. 수죄(상상적 경합과 실체적 경합)

> □ 형법 제40조(상상적 경합)
> 1개의 행위가 수개의 죄에 해당하는 경우에는 가장 중한 죄에 정한 형으로 처벌한다.

1 수죄의 정의

수죄란 한 사람의 행위가 여러 가지 구성요건에 해당하는 경우를 말한다. 수개의 행위로 수죄가 성립하는 실체적 경합이 수죄인 것은 당연하나 1개의 행위가 실질적으로 수개의 죄에 해당하는 경우인 상상적 경합을 둘러싸고는 학설의 대립이 있다. 그러나 형법 40조는 상상적 경합을 '수개의 죄'로 명시하고 있다.

2 성폭력범죄에서의 상상적 경합

대법원은 "강도의 실행에 착수한 후, 강간의 범의를 일으켜 강간하려고 하였으나, 강간 자체는 이루지 못하고 그 기회에 피해자에게 상처를 입힌 경우, 위 소위는 강도강간미수와 강간치상의 상상적 경합일 뿐, 따로 강도상해의 죄책을 구성하지 않는다"고 판시[337]하였다.

다만 상상적 경합은 법조경합과 구분이 곤란하여 자주 문제가 되어왔고, 판례는 "구성요건적 평가와 보호법익의 측면에서 고찰하여 판단하여야 한다"고 판시[338]하였다. 그리하여 10대인 여학생을 대상으로 교장이 자신의 지위를 이용하여 강간미수 등의 성범죄를 저지른 사건에 대하여 대법원은 성폭법 제10조 제1항 위반죄의 구성요건과 아청법 제7조 제5항, 제2항 위반죄의 구성요건은 그 행위의 객체와 태양, 범행의 대상이 아동·청소년이라는 점에 대한 인식요부에 차이가 있는 등 특별법의 관계에 있다고 볼 수 없다고 판시[339]하여 상상적 경합으로 처리하게 하였다.

---

337) 대법원 1984. 6. 12. 선고 84도780 판결.
338) 대법원 1984. 6. 26. 선고 84도782 판결.; 대법원 2003. 4. 8. 선고 2002도6033 판결.
339) 대법원 2012. 8. 30. 선고 2012도6503 판결.

③ 성폭력범죄에서의 수죄

　　강간범이 강간행위 후에 강도의 범의를 일으켜 그 부녀의 재물을 강취하는 경우에는 강도강간죄가 아니라 강도죄와 강간죄의 경합범이 성립하고[340] 강간 등의 죄를 범한 자가 주거침입죄 등을 범한 경우에는 특수강간죄가 성립하지 않고 각 죄의 실체적 경합범으로 처벌될 뿐이다[341]. 그리고 특수강도강간죄 관련 강간범이 강간행위 후에 특수강도의 범의를 일으켜 흉기로 위협한 다음 피해자의 재물을 강취한 경우에는 본죄가 성립하지 않고 각 죄의 실체적 경합범으로 처벌될 뿐이다[342]. 강도가 피해자에게 상해를 입혔으나 재물의 강취에는 이르지 못하고 그 자리에서 항거불능 상태에 빠진 피해자를 간음한 경우에는 강도상해죄와 강도강간죄만 성립한다[343].

　　또한 피고인(15세)이 공범 갑과 어린 학생들을 상대로 금품을 빼앗을 것을 공모한 후, 길에서 만난 을(여, 14세)을 인근 아파트로 유인한 다음 갑으로 하여금 밖에서 기다리게 한 후 을을 위 아파트 23층에 있는 엘리베이터 기계실 앞으로 데리고 가 지갑을 강취하였고, 곧이어 을을 강간하려 하였으나 을이 반항하여 미수에 그쳤다는 사실에 대하여 성폭력특례법(특수강도강간등)이 아니라 특수강도(합동강도)의 부분에 대하여는 형법상 공갈죄의 공동정범을 인정하고, 한편 강간미수 부분에 대하여는 아청법을 인정한 사례[344]도 있다.

　　특수강간죄 관련 2인 이상이 번갈아 가면서 여자 1명을 윤간한 경우에는 비록 간음행위는 수차에 걸쳐 이루어졌지만 전체적으로는 하나의 특수강간죄만 성립하고 2인이 합동하여 2명의 피해자를 각자 1명씩 간음한 경우에는 피해자별로 수개의 죄가 성립하여 본죄의 실체적 경합범으로 처벌된다[345].

340) 대법원 1988. 9. 9. 선고 88도1240 판결.
341) 이주원, 『특별형법』 제2판, 홍문사, 2013, 377면.
342) 대법원 2002. 2. 8. 선고 2001도6425 판결.; 대법원 2010. 12. 9. 선고 2010도9630 판결. 이에 따라 13년 전의 범죄에 대하여 무죄가 선고된 사례가 있다. 연합뉴스, "13년 전 강간강도범…처벌규정 없어 '무죄'", 2013. 6. 28. 특수강간범이 강간을 저지른 후 돈을 빼앗을 마음을 먹고 재물을 강취한 사례로 검찰은 특수강도죄와 특수강간죄는 각각 공소시효가 10년이라 공소시효가 15년인 특수강도강간죄로 기소하였으나 무죄가 선고되었다.
343) 대법원 2010. 4. 29. 선고 2010도1099 판결.
344) 서울지방법원 2010. 10. 15. 선고 2010고합815, 1303 판결.
345) 대법원 2002. 9. 4. 선고 2002도2581 판결.

생각해 볼 문제
강도강간이 아닌 강간강도죄는 성립할 수 없을까?

【일본 개정형법의 강간강도죄】

　일본의 경우 강도강간과 강간 후 강도를 동일하게 처벌하는 규정을 새로 마련하였
다. 일본의 구형법 제241조는 강도강간 및 동치사만을 규정하였는데[346] 개정형법은 강
도·강제성교 등 및 동치사로 조명을 바꾸고 강간 후 강도도 포함하여 규정하고 있다[347].

---

346) 제241조 강도가 여자를 강간한 때는 무기 또는 7년 이상의 징역에 처한다. 여자를 사망에
　　이르게 한 때는 사형 또는 무기징역에 처한다.
347) 제241조 ① 강도의 죄 혹은 그 미수죄를 범한 자가 강제성교 등의 죄(제179조 제2항의 죄
　　를 제외한다. 이하 이 항에서 동일) 혹은 그 미수죄를 범한 때, 또는 강제성교 등의 죄 혹은
　　그 미수죄를 범한 자가 강도의 죄 혹은 그 미수죄를 범한 때는 무기 또는 7년 이상의 징역
　　에 처한다.
　　② 전항의 경우 중 그 범한 죄가 모두 미수죄인 때는 사람을 사상시킨 경우를 제외하고 그 형
　　　을 감경할 수 있다. 다만 자기의 의사로 모두 중지한 때는 그 형을 감경하거나 면제한다.
　　③ 제1항의 죄에 해당하는 행위로 사람을 사망에 이르게 한 자는 사형 또는 무기징역에 처
　　　한다.

제2편 수사절차

1장
성폭력범죄로 인한 피해와 수사의 특성

1. 1차 피해의 이해

① 피해에 대한 체계적 이해의 필요성

성폭력범죄로 인하여 피해자는 신체적·정신적·경제적·사회적으로 다양한 피해를 입는데 형사재판에서는 상해 인정과 관련하여 신체적 피해가 중요하고 최근 정신적 피해가 주목받고 있지만 수사 및 피해자 보호를 위해서는 피해자가 겪게 되는 피해를 종합적·단계적·유형적으로 이해할 필요가 있다.

② 1차 피해의 종합적 이해

일반적으로 범죄로 인해 생명, 신체, 재산 등에 직접적으로 입는 피해를 1차 피해로 본다.

최근 들어 여러 가지 조사와 연구를 통해 성폭력범죄 피해자가 겪는 고통이 점점 더 자세하게 파악되었는데 UN의 세계보건기구(WHO)는 2012년 성적 폭력이 여성에게 미치는 영향을 다음과 같이 다양하게 분류하였다.

〈성적 폭력 및 성적 강제가 여성의 건강에 미치는 영향의 예〉

건강 (Reproductive health)	·산부인과계의 외상 ·의도하지 않은 임신 ·위험한 임신중절 ·성기능장애 ·에이즈를 포함한 성병 감염
정신 건강 (Mental health)	·울병 ·심적 외상후 스트레스 장애(PTSD) ·불안신경증 ·수면장애 ·신체적 이상(Somatic complaints) ·자살행동 ·패닉 장애
행동상의 영향 (Behavioural)	·고위험행동(예를 들어 무방비한 성행위, 성급한 합의에 근거한 성관계, 다수 파트너와의 성관계, 알코올과 약물 남용) ·(남성은 추가적인 범행의 피해, 여성은 추가적 성폭행을 당할) 더 높은 위험
치명적인 결과들 (Fatal outcomess)	·자살 ·임신합병증 ·위험한 임신중절 ·에이즈 ·강간살인 또는 명예살인 ·강간 결과로 태어난 아이의 영아살해

출처 : WHO, Understanding and addressing violence against women,
(http://apps.who.int/iris/bitstream/10665/77434/1/WHO_RHR_12.37_eng.pdf?ua=1), 7면.

또한 이러한 영향들이 그 자체로 끝나는 것이 아니라 다시 정신적 측면에 영향을 미쳐 회복을 방해하는 등 악순환되고, 특히 PTSD는 다양한 질환과 같이 발생하는 비율이 높다는 점도 보고되었다. 이하에서는 주로 정신적 피해에 대해 알아보기로 한다.

③ 단일사건으로 인한 정신적 피해의 이해

피해자는 성폭력 등 큰 사건을 겪으면 즉시 급성해리증상 등 급성스트레스 반응(ASR)을 겪게 되고, 이 반응은 통상 48시간 정도면 진정되지만 충격이 큰 경우 급성스트레스장애(ASD)가 된다. 그리고 이러한 증상이 1개월 이상을 초과하게 되면 외상후 스트레스장애(PTSD)가 된다.

이러한 정신적 피해를 일반인들은 자신의 일상경험에 비추어 이해하려는 경향이 있으나 트라우마를 일으킬 정도의 공포라는 것은 일상적 수준의 무서운 경험과는 크게 다르다. 따라서 상상할 수 없는 수준의 다양한 반응이 발생하는데 손이 주체할 수 없이 떨리거나 다리에 힘이 빠지는 등 몸을 통제할 수 없게 되기도 하고 그냥 상대방의 말에 자동적으로 따르게 되거나 현실감이 없어지고 자신에게 일어나는 일을 인식하지 못하게 되기도 한다[348].

④ 장기간 지속된 사건으로 인한 피해의 이해(아동 성학대 순응 신드롬)

장기간에 걸쳐 지속적으로 피해를 입는 경우 아동이 보이는 다섯 단계의 심리 변화를 '아동 성학대 순응 신드롬'이라고 한다. 비밀유지－무기력－완전한 순응－폭로－철회의 단계로 이루어지는데, 순응단계의 경우 아동은 살아야 하기 때문에 가해자가 좋아하는 행동을 하기도 하거나 또는 성학대 사실을 잊어버리기 위해 부적절하다고 생각되는 행동들을 하기도 한다.

---

348) 宮地尚子, 「精神科医から見た性暴力被害の実態」, 『日本弁護士連合会 両性の平等に関する委員会編 性暴力被害の実態と刑事裁判』, 信山社, 2015 , 46면. 동물들도 공격을 받으면 도망가거나 싸우지 않고 죽은 듯 부동자세를 취하는 경우가 종종 있다고 한다.

생각해 볼 문제

성폭력이 주는 정신적 충격은 어느 정도인가? 왜 영혼살인이라고 불리는 것인가?

【성폭력범죄와 PTSD의 발병율】

PTSD는 성폭력범죄뿐만 아니라 각종 사고, 재해 등 외상적 사건을 겪은 피해자라면 누구에게나 발생할 수 있다. 다만 성폭력범죄 피해자는 다른 사건에 비하여 그 발생율이 압도적으로 높으며 오래 지속된다는 점에서 영혼살인이라고 불리고 있다. 케슬러에 의한 대규모 조사가 유명하며 다음과 같다.

〈외상적 사건의 종류와 PTSD의 발생율[349]〉

외상적 사건의 종류	남성	여성
강간	65.0	45.9
추행	12.2	26.5
신체적 폭행	1.8	21.3
전투	38.8	–
무기를 사용한 협박	1.9	32.6
생명의 위험을 동반한 사고	6.3	8.8
자연재해, 화재	3.7	5.4
목격(상해, 살인현장)	6.4	7.5
어린 시절의 방임	23.9	19.7
어린 시절의 학대	22.3	48.5

그리고 PTSD는 외상적 사건에 노출되는 시간, 근접도, 강도가 발생에 큰 영향을 주는데 성폭력범죄는 이 세 가지 요인을 다 충족한다고 지적되고 있다. 즉 장시간에 걸쳐 가해자와 밀착된 상태에서 시각, 청각, 촉각, 후각, 미각 등의 신체감각이 침해되므로 그 침해와 피해가 심각한 것이다[350].

---

349) Kessler RC, Sonnega A, Bromet E st al., Post-traumatic stress disorder in the national comorbidity survey, Arch. Gen. Psychiat. 52, 1995, 1048~1060면(宮地尚子,「精神科医から見た性暴力被害の実態」,『日本弁護士連合会 両性の平等に関する委員会編 性暴力被害の実態と刑事裁判』, 信山社, 2015 , 56면에서 재인용).

350) 宮地尚子,「精神科医から見た性暴力被害の実態」,『日本弁護士連合会 両性の平等に関する委員会編 性暴力被害の実態と刑事裁判』, 信山社, 2015 , 58면.

2. 2차 피해의 이해

□ **성폭력범죄의처벌등에관한특례법 제29조(수사 및 재판절차에서의 배려)**

① 수사기관과 법원 및 소송관계인은 성폭력범죄를 당한 피해자의 나이, 심리 상태 또는 후유장애의 유무 등을 신중하게 고려하여 조사 및 심리·재판 과정에서 피해자의 인격이나 명예가 손상되거나 사적인 비밀이 침해되지 아니하도록 주의하여야 한다.

② 수사기관과 법원은 성폭력범죄의 피해자를 조사하거나 심리·재판할 때 피해자가 편안한 상태에서 진술할 수 있는 환경을 조성하여야 하며, 조사 및 심리·재판 횟수는 필요한 범위에서 최소한으로 하여야 한다.

※ 아동·청소년의성보호에관한법률 제25조도 아동·청소년대상 성범죄 피해자에 대하여 동일한 규정을 두고 있음

□ **제24조(피해자의 신원과 사생활 비밀 누설 금지)**

① 성폭력범죄의 수사 또는 재판을 담당하거나 이에 관여하는 공무원 또는 그 직에 있었던 사람은 피해자의 주소, 성명, 나이, 직업, 학교, 용모, 그 밖에 피해자를 특정하여 파악할 수 있게 하는 인적사항과 사진 등 또는 그 피해자의 사생활에 관한 비밀을 공개하거나 다른 사람에게 누설하여서는 아니 된다.

② 누구든지 제1항에 따른 피해자의 주소, 성명, 나이, 직업, 학교, 용모, 그 밖에 피해자를 특정하여 파악할 수 있는 인적사항이나 사진 등을 피해자의 동의를 받지 아니하고 신문 등 인쇄물에 싣거나 「방송법」 제2조 제1호에 따른 방송 또는 정보통신망을 통하여 공개하여서는 아니 된다.

※ 아동·청소년의성보호에관한법률 제31조도 아동·청소년대상 성범죄 피해자에 대하여 유사한 규정을 두고 있음

□ **성폭력범죄의수사및피해자보호에관한규칙 제15조(인적사항의 공개 금지)**

경찰관은 성폭력 사건의 피해자나 범죄신고자등의 성명, 나이, 주소, 직업, 용모 등에 의하여 그가 피해자나 범죄신고자등임을 미루어 알 수 있는 정도의 사실이나 사진 등 또는 사생활에 관한 비밀을 공개하거나 제3자에게 누설하여서는 아니 된다.

① 2차 피해의 의의와 발생 주체

사건 처리 과정에서 주로 형사사법기관과 언론 등에 의해 피해자의 정신, 명예, 프라이버시가 침해되는 것을 2차 피해로 본다.

피해자에게 2차 피해를 유발하는 주체는 다양하며 일반적으로 형사사법기관과 언론이 다수이지만 범죄피해자인 유족을 대상으로 한 일본의 연구에서는 정도의 차이가 있을지언정 피해자와 관계된 모든 사람이 2차 피해를 줄 수 있다고 조사되었다[351].

〈2차 피해를 준 주체[352]〉

		응답자수	이웃사람	경찰	변호사	친척	검찰	직장	법원	언론	병원	자치단체	피해자지원센터	피해자단체	기타	무응답
전체	명	96	56	49	39	38	33	29	26	25	22	17	12	11	31	1
	%		58.3	51.0	40.6	39.6	34.4	30.2	27.1	26.0	22.9	17.7	12.5	11.5	32.3	1.0

② 경찰이 발생시킨 대표적 2차 피해사례(밀양사건)

2004년 12월 울산의 여중생 자매가 1년여에 걸쳐 밀양 거주 남자 고등학생 41명으로부터 집단 성폭행 당한 사건을 수사하면서,

① 사건 담당 경찰서 소속 경찰관 4명이 노래방에서 노래방 도우미와 동석하여 대화하던 중 피해 여중생의 피해사실을 누설한 행위.

② 위 경찰관 1명이 서류편철 등의 과실로 경찰서 출입기자들에게 피해자의 구체적인 피해사실 및 실명 등이 기재된 내부 보고용 문건이 유출되도록 하였으며, 그 결과 언론에 피해자의 성과 거주지역, 학년, 나이 등이 보도되어 주변사람들이 피해자임을 추측할 수 있도록 한 행위.

---

351) 이는 피해자가 범죄로 인하여 충격을 받기 쉬운 상태에 놓이기 때문에 설사 선의로 하는 말과 행동도 피해자에게는 2차 피해를 유발할 수 있다는 것도 이유의 하나이다.

352) 社団法人 被害者支援都民センター,『平成18年度 被害者支援調査研究事業 今後の被害者支援を考えるための調査報告書 －犯罪被害者遺族へのアンケート調査結果から－』, 2007, 35면.

③ 수사과정에서 경찰서에 한 번에 9명 정도를 식별할 수 있는 범인식별실을 갖추고 있음에도 이를 이용하지 않고 피해자 등을 피의자 41명과 한꺼번에 대질조사하여 위법한 수사를 진행한 행위.

④ 피의자들과 분리차원에서 일시적으로 피해자조사를 위한 대기장소로 이용되었던 감식실에서 그곳에 근무하던 경찰관이 "밀양물 다 흐려 놨다", "내 딸이 너희처럼 될까봐 겁난다"는 취지의 말을 하는 등 모욕한 행위.

등이 피해자들에게 정신적 고통을 겪게 하였으며 인권을 침해하여 국가는 피해 여중생에게 3,000만 원, 동생에게 1,000만 원, 어머니에게 1,000만 원의 위자료를 인정하였다[353].

③ 검찰이 발생시킨 대표적 2차 피해사례(조두순사건)[354]

2008. 12. 11. 08:30경 등교 중인 피해 아동을 조두순(당시 56세, 강간치상 등 전과17범)이 인근 교회 화장실로 끌고 가 수차례 폭행하고 피해아동이 울자 '시끄럽다'면서 목을 졸라 기절시킨 뒤 강간한 사건이 발생하였다. 그 결과 피해자는 코뼈가 부러지고 얼굴 살이 떨어져 나가는가 하면, 대장을 절제하고 항문 봉합수술을 받아 배출기능이 완전히 마비되어 소장을 통해 평생 배변을 받아야 하며 자궁신경의 손상과 생식기능의 마비로 향후 출산과 성생활도 어려울 정도의 영구적 상해피해를 입게 되었다. 문제는 이 사건의 검찰 수가과정에서 다음과 같은 심각한 2차 피해가 발생한 점이다.

① 성폭력특별법상 성폭력 전담검사가 수사를 진행하도록 규정되어 있음에도 불구하고 비전담검사가 수사를 하였고, 성폭력특별법이 아닌 일반형법을 적용하는 잘못을 저질렀지만 안산지청 내부 결재과정에서 전혀 바로잡아지지 않았으며, 항소심에서도 이를 바로잡기 위한 공소장 변경은 이루어지지 않았다.

② 담당 검사는 성폭력특별법상의 평안한 상태를 보장할 수 있는 조사환경 조성 및 조사 횟수의 최소화 규정에도 불구하고, 성폭력 피해아동을 너무 늦은 시간에 소환하여(2009. 1. 6. 17:00), 준비부족 및 녹화기계 조작미숙 등으로 조

---

353) 서울고등법원 2007. 8. 16. 선고 2006나108918판결.
354) 대한변호사협회, 「조두순 사건 진상조사 결과 발표」, 『2009 인권보고서』, 2010, 516~517면에서 인용하였다.

사를 4회나 반복하였다(2009. 1. 7.).

③ 추운 겨울인 점과 입원 중인 피해 아동의 건강상태를 고려하여 검찰에서 병원으로 출장조사를 하였어야 하며, 소환조사를 하더라도 피해아동을 위하여 검찰 차량을 배치하거나 병원 구급차량의 지원을 요청하고, 아동의 건강상태를 고려하여 간이침대나 편안한 자세로 조사받을 수 있도록 배려했어야 했다.

④ 피해 아동이 검찰로 소환 당했을 당시, 피해아동은 항문이 폐쇄되고 배변주머니를 착용하고 있었을 뿐만 아니라 보름경 전인 2008. 12. 22. 항문과 외음부 재건술을 받아서 아직 수술 부위가 아물지 않은 상태였기 때문에 의자에 앉아 있기가 어려웠다. 또한 사건 발생 후 장 절제술과 배변주머니 착용으로 인한 잦은 복통과 구토 증세를 나타내며 소량의 음식을 취해왔을 뿐 아니라, 소환 전 3일 가량은 복통으로 금식 상태여서 기력이 몹시 쇠약한 상태였음에도 불구하고, 검찰은 피해 아동의 건강 상태도 체크하지 않고 한겨울에 검찰로 소환하여 직각 의자에 앉혀 2시간여의 조사를 실시했다.

⑤ 당시 검찰의 비디오 녹화 조사는 10분내지 20분 이내로 끝날 수 있는 것이었으나 준비미흡과 기기조작 실수로 2시간여에 걸쳐 반복 조사하였다(당시 피해아동은 배변주머니를 1시간에 한 번씩 교체해야 했는데 이를 못했고, 덜 아문 수술부위와 배변주머니로 인한 고통, 지속적인 복통으로 식사를 거의 못하며 지냈기 때문에 장시간 조사받는 것을 매우 힘들어 함).

⑥ 항소심에서 중요한 증거로 작용할 수 있는 '경찰에서 조두순을 검거한 직후 비디오로 녹화해 둔 CD'를 간과하여 판결 선고 전날에서야 변론재개를 통하여 뒤늦게 증거로 제출함으로써 피해아동이 법정에 증인으로 소환되게 하였다.

위와 같은 수사검사 및 공판검사의 불법행위에 대한 손해배상책임을 인정하여 피해 아동에게 1,000만 원, 어머니에게 300만 원의 위자료를 인정하였다[355].

④ 피의자에 의한 대표적 2차 피해사례(고대의대생 사건)

2011. 5. 21. 학과 동아리 단합대회에서 잠을 자던 피해자를 남학생 셋이 옷을 벗기고 신체 부위를 만지며 그 장면을 휴대전화로 찍은 사안에서,

---

355) 서울중앙지방법원 2011. 10. 26. 선고 2011나 14236 판결.

가해자 부모와 가족은 피해자를 찾아 합의356) 및 고소취소를 요청했고 이후 '초호화 전관 변호인단'을 구성하여 일부 피고인은 혐의를 전면 부인하면서 증인심문에서 피해자를 대상으로 도를 넘을 정도로 집요하게 공격적인 질문을 하였다357). 더구나 피해자의 인격을 깎아내리고 인격 장애로 몰아붙이는 설문조사를 고려대 의대 학생들을 상대로 벌여 허위사실 적시에 의한 명예훼손358)으로 처벌받기도 했다.

⑤ 언론에 의한 2차 피해(언론대응 원칙 관련 보도 수첩)

과거 언론은 지나친 선정성 보도로 피해자 인격 및 생활권을 침해하였으며, 중대사건이 발생할 때마다 과열 보도로 일반 국민들의 불안감을 증폭시켰다. 이에 따라 피해자 보호를 위해 피해자 관련 정보를 공개하지 않도록 하는 규정이 도입되었으며 그 범위는 확대되어 왔다359).

경찰도 이러한 취지를 반영하여 모든 성폭력사건에 대해 원칙적으로 공개하지 않으며 예외적 사유360)가 있는 경우에 가급적 구속영장 발부 또는 송치 시점에 공개하고 있다.

---

356) 비록 아동·청소년대상 성범죄로 제한되지만, 아청법 제16조는 폭행이나 협박으로 아동·청소년대상 성범죄의 피해자 또는 아동복지법 제3조 제3호에 따른 보호자를 상대로 합의를 강요한 자는 7년 이하의 유기징역에 처한다고 규정하고 있다.
357) 자세한 경과는 표창원, 『정의의 적들』, 한겨레출판, 2014, 288~295면을 참고하길 바란다.
358) 대검찰청은 법무부 성희롱·성범죄 대책위원회의 권고안(2018. 5. 11.)을 수용하여 사실적시 명예훼손죄에 대해서도 위법성 조각사유를 적극 적용토록 했다.
359) 2012. 12. 18. 법률 제11556호로 전부 개정되어 2013. 6. 19. 시행된 개정 성폭력처벌법은 피해자의 신원과 사생활 비밀 누설 금지를 규정한 제22조를 제24조로 변경하였고 누설금지의 대상에 피해자의 학교를 포함시키고 누설 금지의 대상에서 제외하였던 성폭력범죄의 소추에 필요한 범죄구성사실을 삭제함으로써 누설을 금지하였다.
360) 경찰수사사건 등의 공보에 관한 규칙(경찰청 훈령)은 ① 범죄유형·수법을 국민들에게 알려 유사범죄의 재발을 방지할 필요가 있는 경우, ② 오보·추측성 보도로 사건관계자의 권익이 침해되었거나, 침해될 우려가 있는 경우, ③ 신속한 범인검거 등 인적·물적증거 확보를 위해 국민들에게 알릴 필요가 있는 경우, ④ 공공안전에 대한 급박한 위협, 대응조치에 관해 국민들에게 즉시 알릴 필요가 있는 경우로 규정하고 있다.

생각해 볼 문제

이러한 2차 피해는 왜 발생하는가?

피의자에 의한 명예훼손 등에 어떻게 대응하면 좋을까?

【2차 피해와 강간 통념】

이러한 2차 피해는 피해자가 영혼 살인이라고 평가되는 큰 외상을 겪은 상태이므로 제3자가 아무리 노력하더라도 발생하는 경우도 있지만 형사사법기관 등의 전문성 부족과 함께 사회 전체의 강간 통념도 큰 원인으로 볼 수 있다.

따라서 형사사법기관을 포함한 사회 전체의 인식을 개선하는 것이 중요한데 널리 알려진 강간 통념을 비버리 로스는 총망라하여 17가지로 제시하였다[361].

① 여성은 강간당하고 싶은 환상을 갖고 있다.

② 여성이 성교에 대하여 "안 돼"라고 말할 때, 그녀가 진정으로 뜻하는 것은 "돼"이다.

③ 여성이 강간을 당할 것이라면, 그녀는 그것을 즐기는 편이 낫다.

④ 여성은 종종 성폭행과 강간을 도발·유혹한다.

⑤ 고상한 여성은 강간당하지 않는다.

⑥ 혼외 성교에 동의한 적이 있는 여성은 난잡한 사람이며, 성교를 요구하는 어떤 남성에 대해서도 동의를 할 개연성이 있다.

⑦ 흑인 여성은 난잡하다.

⑧ 여성이 진정 강간당하지 않으려고 한다면 강간을 막을 수 있다.

⑨ 강간당한 여성의 자연스러운 반응은 즉각 경찰관서에 신고하는 것이다.

⑩ 강간하는 남성은 정신병이 있거나 정서적으로 질병이 있는 사람이며, 보통 남성은 강간을 하지 않는다.

⑪ 여성은 자신이 알지 못하는 사람에 의해서만 강간당한다.

⑫ 혼외 성교에 동의한 적이 있는 여성은 진실을 말할 것이라고 믿을 수 없다.

⑬ "악성격(bad character)"을 가진 여성은 기꺼이 무차별적 혼외성교를 맺을 개연성이 있고, 따라서 진실을 말할 것이라고 믿을 수 없다.

⑭ 여성, 적어도 일정 부류의 여성은 강간당해 마땅하다.

⑮ 강간을 신고하는 여성은 피고인, 남성 일반, 남편 또는 과거의 연인에 대한 악의로 가득 차 있거나, 또는 자신이 성교에 동의하였기에 부모, 남편, 연인으로부터 징

벌을 받는 것을 두려워하여 종종 허위 고소를 한다.

⑯ 여성이 강간당하였다고 의식적으로 거짓말을 하지 않는 경우에도 강간은 그녀의 환상 속에서만 존재할 수 있다.

⑰ 극단의 강제력이 사용되지 않는 한 동의 없는 성교는 단지 성교행위일 뿐이다.

【고대의대생 사건에서의 명예훼손 판결의 분석】

아무리 형사절차에서 피의자 또는 피고인의 방어권이 보장된다고 하더라도 범죄에 해당하는 경우까지 허용되는 것은 아니다. 고대의대생 사건 관련 피고인들의 설문조사를 명예훼손으로 인정한 판례[362]는 다음과 같이 유죄를 인정하였다. 판결의 주요 내용은 다음과 같다.

쟁점		피고인측 주장	판결 요지
공소사실 특정여부		공소사실에서 어느 부분이 의견이 아닌 사실의 적시이고, 그중 어느 부분이 허위에 해당한다는 것인지 특정되지 않았다	사실확인서의 내용이 … 제1 내지 6항과 같이 사실을 적시하고 있다는 것이며 그 사실들이 모두 허위라는 취지이므로
구성요건해당성여부	사실의 적시여부·공연성유무	사실확인서는 그 작성주체가 이에 서명한 동료 의과대학생이고 서명한 의과대학생 21명이 의견을 표현한 것에 불과하며 이러한 사실확인서를 비공개로 진행되는 영장실질심사를 담당한 재판부에 제출한 것이어서 유출될 염려가 없어 사실의 적시라고 할 수 없고, 또한 공연성도 없다.	의과대학생이 서명한 사실확인서가 영장담당 판사에게 제출되어 의과대학생 명의의 의견서가 되는 것과는 별개로 피고인들이 이 사건 사실확인서를 21명의 동료 의과대학생들에게 읽어보도록 한 행위 자체가 사실확인서에 기재된 허위사실을 상당수의 동료 의과대학생들에 대하여 공연히 적시한 것
	사실이허위	21명의 학생이 확인해 준 것으로 사실확인서의 내용이 사실임이 증명되었다.	학생들은 피고인이 영장기각을 받는데 도움이 된다고 하면서 사실여부는 중요한 게 아니라는 피고인들의 요청에 구속당할 위험에 처한 친구를 돕는다는 마음으로 마지못해 사실확인서에 서명을 해 준 것에 불과하고, 사

---

361) Beverly J. Ross, Does Diversity In Legal Scholarship Make a Diffreence?: A Look At the Law of Rape, 100 Dick. L. Rev. 795, 1996, pp. 808~810(조국, 『형사법의 성편향』 제2판, 박영사, 2004, 77~79면에서 재인용).

			실확인서를 읽은 학생들은 오히려 사실확인서를 읽고 그 내용과 같은 사실의 존재를 믿게 되었을 가능성이 컸으며, 사실확인서 제1 내지 6항 기재 내용에 관하여 이에 부합하는 객관적 증거는 전혀 없을 뿐만 아니라 피고인들조차도 사실인지 여부를 사려 깊게 생각할 겨를이 없었고 사실확인을 제대로 하지 못하였다고 진술하고 있으므로
	인지여부		
	명예훼손의 고의 유무	명예를 훼손할 의도는 없었다.	명예훼손죄는 목적범이 아니므로 명예훼손이나 비방의 목적은 필요로 하지 않고, 명예훼손에 대한 인식은 피해자의 사회적 평가를 저하시킬 사실을 인식하는 것으로 충분 피고인은 사실확인서의 내용을 제대로 확인하지도 못한 채 피해자의 사회적 평가를 저하시킬 만한 사실이 기재된 사실확인서를 동료 의과대학생에 제시한 점이 인정되므로 적어도 명예훼손에 대한 미필적 고의가 있었다.
	사실의 착오	피고인은 사실확인서의 기재내용이 모두 사실이라고 인식하였으므로 형법 제307조 제2항에 해당하지 않는다.	피고인은 사실확인서의 내용을 제대로 확인하지도 못한 채 학생들에게 제시하였다는 것이므로 모두 사실이라고 인식하였다고 보기 어렵다.
정당행위 여부		사실확인서를 받은 것은 오로지 정당한 방어권 행사를 위한 것으로 정당행위에 해당하여 사회 통념상 위법성이 없다.	허위의 사실을 공연히 적시하여 피해자에게 더 심각한 2차 피해를 입힌 것으로 그 수단이나 방법이 상당하지 아니하므로 형법 제20조에 정한 정당행위에 해당하지 않는다.
법률의 착오 여부		강제추행 사건의 변호인의 지시에 따라 한 것이어서 위법하다는 인식이 없었으므로 죄가 되지 않는다.	이 사건 사실확인서의 내용이 평균적 일반인이 볼 때에도 피해자의 사회적 평가를 저하시킬 만한 나쁜 행실, 성격, 학교생활, 친구 관계 등에 관한 구체적 사실이 기재되어 있고 피고인이 이러한 내용을 변호인을 통하여 사실확인서에 기재되도록 한 것으로 보이고, 그 내용이 사실인지 여부를 확인하지도 않았다는 것이어서 단지 변호인의 제안에 이를 작성하여 주었다는 것만으로는 위법성의 인식이 없었다거나 그 오인에 상당한 이유가 있는 때에 해당한다고 보기 어렵다.

362) 서울중앙지방법원 2011. 10. 26. 선고 2011나14236 판결.

3. 기타 피해의 이해

① 3차 피해

피해자가 피해로부터 회복되면서 겪게 되는 생활의 지장, 의료비 부담, 실직, 경제적 곤궁 등을 3차 피해로 본다. 많은 피해자들이 성폭력범죄로부터 인한 피해에서 회복하지 못하고 있으며 장기간 고통을 받고 있다.

② 재피해에 대한 우려

피해자는 사건이 해결되고 난 이후에도 재차 피해를 당하지 않을까라는 걱정을 하게 된다. 특히 지인 간에 발생한 성폭력사건의 경우가 그러하며 살인에까지 이르는 경우도 있다.

③ 유형별 피해

피해자가 겪는 정신적 피해증상도 범죄유형별, 피해자별로 달라서 아동성폭력의 경우 폭력이나 위협을 동반한 한 번의 피해인 경우에는 불안과 공포반응이 보다 우세하게 나타나며 지속적인 반복 피해의 경우는 자존감 저하와 우울감, 무력감, 손상감 등이 더 우세하게 관찰된다고 한다[363].

그리고 형법상 같은 죄명의 성폭력범죄라도 피해자에 따라 그 피해 특성이 달라질 수 있다. 이는 피해자의 개인적 특성에 따라서도 달라지지만 특히 피해자가 처해진 사회적 위치에 따라서도 달라진다. 아동·청소년 피해자 26명과 성인 피해자 11명을 대상으로 한 심층면접조사는 다음과 같이 피해자별 특성을 분류하고 있다[364].

---

363) 김태경, 「아동성범죄 현황과 경찰의 역할」, 『수사연구』 제307호, 2009, 44면.
364) 자세한 내용은 이미정·이인선·김기현, 「성폭력피해자 사례분석을 통한 지원체계 개선방안 연구」, 『한국여성정책연구원 2013 연구보고서 10』, 2013, 59~185면을 참고하길 바란다.

〈피해자 및 가해자별 성폭력범죄의 피해 특성〉

피해자		특성
친족 성 폭 력 피 해 자	가해 자가 성인	친족 성폭력은 아동기에 시작하여 반복적으로 오랫동안 지속되는 특징이 있고 외부로 노출이 지연되어 대체로 피해아동이 후기 청소년기나 초기 성년기에 도달하여 성폭력 피해를 인식하고 가해자에 대항하며 피해사실을 외부로 노출하는 경우가 많음	장기간 반복된 피해로 기억력 저하와 같은 후유증과 맞물려 구체적 진술이 어려움. ⇒ 친족 성폭력 피해 아동들에게 쉼터 및 주거 지원은 회복에 매우 중요
	가해 자가 또래		주로 가해자가 남자 형제나 사촌 오빠로 상당기간 반복되는 경우가 많음 부모가 가해자와 피해자 모두와 관계가 있으므로 사건이 노출되었을 때 사건을 부인하거나 의미를 축소하거나 억압하거나 가족내에서 해결하려고 하며 피해아동에게 더 큰 상처를 주게 됨 ⇒ 가족들의 지지를 받지 못한 피해자들에게 지원기관의 역할이 매우 중요
비 친 족 성 폭 력 피 해 자	가해 자가 성인	가해자가 동네 주민이나 학교 선생님 등으로 낯선 사람은 생각보다 적음. 성폭력이 발생하고 지속할 수 있는 환경에는 가해자와 피해자 가족 간의 권력관계가 중요하여 가족 또는 피해자가 정신지체인 경우, 부모가 우울증과 도박 중독인 경우 등 있었음. ⇒ 피해자 대다수가 가해자 출소 후 보복에 대한 두려움을 가지고 있어 거주지 보호 등 중요	
	가해 자가 또래	가해자와 피해자가 모두 청소년으로 가해자가 다수인 경우가 많음. 술과 약물이 개입되는 경우가 많고 동영상이 촬영되는 경우가 많음. 친족 성폭력범죄보다는 발생 즉시 신고되는 경우가 많음. ⇒ 각 기관의 연계가 부족하여 보호자의 역할이 중요하고 학교에 재적응할 수 있도록 노력해야 함	
남아 성폭력 피해자		가해자는 또래 시설 선배로부터 어른인 스포츠 강사까지 다양한 연령대 형사사법과정에서 사건 자체가 가볍게 처리되고 무시되는 경우가 많음
성인 성폭력 피해자		아는 사람에 의한 경우, 특히 직장상사나 동료, 학교 선후배 등 조직 내에서 일어나는 사례가 많고 조직의 대응 미흡과 피해자에 대한 편견과 비난으로 피해자가 오히려 심각한 2차 피해를 입는 경우가 많음 어릴 때 혹은 이전에 성폭력 피해를 당한 경험이 많음 ⇒ 성폭력 예방교육을 강화하고 인터넷을 통한 정보와 지원기관에의 접근성을 높여야 함

4. 성폭력범죄 수사의 특성

① 암수 및 신고지연

성폭력범죄의 경우 신고되지 않은 사건이 많으며[365] 신고하더라도 즉시 하지 않고 지연된 신고가 많아, 그 피해가 심각하지 않다는 오해를 불러왔다.

② 신체 치료 및 증거 수집[366]이 중요

성폭력범죄는 그 과정에서 피해자에게 신체적 상해를 일으키는 경우가 많으며 사건이 끝난 후에도 피해자에게 임신 및 각종 성병에 대한 강한 불안과 공포를 준다. 더구나 임신한 경우에는 임신중절 등에 대한 고민도 해야 한다.

따라서 우선적으로 피해자의 상처를 치료하며 성병 검사 등을 실시하는 한편 피해자의 신체에 남아있는 증거들을 수집할 필요가 있다. 그러한 증거들은 범행현장에도 남아있지만 특히 피해자의 신체와 옷에 남아있는 경우가 많으므로 피해자의 진술을 통해 증거가 남아 있을 가능성이 높은 곳을 집중적으로 검사할 필요가 있다. 그리고 신체검사는 전문성과 함께 피해자의 2차 피해가 우려되므로 신중한 대응이 필요하다.

---

365) 2016년 여성가족부가 실시한 실태조사에서 경찰에 도움을 요청한 경우는 1.9%에 불과하였다. 여성가족부, 『2016년 전국 성폭력 실태조사 결과보고서』, 2017, 60면. 이러한 현상은 다른 나라도 마찬가지로 독일도 강간과 아동강간의 91%가 수사기관에 알려지지 않는다고 한다. 배종대, 『형사정책』 제10판, 홍문사, 2016, 65면. 경찰에 도움을 요청하지 않는 이유로는 피해가 심각하지 않아서(50.1%), 신고해도 소용없을 것 같아서(20.9%), 증거가 없어서(10.5%), 남에게 알려지는 것이 두려운 경우(5.6%), 보복이 두려운 경우(3.9%)가 있었다. 여성가족부, 『2016년 전국 성폭력 실태조사 결과보고서』, 2017, 61면. 다만 법적으로 처벌될 수 있다는 걸 몰라서(3.6%), 범인이 아는 사람이어서(4.1%)란 이유도 있는데 수센 에스트리치 저, 이영란 역, 『진짜 강간(Real Rape)』, 교육과학사, 1993, 30~39면에서는 일찍부터 낯선 사람에 의하거나 상당한 폭력이 수반되지 않은 경우, 즉 아는 사람에 의한 경우, 저항에 성공한 경우 또는 굴복한 경우는 피해자들이 강간으로 인식하지 않는다는 점을 지적하였다.
366) John O. Savino·Brent E. Turvey 저, 공정식 역, 『성범죄 수사 핸드북』, 교육과학사, 2015, 241면에서는 성범죄 수사에 있어서 중요한 5가지 요소로 피해자와 용의자의 진술, 사건현장의 증거와 함께 피해자의 성폭행 관련 검진결과, 용의자의 성폭행 관련 검진결과를 들고 있다.

③ 진술 증거가 중요

성폭력범죄는 일반적으로 은밀한 곳에서 발생하며 신고가 지연된 경우 의복 등 중요한 증거가 훼손되는 경우가 많으므로 피해자의 진술 이외에 다른 증거가 없는 경우가 많다[367]. 더구나 가해자가 가족 등 아는 사람으로 동거하는 주거지에서 범행이 이루어진 경우 다른 증거가 있더라도 그 증거가치는 높지 않다. 따라서 피해자의 진술은 중요한 증거가 되며 피해자가 2차 피해를 입지 않도록 배려하면서 최대한 자세하게 청취할 필요가 있다.

④ 디지털 증거 수집 및 처리가 중요

피해자는 다양한 이유로 성폭력범죄를 신고하길 꺼리는데, 그 이유로 가해자의 협박 외에도 피해자를 촬영한 사진이나 동영상을 들 수 있다.

피해자가 알지 못하는 사이에 찍힌 동영상 일명 몰카 범죄가 최근 급증하고 있고, 합의에 의해 촬영된 동영상도 피해자의 의사에 반해 유포되는 경우 처벌하고 있어 성폭력범죄에서 디지털영상의 비중은 점점 커지고 있다.

따라서 성폭력범죄를 수사함에 있어서 디지털영상의 존재여부를 확인하여 확보해야 하고 그 확산 등을 방지함과 동시에 평소부터 예방을 위한 조치가 필요하다. 해쉬값 확보를 통한 증거의 무결성 확보유지방안, 체포현장에서 증거확보방법, 특히 사인(私人)에 의해 현행범 체포된 불법촬영 피의자의 휴대전화, 촬영기기를 사인이 강제로 뺏어 임의체포하는 경우, 이 경우 신병만 인계되거나 촬영기기 임의제출을 피의자가 거부하는 경우 대처방안이 디지털 증거물의 중요성 증대와 맞물려 문제가 되고 있다.

---

367) 술이나 약물이 개입된 경우 피해자의 진술조차도 제대로 확보할 수 없는 경우가 있다. 도봉구 여중생 집단성폭행사건의 경우 피의자들의 진술을 다시 재구성하여 총 22명이 저지른 범죄의 전모를 밝혀냈다. 임종현, 「고고생 22명, 여중생 집단성폭행 사건」, 『수사연구』 제394호, 2016, 31~45면.

생각해 볼 문제

잘못된 무고 입건이 발생하지 않도록 어떠한 점을 중시해야 하는가?
성폭력범죄에서 허위신고는 얼마나 많은가?

【허위신고와 무고 입건의 문제점】

  성폭력범죄처럼 허위신고를 둘러싼 논란이 많은 범죄는 없다. 이는 특히 피해자의
진술밖에 증거가 없는 경우 문제가 되는데 세모자 성폭행 조작사건368)에서 보는 것처
럼 성폭력범죄 자체가 발생하지 않았는데도 발생한 것처럼 조작된 사건도 있다.

  다만 성폭력사건에서 피해자가 고소를 취하하거나 무혐의로 사건이 종결되는 경우
에도 피해자는 허위로 고소한 것 아니냐고 비난받고 피의자가 피해자를 무고로 고소하
거나 검사가 무고로 피해자를 입건하는 경우가 있다. 이러한 처리를 둘러싸고 특히 여
성단체로부터 많은 비난이 제기되고 있는데 다소 과장된 사건이나 증거가 불충분해 무
죄로 된 사건을 모두 허위신고로 보아 무고로 입건해서는 안 될 것이다369).

  그러나 여전히 성관계의 해석을 둘러싸고 많은 논란이 발생하고 있다. 특히 아는 사
이에서 이루어진 성관계를 둘러싸고 피해자는 원치않은 성관계가 폭력적으로 이루어
졌으므로 성폭력범죄임을, 가해자는 무리한 점은 있으나 합의된 성관계임을 주장하고
있어 앞으로도 이러한 사안의 수사는 가장 곤란한 수사의 하나가 될 것이다.

  다만 피해자의 입장을 최대한 배려하는 것도 중요하지만 억울하게 수사를 당할 수
도 있으므로 수사에 있어서 피의자의 권리도 고려하여야 한다. 그리고 특히 진술증거
만 있는 사건에서는 최대한 신중하게 절차를 준수하며 수사해야 할 것이다.

---

368) 수십 년간 시아버지와 남편에게 성폭행을 당했으며 두 아들까지도 지속적인 성 학대에 노
   출되었다고 허위 고소한 사안에서, 이를 교사한 무속인과 피고인은 무고 및 아동복지법위
   반, 명예훼손으로 유죄가 선고되었다. 대법원 2017. 3. 15. 선고 2016도21278 판결.
369) 대검찰청은 성폭력사건에 대한 무고 등 고소사건의 경우 성폭력사건 수사가 종료돼 최종
   처분이 가능할 때까지 원칙적으로 수사를 중단토록 성폭력 수사매뉴얼을 개정·시행했다.

【허위신고의 실태】

  검찰의 무고 입건에 대하여, 특히 여성단체들은 성폭력범죄의 허위신고가 다른 범죄에 비해 많지 않다고 주장하고 있다. 다만 이에 대한 정확한 통계는 제시되고 있지 않다.

  물론 이러한 상황은 외국도 마찬가지로 최근의 한 연구는 20개의 연구결과가 각각 1.5%에서 90%까지 다양한 허위신고 비율을 보여주었다고 지적하고 있다. 그리고 이 연구는 이러한 연구들을 종합하여 허위신고 비율을 약 2%에서 10%정도로 추산하고 있다[370].

  또한 허위신고 관련 가장 유명한 수치로는 수잔 브라운밀러가 제시한 2%가 자주 인용되고 있는데 이는 1970년대 초반 미국 뉴욕시의 사건을 대상으로 한 조사 결과로 강간죄의 허위고소율이 다른 폭력범죄와 동일하게 2%였다는 주장이다[371]. 그러나 이는 뉴욕시가 성범죄분석특별반을 설치하고 여성경찰관이 신고한 피해자에 대하여 조사를 한 이후의 결과로 그 타당성에 대해서는 심각하게 문제 제기되고 있다[372].

---

370) 에릭 보가드, 「범죄현장에서의 허위강간 식별법」, 『2017 국제 CSI 컨퍼런스 발표문』, 74면.
371) S.ブラウンミラー 著, 幾島幸子 訳, 『レイプ・踏みにじられた意思』, 勁草書房, 2000, 314면.
372) John O. Savino·Brent E. Turvey 저, 공정식 역, 『성범죄 수사 핸드북』, 교육과학사, 2015, 440~443면. 수잔 브라운밀러가 제시한 수치는 많은 문제가 있으며 다양한 연구결과가 8~41%의 허위 신고율을 나타내고 있다고 주장하고 있다.

5. 아동성폭력범죄 수사의 특성

1 아동진술의 특수성

피해자가 13세 미만인 경우 정신건강의학과 의사, 심리학자, 사회복지학자 등 여러 전문가로부터 피해자의 정신·심리상태 및 진술 내용에 대한 의견을 조회하게 한 후 법원의 조사·심리 시 결과를 고려하도록 하고 있다. 이는 성인에 비해 상대적으로 덜 발달된 아동의 인지능력과 진술능력에 대한 고려와 지원의 필요성 때문인데 아동의 경우 피해 자체를 인지하지 못하거나 그 발고과정이 매우 늦어지는 경우가 많고 비록 일정한 요건하에서는 신뢰할 만한 수준의 피해 진술이 이뤄지긴 해도 기본적으로 피암시성이 강하고 기억출처 추적능력에 한계가 있는 경우가 많기 때문이다. 미성년자 대상 성폭력범죄의 공소시효를 성년에 달한 날부터 진행하도록 한 특례나 미성년 피해자 진술내용과 조사과정은 의무적으로 영상물로 녹화하도록 한 후 당해 피해자뿐 아니라 동석했던 신뢰관계인의 진술에 의해 증거로 할 수 있도록 한 조치 등도 바로 이런 아동의 인지상·진술능력상 특성이 반영된 것이라고 할 수 있다.

2 아동 자체의 취약성

아동시절의 범죄피해를 성인이 되고 난 후 고소하는 경우처럼 발생일로부터 장시간이 경과한 뒤 사법기관에 인지된 경우 공소시효 도과문제뿐 아니라 증거물의 확보 자체가 매우 어려워진다. 비록 13세 미만 피해자를 대상으로 한 일정 성범죄의 경우 공소시효가 배제되었어도 당시 의료기록이나 목격자가 없으면 진술만으로 수사를 진행해야 하는 등 혐의입증이 쉽지 않은 것이 현실이다. 또, 장기간에 걸쳐 친숙한 관계(또는 공포감 조성)를 형성한 뒤 피해자의 자발적 협조의 형태로 이뤄지는 성관계가 발각의 위험을 줄이기 위한 가해자의 의도하에 이루어진 경우에는 범행인지가 쉽지 않고 범행 발각 이후에도 자발적인 동의하에 이루어진 성관계를 주장하는 피해자의 주장에 가로막혀 가해자에 대한 기소와 공소유지가 쉽지 않은 특징이 있다.

③ 다양한 참여인제도

아동 대상 성폭력범죄 수사는 성인대상 성폭력범죄 수사에 비해 여러 단계의 지원 절차를 밟도록 되어 있고 각 단계마다 다양한 참여인이 피해자 또는 사법기관을 지원하고 있는 것이 특징이라고 할 수 있다. 신뢰관계인이 동석하여 피해자의 심리적 안정과 원활한 진술을 지지할 수 있게 한 것뿐만 아니라 수사 초기부터 변호사가 피해자를 조력하여 의견을 진술하고 포괄적인 대리권을 행사하도록 국선변호사를 선정해주고 있으며, 피해자가 의사소통이나 의사표현에 어려움이 있는 경우에는 진술조력인을 조사과정에 참여하게 하여 의사소통을 중개하도록 하고 있다.

④ 새로운 과제들의 출현

가해자가 피해자와 같은 미성년자인 경우 경찰이 어떻게 개입하여야 할지가 새로운 과제로 부각되고 있다. 그 외에도 장애를 가진 아동, 가출상황에서 성매수 상대가 될 것을 강요받는 경우, 1인 방송 및 SNS를 이용한 범죄피해 등 다양한 사안이 발생하며 계속 새로운 과제를 던져주고 있다.

2장
공소시효

6. 총론

> □ **형사소송법 제249조(공소시효의 기간)**
>
> ① 공소시효는 다음 기간의 경과로 완성한다.〈개정 1973.1.25., 2007.12.21.〉
>
>   1. 사형에 해당하는 범죄에는 25년
>   2. 무기징역 또는 무기금고에 해당하는 범죄에는 15년
>   3. 장기 10년 이상의 징역 또는 금고에 해당하는 범죄에는 10년
>   4. 장기 10년 미만의 징역 또는 금고에 해당하는 범죄에는 7년
>   5. 장기 5년 미만의 징역 또는 금고, 장기 10년 이상의 자격정지 또는 벌금에 해당하는 범죄에는 5년
>   6. 장기 5년 이상의 자격정지에 해당하는 범죄에는 3년
>   7. 장기 5년 미만의 자격정지, 구류, 과료 또는 몰수에 해당하는 범죄에는 1년
>
> □ **형사소송법 제252조(시효의 기산점)**
>
> ① 시효는 범죄행위의 종료한 때로부터 진행한다.
>
> ② 공범에는 최종행위의 종료한 때로부터 전공범에 대한 시효기간을 기산한다.

① 공소시효의 정의

공소시효란 검사가 일정기간 공소를 제기하지 않고 형사사건을 방치한 경우 국가의 형사소추권이 소멸되는 제도로 공소시효 완성 시 공소제기는 유효조

건을 결하여 수소법원은 당해 형사절차를 면소판결로서 종결하게 된다[373].

이러한 공소시효를 인정하는 근거로서 여러 가지 설이 있으나 공소시효를 범죄에 대한 사회의 처벌욕구 감소나 범죄인의 처벌 필요성 완화 등 실체형벌권에 관한 사유뿐만 아니라 증거의 산일·멸실을 이유로 한 형사소추상의 애로점 등을 함께 고려하여 마련된 제도라는 병합설이 통설적 견해다.

② 공소시효의 기간 연장

형사소송법은 제249조에서 공소시효 기간을 규정하고 있고 2007년도에 개정[374]되어 그 기간이 연장되었다.

③ 죄종별 공소시효의 기간

각 성폭력범죄별로 법정형이 다르므로 공소시효도 크게 차이난다. 특히 성폭력처벌법 제3조(특수강도강간 등)와 제4조(특수강간 등)의 경우 무기징역 또는 사형이 규정되어 있어 주의를 요한다[375].

---

373) 형사소송법 326조(면소의 판결) 다음 경우에는 판결로써 면소의 선고를 하여야 한다.
　　3. 공소의 시효가 완성되었을 때
374) 2007. 12. 20. 이전의 공소시효는 다음과 같다.
　　형사소송법 제249조(공소시효의 기간)
　　① 공소시효는 다음 기간의 경과로 완성한다.<개정 1973.1.25., 2007.12.21.>
　　1. 사형에 해당하는 범죄에는 15년
　　2. 무기징역 또는 무기금고에 해당하는 범죄에는 10년
　　3. 장기 10년 이상의 징역 또는 금고에 해당하는 범죄에는 7년
　　4. 장기 10년 미만의 징역 또는 금고에 해당하는 범죄에는 5년
　　5. 장기 5년 미만의 징역 또는 금고, 장기 10년 이상의 자격정지 또는 다액 1만 원 이상의 벌금에 해당하는 범죄에는 3년
　　6. 장기 5년 이상의 자격정지에 해당하는 범죄에는 2년
　　7. 장기 5년 미만의 자격정지, 다액 1만 원미만의 벌금, 구류, 과료 또는 몰수에 해당하는 범죄에는 1년
375) 1998년 대구에서 여대생이 교통사고로 사망한 사건에 대하여 2012년 8월경 우연히 피해자의 속옷에서 검출된 DNA 정보와 일치하는 DNA 정보가 다른 성범죄 수사 과정에서 확인되었다. 이에 따라 검사는 성폭력보호법(특수강도강간등)으로 기소하였는데, 이는 사건 발생일로부터 14년 이상 지난 시점이어서 공소시효가 완성되지 않았던 유일한 죄명이었기 때문이다. 다만 증인의 진술 등의 증거능력이 인정되지 않아 무죄가 되었다. 대법원 2017. 7. 18. 선고 2015도12981 판결.

7. 공소시효의 정지제도

> □ **성폭력범죄의처벌등에관한특례법 제21조(공소시효에 관한 특례)**
> ① 미성년자에 대한 성폭력범죄의 공소시효는 「형사소송법」 제252조제1항에도 불구하고 해당 성폭력범죄로 피해를 당한 미성년자가 성년에 달한 날부터 진행한다.
>
> □ **아동 · 청소년의성보호에관한법률 제20조(공소시효에 관한 특례)**
> ① 아동 · 청소년대상 성범죄의 공소시효는 「형사소송법」 제252조 제1항에도 불구하고 해당 성범죄로 피해를 당한 미성년자가 성년에 달한 날부터 진행한다.

1 형사소송법상 공소시효의 정지제도

2015년 형사소송법 개정으로 공소시효 배제제도가 도입되기 전까지 공소시효 진행에 대한 예외로서 우리 형사소송법은 공소시효 정지제도만을 두고 있었다. 정지의 사유로는 다양한 경우가 인정되었는데, 우선 공소의 제기(형사소송법 제253조 제1항), 범인의 국외도피(형사소송법 제253조 제3항), 재정신청(형사소송법 제262조의4 제1항, 제260조), 공소제기결정(형사소송법 제262조의4 제2항)이 있다.

2 특별법상 공소시효의 정지제도

5.18민주화운동등에관한특별법은 헌정질서 파괴범죄행위(형법 제2편 제1장 내란의 죄, 제2장 외환의 죄와 군형법 제2편 제1장 반란의 죄, 제2장 이적의 죄)에 대하여 공소시효 정지제도[376]를 도입하였으나 성폭력처벌법과 아청법은 미성년자를 대상으로 한 성폭력범죄 등에 대하여 공소시효 정지제도를 2010. 4. 15. 도입하였다. 즉 2010. 3. 31. 국회는 성폭력처벌법과 아청법을 제개정하여

---

376) 제2조(공소시효의 정지) 1979년 12월 12일과 1980년 5월 18일을 전후하여 발생한 「헌정질서 파괴범죄의 공소시효 등에 관한 특례법」 제2조의 헌정질서 파괴범죄행위에 대하여 해당 범죄행위의 종료일부터 1993년 2월 24일까지의 기간은 공소시효의 진행이 정지된 것으로 본다.[전문개정 2010.3.24.]

미성년자에 대한 성폭력범죄와 아동·청소년대상 성범죄에 대하여 피해자가 성년에 달한 날부터 공소시효가 진행한다는 정지제도를 새로 도입하였다.

　　다만 이전에 제출되었던 개정안들은 주로 13세 미만 미성년자를 대상으로 하였으나 2010. 3. 31. 법제사법위원장이 개정안을 대안으로 제시하면서 대상을 확대하였다. 따라서 성폭력처벌법과 아청법의 적용 대상에 미묘한 차이가 발생하게 되었는데 성폭력처벌법의 경우 민법에 따라 19세 미만의 자가 미성년자가 되고 아청법의 경우 19세 미만의 자가 아동청소년이지만 19세에 도달하는 연도의 1월 1일을 맞이한 자는 제외된다.

　　또한 성폭력처벌법상의 공소시효 정지제도는 비록 형법 제22장 성풍속에 관한 죄를 포함하지만 성폭력범죄만을 대상으로 하는데 아청법상의 공소시효 정지제도는 성범죄를 대상으로 하여 성폭력범죄 이외에도 아청법 제11조부터 제15조까지의 죄 즉 아동·청소년을 대상으로 하는 성매매도 포함하고 있다.

생각해 볼 문제

공소시효의 정지제도는 다른 특별법에도 도입되어 있는가?

【아동학대처벌법상 공소시효 정지제도】

　　2014. 9. 29. 시행된 아동학대처벌법도 공소시효 정지제도를 도입하였다. 아동학대처벌법 제34조[377]는 '공소시효의 정지와 효력'이라는 표제하에 아동학대범죄의 피해아동이 성년에 달한 날부터 공소시효가 진행된다는 규정을 두고 있다.

　　이 제도의 대상이 되는 아동학대범죄란 아동학대처벌법 제2조에서 규정하고 있는데 보호자에 의한 아동학대로서 다음 각 목[378]의 어느 하나에 해당하는 죄를 말한다.

377) 제34조(공소시효의 정지와 효력) ① 아동학대범죄의 공소시효는「형사소송법」제252조에
도 불구하고 해당 아동학대범죄의 피해아동이 성년에 달한 날부터 진행한다.
② 아동학대범죄에 대한 공소시효는 해당 아동보호사건이 법원에 송치된 때부터 시효 진행이
정지된다. 다만, 다음 각 호의 어느 하나에 해당하는 경우에는 그 때부터 진행된다.
1. 해당 아동보호사건에 대하여 제44조에 따라 준용되는「가정폭력범죄의 처벌 등에 관한
특례법」제37조제1항제1호에 따른 처분을 하지 아니한다는 결정이 확정된 때
2. 해당 아동보호사건이 제41조 또는 제44조에 따라 준용되는「가정폭력범죄의 처벌 등에
관한 특례법」제27조제2항 및 제37조제2항에 따라 송치된 때
③ 공범 중 1명에 대한 제2항의 시효정지는 다른 공범자에게도 효력을 미친다.
378) 가.「형법」제2편제25장 상해와 폭행의 죄 중 제257조(상해)제1항·제3항, 제258조의2(특수
상해)제1항(제257조제1항의 죄에만 해당한다)·제3항(제1항 중 제257조제1항의 죄에만 해당
한다), 제260조(폭행)제1항, 제261조(특수폭행) 및 제262조(폭행치사상)(상해에 이르게 한
때에만 해당한다)의 죄
나.「형법」제2편제28장 유기와 학대의 죄 중 제271조(유기)제1항, 제272조(영아유기), 제273
조(학대)제1항, 제274조(아동혹사) 및 제275조(유기등 치사상)(상해에 이르게 한 때에만 해
당한다)의 죄
다.「형법」제2편제29장 체포와 감금의 죄 중 제276조(체포, 감금)제1항, 제277조(중체포, 중
감금)제1항, 제278조(특수체포, 특수감금), 제280조(미수범) 및 제281조(체포·감금등의 치
사상)(상해에 이르게 한 때에만 해당한다)의 죄
라.「형법」제2편제30장 협박의 죄 중 제283조(협박)제1항, 제284조(특수협박) 및 제286조(미
수범)의 죄
마.「형법」제2편제31장 약취, 유인 및 인신매매의 죄 중 제287조(미성년자 약취, 유인), 제
288조(추행 등 목적 약취, 유인 등), 제289조(인신매매) 및 제290조(약취, 유인, 매매, 이송
등 상해·치상)의 죄
바.「형법」제2편제32장 강간과 추행의 죄 중 제297조(강간), 제297조의2(유사강간), 제298조
(강제추행), 제299조(준강간, 준강제추행), 제300조(미수범), 제301조(강간등 상해·치상),
제301조의2(강간등 살인·치사), 제302조(미성년자등에 대한 간음), 제303조(업무상위력 등
에 의한 간음) 및 제305조(미성년자에 대한 간음, 추행)의 죄
사.「형법」제2편제33장 명예에 관한 죄 중 제307조(명예훼손), 제309조(출판물등에 의한 명
예훼손) 및 제311조(모욕)의 죄
아.「형법」제2편제36장 주거침입의 죄 중 제321조(주거·신체 수색)의 죄
자.「형법」제2편제37장 권리행사를 방해하는 죄 중 제324조(강요) 및 제324조의5(미수범)(제
324조의 죄에만 해당한다)의 죄
차.「형법」제2편제39장 사기와 공갈의 죄 중 제350조(공갈), 제350조의2(특수공갈) 및 제352
조(미수범)(제350조, 제350조의2의 죄에만 해당한다)의 죄
카.「형법」제2편제42장 손괴의 죄 중 제366조(재물손괴등)의 죄
타.「아동복지법」제71조제1항 각 호의 죄(제3호의 죄는 제외한다)
파. 가목부터 타목까지의 죄로서 다른 법률에 따라 가중처벌되는 죄
하. 제4조(아동학대치사), 제5조(아동학대중상해) 및 제6조(상습범)의 죄

8. 공소시효의 연장제도

□ **성폭력범죄의처벌등에관한특례법 제21조(공소시효에 관한 특례)**

② 제2조 제3호 및 제4호의 죄와 제3조부터 제9조까지의 죄는 디엔에이(DNA)증거
등 그 죄를 증명할 수 있는 과학적인 증거가 있는 때에는 공소시효가 10년 연장
된다.

□ **아동·청소년의성보호에관한법률 제20조(공소시효에 관한 특례)**

② 제7조의 죄는 디엔에이(DNA)증거 등 그 죄를 증명할 수 있는 과학적인 증거가
있는 때에는 공소시효가 10년 연장된다.

---

① 공소시효의 연장제도

2010. 4. 15. 제정된 성폭력처벌법은 제20조 제2항에서, 동일 개정된 아청법
은 제7조의3[379] 제2항에서 디엔에이(DNA)증거[380] 등 입증 증거가 확실한 성폭
력범죄의 경우 공소시효를 추가로 10년 연장[381]하도록 하였다.

② 공소시효의 연장제도의 대상범죄

아청법의 경우 아동청소년에 대한 성폭력범죄인 제7조만을 대상으로 하고
있으나 성폭력처벌법의 경우 제2조 제3호 및 제4호의 죄와 제3조부터 제9조까
지의 죄를 대상으로 하여 넓게 인정하고 있다.

---

379) 2012년 개정으로 각각 성폭력처벌법 제21조, 아청법 제20조가 되었다.
380) 2005년 4월부터 2012년 11월까지 용인과 광주 일대에서 상습적으로 성추행한 이른바 '경
기 동부 발바리'사건에서 처음 적용되었다. 동아일보, "경기 동부 발바리 8년 만에 검거",
2013. 3. 13.
381) 2014. 1. 14. 국가공무원법, 지방공무원법, 국가정보원법, 경찰공무원법이 개정되어 공무원
의 정치활동 관여 행위를 가중 처벌하고 공소시효를 5년에서 10년으로 연장하였다. 이는
2012년 대통령선거에 국가정보원 등이 관여하였다는 사건을 계기로 개정된 것이다.

〈공소시효가 연장되는 범죄〉

조항	구체적인 해당 죄	미수범 포함 여부
제3호	형법 제297조(강간)	제300조
	형법 제297조의2(유사강간)	제300조
	형법 제298조(강제추행)	제300조
	형법 제299조(준강간, 준강제추행)	제300조
	형법 제301조(강간등 상해·치상)	
	형법 제301조의2(강간등 살인·치사)	
	형법 제302조(미성년자등에 대한 간음)	
	형법 제303조(업무상위력등에 의한 간음)	
	형법 제305조(미성년자에 대한 간음, 추행)	판례에 의해 인정
제4호	형법 제339조(강도강간)[382]	제342조
제3조	제3조(특수강도강간 등)	제15조
제4조	제4조(특수강간 등)	제15조
제5조	제5조(친족관계에 의한 강간 등)	제15조
제6조	제6조(장애인에 대한 강간·강제추행 등)	제15조
제7조	제7조(13세 미만의 미성년자에 대한 강간, 강제추행 등)	제15조
제8조	제8조(강간 등 상해·치상)	제15조
제9조	제9조(강간 등 살인·치사)	제15조

---

382) 형법 제340조 제3항(해상강도강간)을 제외한 것은 입법의 미비로 보인다.
   제340조(해상강도) ③ 제1항의 죄를 범한 자가 사람을 살해 또는 사망에 이르게 하거나 강
   간한 때에는 사형 또는 무기징역에 처한다.<개정 1995.12.29., 2012.12.18.>

생각해 볼 문제

DNA를 제외한 과학적 증거란 무엇인가?

【과학적 증거】

　일반적으로 DNA가 과학적 증거로서 공소시효를 연장하게 하지만 다른 과학적 증거도 있다. 다만 '그 죄를 증명할 수 있는'을 어떻게 해석해야 하는지가 문제될 수 있는데, 우리나라에서는 과학적 증거를 ① 유전자검사나 혈액형검사 등과 같이 오류와 반증의 여지가 거의 없어 강한 정도의 증명력을 가지는 증거, ② 모발에 축적된 메스암페타민 검사 등과 같이 오류와 반증의 여지가 유전자검사 등의 경우보다 많은 증거, ③ 필적감정, 문서감정, 음성분석, 교통사고분석 등과 같이 감정인의 전문성에 신빙성이 좌우되는 증거, ④ 거짓말탐지 검사 결과와 같이 그 배경이 되는 과학적 이론이 일반적으로 승인되었다고 보기 어렵고, 오류나 반증의 여지도 커서 엄격한 전제조건이 갖춰져야만 증거능력이 인정될 수 있는 증거 등으로 구분하고 있다[383].

　판례는 모발[384]과 정액양성반응[385]에 대해 증명력을 유전자보다 낮게 평가하였고 미국에서도 혈액형, 모발비교, 치흔, 지문, 족적 검사 등의 과학적 증거를 잘못 사용한 사례가 다수 보고되고 있다.

---

383) 성범죄재판실무편람 집필위원회, 「성범죄재판실무편람」, 『재판실무편람』 제39호, 2014, 97~98면.
384) 대법원 2009. 3. 12. 선고 2008도8486 판결.
385) 대법원 2004. 5. 28. 선고 2004도1462 판결.

9. 공소시효의 배제제도

□ **성폭력범죄의처벌등에관한특례법 제21조(공소시효에 관한 특례)**

③ 13세 미만의 사람 및 신체적인 또는 정신적인 장애가 있는 사람에 대하여 다음 각 호의 죄를 범한 경우에는 제1항과 제2항에도 불구하고 「형사소송법」 제249조부터 제253조까지 및 「군사법원법」 제291조부터 제295조까지에 규정된 공소시효를 적용하지 아니한다.

　1. 「형법」 제297조(강간), 제298조(강제추행), 제299조(준강간, 준강제추행), 제301조(강간등 상해·치상) 또는 제301조의2(강간등 살인·치사)의 죄

　2. 제6조제2항, 제7조제2항, 제8조, 제9조의 죄

　3. 「아동·청소년의 성보호에 관한 법률」 제9조 또는 제10조의 죄

④ 다음 각 호의 죄를 범한 경우에는 제1항과 제2항에도 불구하고 「형사소송법」 제249조부터 제253조까지 및 「군사법원법」 제291조부터 제295조까지에 규정된 공소시효를 적용하지 아니한다.

　1. 「형법」 제301조의2(강간등 살인·치사)의 죄(강간등 살인에 한정한다)

　2. 제9조 제1항의 죄

　3. 「아동·청소년의 성보호에 관한 법률」 제10조 제1항의 죄

---

1 특별법상 공소시효 배제제도

　2011. 10. 28 국회 본회의에서 성폭력처벌법 개정안이 통과되었다. 이 개정안은 제20조 제3항을 신설하여 공소시효 배제 규정을 도입하고 2011. 11. 17. 부터 바로 시행되게 되었다[386]. 다만 13세 미만 및 신체적·정신적 장애가 있는 여자에 대한 강간 및 준강간만을 그 적용대상으로 하였고 2012. 12. 18. 개정되

---

386) 성폭력범죄의처벌등에관한특례법 제20조(공소시효 기산에 관한 특례) ③ 13세 미만의 여자 및 신체적인 또는 정신적인 장애가 있는 여자에 대하여 「형법」 제297조(강간) 또는 제299조(준강간, 준강제추행)(준강간에 한정한다)의 죄를 범한 경우에는 제1항과 제2항에도 불구하고 「형사소송법」 제249조부터 제253조까지 및 「군사법원법」 제291조부터 제295조까지에 규정된 공소시효를 적용하지 아니한다. <신설 2011.11.17.>

어 2013. 6. 19. 시행된 성폭력처벌법은 공소시효 배제대상 범죄를 확대하였다.

다만 장애인이 아닌 13세 이상의 미성년자에 대한 성폭력범죄에 대해서는
공소시효 정지제도가, DNA 등 과학적 증거가 있는 모든 사람에 대한 성폭력범
죄에 대하여 공소시효 연장제도는 여전히 의미가 있다.

② 공소시효 배제 대상범죄

상세한 내용은 다음의 표와 같다.

〈공소시효가 배제되는 범죄〉

조항387)		구체적인 해당죄	비고(주체)
제3항 제1호		형법 제297조(강간)	
		형법 제298조(강제추행)	
		형법 제299조(준강간, 준강제추행)	
		형법 제301조(강간등 상해·치상)	
		형법 제301조의2(강간등 살인·치사)	
제3항 제2호	13세 미만의 사람 및 신체적인 또는 정신적인 장애가 있는 사람에 대하여	성폭력특례법 제6조 제2항 (장애인에 대한 유사강간)	
		성폭력특례법 제7조 제2항 (13세 미만의 미성년자에 대한 유사강간)	
		성폭력특례법 제8조(강간등 상해· 치상)	성폭법 제3조 제1항, 4조, 제6조, 제7조 또는 제15조(제3조 제1항, 제4조, 제6조 또는 제7조의 미수범으로 한정)의 죄를 범한 사람 ※ 특수강도와 친족관계에 의한 강간 등이 빠졌음
		성폭력특례법 제9조(강간 등 살인· 치사)	성폭법 제3조부터 제7조까지, 제15조(제3조부터 제7조까지의 미수범으로 한정), 형법 제297조, 제297조의2, 제298조부터 제300조까지의 죄를 범한 사람
제3항 제3호		아청법 제9조(강간등 상해·치상)	아청법 제7조388)의 죄를 범한 사람
		아청법 제10조(강간 등 살인·치사)	아청법 제7조의 죄를 범한 사람
제4항 제1호	모든 사람에 대하여	형법 제301조의2(강간등 살인·치사) (강간 등 살인에 한정)	
제4항 제2호		성폭력특례법 제9조 제1항 (강간등 살인)	성폭법 제3조부터 제7조까지, 제15조(제3조부터 제7조까지의 미수범으로

			한정), 형법 제297조, 제297조의2, 제298조부터 제300조까지의 죄를 범한 사람
제4항 제3호		아청법 제10조 제1항(강간등 살인)	아청법 제7조의 죄를 범한 사람
제4항 제4호		군형법 제92조의8(강간등 살인·치사) (강간 등 살인에 한정)	

③ 형사소송법상 공소시효 배제제도

2015. 7. 31. 시행된 개정 형사소송법은 제253조의2를 두어 공소시효의 배제제도를 도입하였다. 적용 대상은 사람을 살해한 범죄(종범은 제외한다)로 사형에 해당하는 범죄이다.

생각해 볼 문제
공소시효 특례들의 적용대상은 타당한가?

---

387) 성폭력처벌법과 아청법의 내용이 동일하여 여기서는 성폭력처벌법을 기준으로 정리하기로 한다.

388) 제7조 아동·청소년에 대한 강간, 유사강간, 강제추행, 준강간·준강제추행, 위계·위력에 의한 간음·추행을 규정하였다.

10. 공소시효의 소급적용

□ **형사소송법 부칙 〈법률 제8730호, 2007.12.21.〉**

제3조(공소시효에 관한 경과조치) 이 법 시행 전에 범한 죄에 대하여는 종전의 규정을 적용한다.

□ **성폭력범죄의처벌등에관한특례법 부칙 〈법률 제10258호, 2010.4.15.〉**

제3조(공소시효 진행에 관한 적용례) 이 법 시행 전 행하여진 성폭력범죄로 아직 공소시효가 완성되지 아니한 것에 대하여도 제21조의 개정규정을 적용한다.

※ 2010. 4. 15. 개정·시행된 아청법도 부칙 제6조에서 이 법 시행 전에 행하여진 아동·청소년대상 성범죄로 아직 공소시효가 완성되지 아니한 것에 대하여도 적용한다고 규정

□ **성폭력범죄의처벌등에관한특례법 부칙 〈법률 제11088호, 2011.11.17.〉**

이 법은 공포한 날부터 시행한다고만 규정

※ 2012. 2. 1. 개정된 아청법도 부칙 제1조에서 이 법은 공포 후 6개월이 경과한 날부터 시행한다고만 규정

□ **성폭력범죄의처벌등에관한특례법 부칙 〈법률 제11556호, 2013.6.19.〉**

제3조(공소시효 진행에 관한 적용례) 이 법 시행 전 행하여진 성폭력범죄로 아직 공소시효가 완성되지 아니한 것에 대하여도 제21조의 개정규정을 적용한다.

※ 2012. 12. 18. 개정되어 2013. 6. 19. 시행된 아청법 부칙 제3조도 이 법 시행 전에 행하여진 아동·청소년대상 성범죄로 아직 공소시효가 완성되지 아니한 것에 대하여도 적용한다고 규정

① 문제상황

헌법재판소는 절차법적 속성을 가지는 공소시효에는 소급효 금지의 원칙이 적용되지 않는다는 입장에서, 부진정소급입법이 가능함은 물론 진정소급입법도

예외적인 경우에 인정된다고 결정하였다[389]. 다만 이는 12.12와 5.18이라는 특수한 사안에 대하여 인정된 것으로 학설은 대체로 부진정소급효만 인정하고 있다.

다만 공소시효 관련하여 법을 개정할 경우 부칙에 경과규정을 일반적으로 두므로 이를 확인하여 처리하면 된다. 그러나 형사소송법과 특별법에 두어진 경과규정들은 공소시효의 소급적용에 대하여 일관성을 결여하고 있다. 더구나 부칙에 경과규정을 두지 않은 경우도 있다. 따라서 우선 부칙의 경과규정을 제대로 확인해야 하고 부칙의 경과규정이 없는 경우 관련된 판례를 확인해야 한다.

② 경과규정이 있는 경우의 적용

2007년 개정된 형사소송법은 모든 범죄의 공소시효를 일괄하여 연장하면서 소급효를 인정하지 않았다. 즉 부칙에서 연장된 공소시효는 시행 이후에 발생한 범죄에 대해서만 적용하도록 함으로써 소급적용을 인정하지 않은 것이다.

그러나 성폭력관련법은 일찍부터 소급효, 그중에서도 부진정소급효를 인정하여왔다. 우선 2010년 제정된 성폭력처벌법은 부칙 제3조에서 이 법 시행 전에 범한 범죄로 아직 공소시효가 완성되지 않은 것[390]에 대해서도 공소시효 정지제도 및 연장제도의 특례를 적용하도록 하였다. 그리고 2013. 6. 19. 법률 제11556호로 시행된 개정 성폭력처벌법도 공소시효 배제제도를 확대하면서 마찬가지로 부칙 제3조에서 이 법 시행 전에 범한 범죄로 아직 공소시효가 완성되지 않은 것[391]도 적용대상으로 하였다.

또 2015. 7. 31. 시행된 개정 형사소송법은 공소시효 배제제도를 도입하면서 부칙 제2조를 두어 제253조의2의 공소시효 배제제도는 이 법 시행 전에 범한 범죄로 아직 공소시효가 완성되지 아니한 범죄에 대해서도 적용한다고 하였다.

---

389) 헌법재판소 1996. 2. 16. 선고 96헌가2, 96헌바7, 96헌가13 전원재판부 결정.
390) 이에 따라 시행일인 2010. 4. 15.에 공소시효가 완성되지 않은 사안의 처리가 중요해졌고 2007년 이전의 공소시효가 적용되는 사안이 문제된다. 일반적으로 7년의 공소시효가 적용되므로 2003. 4. 16. 이후 발생한 성폭력사건의 경우 정지 및 연장제도 적용 여부를 확인해야 한다.
391) 이에 따라 시행일인 2013. 6. 19.에 공소시효가 완성되지 않은 사안의 처리가 마찬가지로 중요하다. 더구나 2010년 개정 성폭력처벌법의 특례도 이중으로 적용되는 사안도 있을 수 있다. 따라서 2003. 4. 16. 이후 발생한 성폭력사건의 경우 정지 및 연장제도의 적용과 함께 배제제도의 적용도 같이 검토해야 한다.

③ 경과규정이 없는 경우

이처럼 우리 형사법은 특수한 사안에 대하여 공소시효의 (부진정)소급효를 인정한 후 일반 범죄에 대해서도 인정하는 방향으로 나아가고 있다. 그러나 공소시효의 소급적용이 아직까지는 형사법상의 일반원칙으로 볼 수 없다. 대법원은 "소급적용에 관한 명시적인 경과규정을 두지 아니한 경우에 그 조항을 소급하여 적용할 수 있다고 볼 것인지에 관하여는 이를 해결할 보편타당한 일반원칙이 존재할 수 없는 터이므로 적법절차원칙과 소급금지원칙을 천명한 헌법 제12조 제1항과 제13조 제1항의 정신을 바탕으로 하여 법적 안정성과 신뢰보호원칙을 포함한 법치주의 이념을 훼손하지 아니하도록 신중히 판단하여야 한다"고 판시[392]하고 있다.

그런데 2011. 11. 17. 제11088호로 개정되어 시행된 성폭력처벌법은 공소시효 배제제도를 도입하면서 다른 입법과는 달리 부칙에서 경과규정을 두지 않았다. 이에 따라 어떻게 처리할지가 문제되었는데 대법원은 2006년 5월경 발생한 장애인 준강간 사안에 대하여 공소시효가 완성된 것으로 보아 면소판결을 하였다. 따라서 경과규정의 유무라는 차이가 있지만 2010년 및 2013년의 개정 성폭력처벌법과는 달리 소급적용을 인정하지 않게 된다.

생각해 볼 문제

경과규정이 없는 경우 공소시효의 소급효를 인정한 판례는 없는가?
경과규정이 없는 경우 공소시효의 소급적용을 어떻게 볼 것인가?

【아동학대범죄에 대한 공소시효 정지제도의 소급효 인정 판례】

아동학대처벌법도 제34조에서 공소시효 정지제도를 두고 있으나 부칙에서 "이 법은 공포 후 8개월이 경과한 날부터 시행한다"고 규정하고 있을 뿐 소급적용에 관하여는 아무런 규정을 두지 않았다.

---

392) 대법원 2015. 5. 28. 선고 2015도1362 판결.

대법원은 2008. 8.경에서 2008. 9.경 사이 피고인의 주거지에서 피해자가 동생의 분유를 몰래 먹었다고 의심하여 옷걸이와 손으로 피해자의 몸을 수회 때리고, 책과 옷걸이 등을 집어던져 아동인 피해자의 신체에 손상을 주는 학대행위를 한 사안에서 제2심과 달리 소급적용을 인정하였다.

이 사건은 2015. 10. 27. 공소가 제기되었는데 공소시효는 7년으로 범죄행위가 종료한 시점으로 시효를 계산하면 이 사건 공소는 공소시효가 완성된 후에 제기된 것이 되고, 제34조를 적용하여 계산하면 일단 공소시효가 정지되고 이 사건 공소가 제기된 2015. 10. 27.까지 피해자가 성년에 달하지도 아니하였으므로 공소시효의 기간이 경과하지 않은 것이 된다.

판례는 "아동학대처벌법은 신체적 학대행위를 비롯한 아동학대범죄로부터 피해아동을 보호하기 위한 것으로서, 같은 법 제34조 역시 아동학대범죄가 피해아동의 성년에 이르기 전에 공소시효가 완성되어 처벌대상에서 벗어나지 못하도록 그 진행을 정지시킴으로써 보호자로부터 피해를 입은 18세 미만 아동을 실질적으로 보호하려는 취지"로 보이고 이러한 입법목적 및 제34조의 취지를 공소시효를 정지하는 특례조항의 신설·소급에 관한 법리에 비추어 보면 비록 소급규정에 관하여 명시적인 경과규정을 두고 있지 않지만 소급 적용된다고 해석하였다[393].

【장애인에 대한 성폭력범죄와 아동학대범죄의 공소시효 소급효 인정】

경과규정이 없음에도 아동학대범죄에 대해서는 소급 적용을 인정하고 장애인 대상 성폭력범죄에 대해서는 소급 적용을 부정한 판례에 대하여 비록 2015년 개정 형사소송법이 경과규정으로 공소시효의 소급 적용을 인정하여 우리 형사법의 기본원칙이 변경되었다고 볼 수도 있으나 부칙이 없는 것을 신중하게 해석하여야 한다는 점, 아동학대범죄에는 범죄로 보기 곤란한 사안(예를 들어 정서적 학대와 방임)이 포함된다는 점, 수사기관의 부담 등을 고려하면 아동학대범죄에 대한 공소시효 정지제도를 제한적으로 운용해야 한다는 주장[394]이 있다.

장애인에 대한 성폭력범죄의 경우는 그 범죄의 중대성을 감안하면 오히려 소급효를 인정해야 할 것이다.

---

393) 대법원 2016. 9. 28. 선고 2016도7273 판결.
394) 장응혁, 「아동학대범죄에 대한 공소시효 정지제도의 비판적 고찰」, 『고려법학』 제83호, 2016, 184~188면.

3장
성폭력범죄
수사절차(성인)

11. 성폭력 수사시스템 Ⅰ(경찰의 수사부서)

1 지방경찰청의 성폭력특별수사대

각 지방경찰청 여성청소년과 성폭력수사계에 아동 및 장애인 대상 성폭력범죄를 전담하는 성폭력특별수사대가 배속되어 있다. 이들은 명칭만 달라졌을 뿐 오래전부터 여성, 아동 등 취약한 피해자를 대상으로 한 성폭력범죄에 대응하여 왔으나[395] 각 경찰서에 여성청소년수사팀이 설치된 이후에는 주로 아동과 장애인 대상 범죄를 전담하고 있다.

성폭력특별수사대는 사건의 전체적인 수사와 피의자추적, 증거수집, 피의자신문 등을 담당하고 있고 피해자조사는 각 성폭력피해자 통합지원센터에 상주하고 있는 피해자 전담조사관에 의해 이루어지고 있다.

2 경찰서의 여성청소년수사팀

2013년부터 단계적으로 전국의 경찰서에 성폭력범죄 전담수사팀을 설치하였는데 초기에는 성폭력, 아동학대만을 전담하다가 2015년에 들어서는 형사과에서 담당하던 실종수사 업무까지 이관 받아 가정폭력 및 학교폭력 등 여성청

---

395) 우리나라의 성폭력범죄 전담수사부서의 변천에 관해서는 장응혁, 「성폭력범죄와 피해자조사」, 고려대 박사학위논문, 2015, 130~135면을 참고하길 바란다.

소년을 대상으로 하는 모든 범죄를 다루는 여성청소년수사팀을 발족하여 현재 전국 251개 경찰서에 설치되어 있다.

③ 지하철수사대 및 사이버 성폭력수사팀

최근 성폭력범죄의 특징 중 하나는 카메라를 이용한 불법촬영죄의 비중이 갈수록 높아진다는 점이다. 이에 따라 지하철 및 관련 시설 내에서 발생한 성폭력사건의 경우 지하철수사대에서 현장검거 및 추적수사 등을 실시하고 있다.

또한 2018. 3. 6. 경찰청(사이버안전국)은 각 지방경찰청 사이버수사대에 사이버 성폭력수사팀을 설치하여 불법촬영 음란물·아동음란물 유포 등 사이버성폭력 범죄의 사건 접수 및 수사를 담당하고, 피해가 상담·삭제차단안내·공조수사 등을 실시하고 있다.

12. 수사절차

□ **성폭력범죄의처벌등에관한특례법 제29조(수사 및 재판절차에서의 배려)**

② 수사기관과 법원은 성폭력범죄의 피해자를 조사하거나 심리·재판할 때 피해자가 편안한 상태에서 진술할 수 있는 환경을 조성하여야 하며, 조사 및 심리·재판 횟수는 필요한 범위에서 최소한으로 하여야 한다.

※ 아동·청소년의성보호에관한법률 제25조도 아동·청소년대상 성범죄 피해자에 대하여 동일한 규정을 두고 있음

□ **성폭력범죄의수사및피해자보호에관한규칙 제10조(현장출동 시 유의사항)**

① 경찰관은 피해자의 성폭력 피해사실이 제3자에게 알려지지 않도록 출동 시 신속성을 저해하지 않는 범위에서 경광등을 소등하거나 인근에서 하차하여 도보로 이동하는 등 피해자 보호를 위하여 노력하여야 한다.

② 경찰관은 현장에서 성폭력범죄 피의자를 검거한 경우에는 즉시 피해자와 분리조치하고, 경찰관서로 동행할 때에도 분리하여 이동한다.

③ 경찰관은 친족에 의한 아동성폭력 사건의 피의자를 체포할 경우에는 특별한 사정이 없는 한 피해자와 분리조치 후 체포하여야 한다.

④ 경찰관은 용의자를 신속히 검거하기 위하여 제11조[396)의 조치에 지장이 없는 범위에서 피해자로부터 간이진술을 청취하거나 피해자와 동행하여 현장 주변을 수색할 수 있다. 이 경우 경찰관은 반드시 피해자의 명시적 동의를 받아야 한다.

---

396) 제11조(피해자 후송) ① 경찰관은 피해자의 치료가 필요한 경우에는 즉시 피해자를 가까운 통합지원센터 또는 성폭력 전담의료기관으로 후송한다. 다만, 피해자가 원하지 않는 경우에는 그러하지 아니하다.
② 경찰관은 성폭력범죄의 피해자가 13세 미만이거나 신체적인 또는 정신적인 장애로 사물을 변별하거나 의사를 결정할 능력이 미약한 경우에는 통합지원센터나 성폭력 전담의료기관과 연계하여 치료, 상담 및 조사를 병행한다. 다만, 피해자가 원하지 않는 경우에는 그러하지 아니하다.
③ 제1항 및 제2항에도 불구하고 통합지원센터나 성폭력 전담의료기관의 거리가 멀어 신속한 치료가 어려운 경우에는 가까운 의료기관과 연계할 수 있다.

일반적인 수사절차

일반적인 범죄의 수사절차는 다음과 같다.

〈범죄수사의 흐름도397)〉

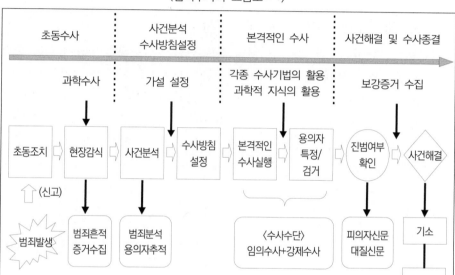

② 성폭력범죄 수사절차의 특징과 초기 대응

성폭력범죄 수사도 위와 같은 단계를 거쳐 이루어지지만 다른 형사사건에 비해 수사의 비중이 크며 피해자 조사가 중요하다. 그리고 이러한 피해자 조사가 2차 피해 없이 제대로 이루어지려면 신고접수, 현장출동 및 초동조치부터가 중요하다.

신고 접수 시 112상황실 등의 경찰관은 피해자가 받고 있을 정신적 충격을 고려하여 피해자 마음을 진정시키고 차분히 신고할 수 있도록 유도하고 우선 피해자 부상여부 등 확인하여 119와 연계해야 한다. 그리고 범행 직후인 경우 가해자 특징 등을 확인하여 신속하게 전파해야 하고 증거 보존을 위해 샤워나

___

397) 박노섭 외, 『범죄수사학』, 경찰대학 출판부, 2013, 15면.

청소는 하지 말고 입은 옷 그대로 경찰관을 기다리도록 요청해야 한다.

현장에 출동하는 경찰관은 주변의 이목을 고려하여 순찰차의 경광등을 끄거나 인근에 주차 후 도보로 이동한다.

③ 성인 대상 성폭력범죄의 피해자 조사

13세 이상·비장애인 성폭력범죄의 경우 신고가 접수되면 의료지원 및 증거채취가 필요한 경우에만 성폭력피해자통합지원센터로 가고[398] 일반적으로는 각 경찰서 여성청소년수사팀 및 형사팀에서 조사를 받게 된다. 조사 시에는 필요에 따라 신뢰관계자가 동석하거나 진술 녹화를 할 수 있지만 전문가가 반드시 참여하거나 속기사가 지원되는 것은 아니다. 국선변호인은 선정할 수 있지만 그 지역의 변호사 사정에 따라 차이가 있다.

그리고 특히 피해자와 피의자를 분리하는 것이 중요한데 성폭력범죄의 수사 및 피해자보호에 관한 규칙은 현장조치, 조사·신문 시 분리하고 선면수사 시 비대면할 것을 규정하고 있다.

---

398) 성폭력피해자통합지원센터가 원거리에 위치한 경우 등은 가까운 전담의료기관이나 협업 병원을 활용한다. 일본 경찰의 경우 순찰차에 태울 때도 차량에 비닐시트를 새로 깔고 그 위에 태워서 이동한다. 피해자 몸에 다른 사람의 유류물이 부착되는 것을 방지하기 위한 것이다. 田中嘉寿子, 「性犯罪捜査の問題点」, 『日本弁護士連合会 両性の平等に関する委員会編 性暴力被害の実態と刑事裁判』, 信山社, 2015, 76면.

생각해 볼 문제

비친고죄인 성폭력범죄에 대하여 신고 외에도 고소장을 제출하도록 해야 할 필요는 있는가?

【친고죄 폐지 이후 고소를 둘러싼 문제】

형법 등 성폭력관련법이 개정되어 2013. 6. 19. 시행됨에 따라 모든 성폭력범죄는 비친고죄가 되었다. 이는 피해자 보호를 위해 도입된 친고죄제도가 성폭력범죄에 있어서는 오히려 피해자에게 많은 부담만을 지워왔다는 점이 고려된 것으로 이제 피해자는 성폭력범죄를 당한 사실을 신고하기만 하면 되고 고소장을 별도로 작성하여 제출할 필요는 없다.

그러나 실무에서는 피해자에게 고소장을 작성하도록 권유해야 하는지 문제가 되는 경우가 있는데 특히 피해자가 피의자의 처벌을 원하지만 불기소처분의 가능성이 있다고 판단되는 경우가 그 것이다.

이는 우리 법이 고소인에게만 불기소처분에 대한 불복제도인 항고 및 재항고를 인정하고 있기 때문으로, 다만 고소장을 작성하여 제출한 사건은 불기소되는 경우 검사가 무고로 입건할 위험이 있으므로 이에 대하여 피해자에게 잘 설명하고 있다[399].

---

399) 이러한 설명은 주로 피해자 국선변호사 등이 하고 있다.

13. 피해자 전담조사제

▫ **성폭력범죄의처벌등에관한특례법 제26조(성폭력범죄의 피해자에 대한 전담조사제)**

② 경찰청장은 각 경찰서장으로 하여금 성폭력범죄 전담 사법경찰관을 지정하도록 하여 특별한 사정이 없으면 이들로 하여금 피해자를 조사하게 하여야 한다.

③ 국가는 제1항의 검사 및 제2항의 사법경찰관에게 성폭력범죄의 수사에 필요한 전문지식과 피해자보호를 위한 수사방법 및 수사절차 등에 관한 교육을 실시하여야 한다.

▫ **성폭력범죄의수사및피해자보호에관한규칙 제14조(권리고지)**

① 경찰관은 성폭력범죄의 피해자등과 상담하거나 피해자를 조사할 때 국선변호인 선임, 피해자와 신뢰관계에 있는 자(이하 '신뢰관계자'라 한다)의 동석, 진술조력인 참여, 신분·사생활 비밀보장, 신변안전조치 및 상담·법률·의료지원에 관한 사항을 피해자등에게 고지하여야 한다.

② 경찰관은 제1항의 내용을 고지할 때 피해자등의 인지능력·생활환경·심리상태 등을 감안하여 구체적인 내용을 설명하여 피해자등이 권리·지원내용을 충분히 이해할 수 있도록 하여야 한다.

▫ **제17조(조사의 준비)**

① 경찰관은 피해자를 조사하기 전에 피해자의 연령, 인지능력, 가족관계 및 생활환경 등을 확인하여야 한다.

② 경찰관은 제1항과 같이 확인한 결과를 토대로 피해자의 의견, 건강 및 심리 상태 등을 충분히 고려하여 조사의 시기·장소 및 방법을 결정하여야 한다.

③ 경찰관은 조사의 시기·장소 및 방법을 결정할 때 제27조의 전문가 및 제28조의 진술조력인의 의견을 들을 수 있다.

▫ **제18조(조사 시 유의사항)**

① 지방경찰청장 및 경찰서장은 특별한 사정이 없는 한 성폭력 피해여성을 여성 성

폭력범죄 전담조사관이 조사하도록 하여야 한다. 다만, 피해자가 원하는 경우에는 신뢰관계자, 진술조력인 또는 다른 경찰관으로 하여금 입회하게 하고 별지 제1호 서식에 의해 서면으로 동의를 받아 남성 성폭력범죄 전담조사관으로 하여금 조사하게 할 수 있다.

② 경찰관은 성폭력 피해자를 조사할 때에는 제17조의 준비를 거쳐 1회에 수사상 필요한 모든 내용을 조사하는 등 조사 횟수를 최소화하기 위하여 노력하여야 한다.

③ 경찰관은 피해자의 입장을 최대한 존중하여 가급적 피해자가 원하는 시간에 진술녹화실 등 평온하고 공개되지 않은 장소에서 조사하고, 공개된 장소에서의 조사로 인하여 신분이 노출되지 않도록 유의하여야 한다.

④ 경찰관은 성폭력 피해자에 대한 조사와 피의자에 대한 신문을 분리하여 실시하고, 대질신문은 반드시 필요한 경우에만 예외적으로 실시하되, 시기·장소 및 방법에 관하여 피해자의 의사를 최대한 존중하여야 한다.

⑤ 경찰관은 피해자로 하여금 가해자를 확인하게 할 때는 반드시 범인식별실 또는 진술녹화실을 활용하여 피해자와 가해자가 대면하지 않도록 하고, 동시에 다수의 사람 중에서 가해자를 확인하도록 하여야 한다.

① 전담조사제 및 전문수사관제도

성폭력처벌법 제26조 제2항은 경찰의 전담조사제를 규정하고 있는데, 이는 밀양성폭력사건을 계기로 도입된 것이다[400]. 그리고 이와 별도로 경찰청은 2005년도부터 분야별로 전문수사관 인증제를 시행해오고 있는데 전문수사관과 전문수사관 마스터로 나뉘며 성폭력수사 분야의 전문수사관 및 전문수사관 마스터도 있다[401].

---

[400] 초기에 발의된 입법안들은 우선 여성경찰관이 성폭력범죄 피해자를 조사하는 경우 동석하도록 하였고 여러 논의를 거쳐 최종적으로는 전담 사법경찰관이 담당하도록 바뀌었다. 자세한 논의 경과는 장영민 편저, 『5대 형사특별법 제·개정 자료집』, 한국형사정책연구원 연구총서, 2009, 753~971면을 참조하길 바란다.

[401] 전문수사관은 해당분야 2년 이상 근무하고 성폭력사건 피해자 진술조서를 50회 이상 작성하거나 성폭력사건 피의자 신문조서를 30회 이상 작성한 근무실적이 요구되며 인증평가(객관식(40%), 실습(60%))에서 80점 이상을 획득해야 한다. 전문수사관 마스터는 전문수사관 인증 후 5년이 경과한 자로 성폭력사건 피해자 진술조서를 100회 이상 작성하거나 성폭력사건 피의자 신문조서를 70회 이상 작성한 근무실적이 요구되며 세미나 참석·논문 및 기고·

② 전담조사관에 의한 피해자 조사

성폭력 전담조사관이 피해자를 의무적으로 조사해야 하는데 피해자가 여성인 경우 원칙적으로 여경인 전담조사관이 조사한다.

조사관은 피해자에게 신뢰관계자 동석이 가능함을 설명하고 조사할 때 동행하도록 한다. 그리고 부서에 설치된 진술녹화실 등 안정되고 조용한 사무실에서 조사하며 가명조서 등으로 피해자 인적사항이 유출되지 않도록 하고 대질조사는 지양한다.

현재 피해자 조사는 경찰서의 전담조사관도 하지만 특히 주목해야 할 대상은 성폭력피해자통합지원센터에 배치된 성폭력 전담조사관이다. 이들은 죄종별 성폭력사건의 특징과 재판과정에서의 쟁점뿐 아니라 피해자들의 진술특성에 적합한 조사기법을 집중적으로 훈련받아 피해자 조사에 전문화되어 있다. 왜냐하면 피해자, 특히 아동이나 장애인 피해자 같이 취약한 피해자의 경우 진술이 쉽지 않고 그나마 얻은 진술을 뒷받침할 수 있는 증거확보도 쉽지 않은 경우가 많아 최대한 임의의 진술을 확보해 사안의 실체를 파악해야 할 필요성이 높기 때문이다.

경찰청에서는 2011년부터 강제선택형 질문, 폐쇄형 질문 등을 최대한 배제하고 개방형 질문, 단서제시형 질문 등으로 구조화된 면담기법(NICHD 조사기법[402])을 도입하여 이를 현장에 적용하기 시작하였다. 특히, 1회적인 훈련에서 벗어나 70시간 이상, 100시간 내외의 전문교육과정을 경찰수사연수원에 개설하여 성폭력전담조사관을 대상으로 NICHD 조사기법 등을 교육한 결과 피해자 수사면담에 대한 효능감과 자신감은 과거에 비해 향상된 것으로 보인다.

다만, NICHD 조사기법은 자유회상을 극대화하도록 개발된 구조화된 기법이긴 하지만 미취학 아동이나 지적장애인 피해자에게는 적용이 쉽지 않은 한계가 존재하고 조사관들 역시 기법에 대한 낮은 이해도로 인해 도식적으로 적용하는 경우도 있어 아직도 조사과정이 문제되고 있는 것이 현실이다.

강의 등을 통해 마일리지 50점 이상을 획득해야 한다. 2017년 최초로 성폭력수사분야의 전문수사관 마스터가 배출되었다. 매일신문, "'별나다' 생각할까 참아서는 안 돼 성추행 형사처벌 대상… 적극 신고를", 2017. 11. 7.

402) 자세한 내용은 이 책 '제2편 수사절차'의 '29. 피해자 조사기법' 부분을 참고하길 바란다.

14. 신체검사

> □ **성폭력방지및피해자보호등에관한법률시행령 제9조(그 밖의 치료의 범위)**
>
> 법 제27조 제2항 제3호에서 '대통령령으로 정하는 신체적·정신적 치료'란 다음 각
> 호의 치료 등을 말한다.
>
> 1. 성병 감염 여부의 검사 및 감염 성병의 치료
>
> 2. 임신 여부의 검사
>
> 3. 성폭력으로 임신한 태아의 낙태
>
> 4. 성폭력피해로 인한 만성적인 두통, 복통 등의 치료
>
> 5. 성폭력피해로 인한 정신질환의 치료

---

1 성폭력범죄피해자에 대한 의료적 지원

성폭력범죄피해자는 법의학적 면담, 신체적 및 정신적 치료, 임신평가 및
관리, 법의학적 검사[403]와 응급키트를 통한 법적 증거 확보의 의료적 지원을 받
게 되고 이러한 치료 및 보호에 소요된 비용을 전액 지원받을 뿐 아니라 피해
발생 후 경과기간에 관계없이 의료비를 지원받는다. 이하에서는 법적 증거를
확보하기 위한 신체검사에 한정하여 알아보기로 한다.

2 신체검사의 단계

성폭력범죄피해자에 대한 신체검사 및 증거채취는 응급키트를 사용하여 이
루어지며 그 구체적 과정은 다음과 같다.

---

403) 피해자로부터 생물학적 증거채취를 하는 것은 물론 전반적인 외표검사, 손상의 기록, 성
성숙도 검사(Tanner's scale), 성기−항문검사 등을 의미한다. 특히 아동의 처녀막 형태와 구
경 크기는 연령과 체격, 발달단계에 따라 변하고, 검사 기술에 따라 결정되며, 성경험이 없
는 사춘기 여아에게서도 처녀막 손상이 관찰될 수 있기 때문에 훈련된 전문 의료인에 의한
성기−항문의 손상 파악이 중요하다. 최보은·홍해순, 「법의간호사의 의견서가 아동·청소년
성범죄의 기소처분 결과에 미치는 영향」, 『피해자학연구』 제25권 제1호, 2017, 101면.

〈성폭력응급키트의 사용절차[404])〉

〈STEP 1〉	증거채취 및 정보·증거 제공에 대한 동의서 작성 : 피해자가 동의서에 필요한 사항을 기재하고 서명하게 한다.
〈STEP 2〉	성폭력피해자 진료기록 작성 : 담당의사가 필요한 사항을 기재하고 입회자와 함께 서명한다.
〈STEP 3〉	이물질, 겉옷, 속옷을 제공된 종이봉투에 각각 나누어 수집
〈STEP 4〉	피해자 신체의 부스러기 채취(Debris Collection)
〈STEP 5〉	가해자의 얼룩 및 타액 채취(Stain Collection)
〈STEP 6〉	가해자가 흘린 음모 채취(Pubic Hair Combings)
〈STEP 7〉	생식기 증거(정액 등) 채취(Genitaloa Swabs And Smears) : 질 삽입 시도가 있었을 경우에만 채취한다.
〈STEP 8〉	항문 직장 내 증거 채취(Anorectal Swabs) : 직장 삽입 시도가 있었을 경우에만 채취한다.
〈STEP 9〉	구강 내 증거 채취(Oral Swabs) : 구강과 성기의 접촉이 있었을 경우에만 채취한다.
〈STEP 10〉	혈액 채취(Blood Sample)
〈STEP 11〉	소변 채취(Urine Sample)
〈STEP 12〉	체크리스트 작성 : 증거채취물 목록과 발견사항을 표시하고 기타 검진소견 등을 기록한 후 서명한다.

실시 주체는 의사 등 의료인이나 상담원 등 비의료인도 의료행위가 아닌 단계(1, 3, 4, 5, 6, 12)는 실시할 수 있다[405].

③ 성폭력 증거채취 응급키트

증거채취를 위한 응급 의료용품은 종합병원 및 산부인과 등의 의료기관에 무상 보급되어 있으며 구체적인 구성 물품은 다음과 같다.

---

404) 강은영 외, 『성폭력에 대한 법의학적 대응모델 개발 연구』, 한국형사정책연구원 연구총서, 2012, 84면에 의하면 11단계였으나 5단계에 가해자의 얼룩 및 타액 채취와 11단계에 소변 채취가 추가되었고 6단계에 있었던 피해자의 체모 채취가 삭제되었다.
405) 여성가족부, 『2017년 해바라기센터 사업안내』, 2017, 221면.

〈성폭력응급키트의 구성 물품406)〉

구분	구성물품 목록	수량
1단계	성폭력 피해자 동의서(3장)	1부
	관계인 동의서(3장)	1부
2단계	성폭력 피해자 진료기록(3장)	1부
3단계	겉옷(Outer Clothing) 봉투	2개
	속옷(Inner Wear) 봉투	2개
	이물질(Foreign Material) 봉투	1개
	종이보	1개
	종이팬티	1개
	비닐소독장갑	1개
4단계	종이봉투	1개
	손톱깎기	1개
	스크럽 도구	1개
	손톱수거 표시용 왼쪽·오른쪽 라벨(주황색)	각 1개
	종이보	2개
	비닐소독장갑	1개
5단계	종이봉투	1개
	증류수	1개
	멸균면봉(E.O GAS 멸균팩)	4세트
	면봉보관함(고정테이프 포함)	4개
	비닐소독장갑	1개
6단계	종이봉투	1개
	빗	1개
	종이수건	1개
	비닐소독장갑	1개
7단계	종이봉투	1개
	멸균면봉(E.O GAS 멸균팩)	4세트
	면봉보관함(고정테이프 포함)	4개
	슬라이드글라스	1개
	슬라이드글라스보관함	1개
	비닐소독장갑	1개
8단계	종이봉투	1개
	멸균면봉(E.O GAS 멸균팩)	2세트
	면봉보관함(고정테이프 포함)	2개
	비닐소독장갑	1개

406) 여성가족부, 『2017년 해바라기센터 사업안내』, 2017, 218~219면.

9단계	종이봉투	1개
	멸균면봉(E.O GAS 멸균팩)	4세트
	면봉보관함(고정테이프 포함)	4개
	비닐소독장갑	1개
10단계	종이봉투	1개
	EDTA Tube	3개
	비닐소독장갑	1개
11단계	종이봉투	1개
	소변통	2개
	지퍼백	1개
	부착 테이프	2개
	비닐소독장갑	1개
12단계	성폭력 증거채취 응급키트 체크리스트(3장)	1부
기타	경찰보관용 봉투(상자 뚜껑 겉면 상단 부착)	1부
	수술용 고무장갑(Latex Surgical Gloves(Gamma 멸균))(진찰용)	1개
	일회용 질경(7단계에서 사용)	1개
	증거물(EVIDENCE) 표시 라벨(주황색)	3개
	생물학적 위험(BIOHAZARD) 표시 라벨(주황색)	1개
	마스크	2개
	포장 상자	1개

생각해 볼 문제

법의간호사와 성폭력 전담간호사를 도입할 필요는 없는가?

【법의간호사와 성폭력 전담간호사(SANE)】

법의간호사란 법률적 문제해결이 필요한 의료업무 분야, 즉 사망사건, 산업재해, 성폭력과 아동학대 등에 참여하여 임상 간호학적 경험을 바탕으로 문제해결에 관한 법적 권한과 책임을 질 수 있는 자격이 주어진 간호사를 말한다.

1970년대 초 캐나다의 법의검시관(Medical Examiner) 사무소에서 간호사가 검시업무에 참여하면서 시작되어, 이후 1986년 텍사스 주립대에 첫 학위과정이 설립되었다. 이후 다양한 세부전공 분야로 발전하여 Sexual Assault Response Team(407)이하 SART)의 주요 구성원으로 활약하고 있는 성폭력 전담간호사(Sexual Assault Nurse Examiner)제도로까지 발전하였다.

성폭력 전담간호사는 성폭력범죄 대응에 있어서 핵심적 역할을 수행하고 있는데 이 간호사는 성범죄피해자에게 적절한 케어를 제공하고 법의학적 검사를 하기 위해 특별한 훈련을 받은 법의간호사이다. 통상 성폭력 전담간호사는 간호사가 필요한 경우 호출을 받고 나와 응급실에서 상처치료, 성병검사, 긴급피임, 증거수집 등 피해자의 케어 전반에 관여하며 피해자의 심리적 지원과 법정 증언도 한다. 이 성폭력 전담간호사 제도를 통해 경찰과의 효율적인 협력체제, 신고율 제고, 검사시간 단축, 효과적인 법의학적 증거 수집, 체계화된 문서 작성, 기소율과 유죄판결 비율 제고 등을 기대할 수 있다.

일반적으로 환자의 생명을 구하는 데 초점이 맞춰져 있는 응급현장에서 응급환자가 아닌 범죄피해자는 필요한 관심을 받지 못하는 경우가 많고 상황이 위중한 환자의 경우에는 치료과정에서 의료인에 의해 결정적인 증거가 오염되는 피해를 입을 수 있다. 따라서 범죄의 피해자나 가해자와 관련된 법적 책임을 공유하기 위해서도 법의간호사 는 매우 중요한 역할을 담당한다고 할 수 있다. 우리나라는 전문간호사 제도를 운영하고는 있지만 현재 법의간호사는 의료법에서 인정하고 있는 전문간호사에 포함되지 않는다. 우리나라에서도 법의간호교육에 대한 필요성이나 성폭력 전담간호사의 필요성에 대한 공감대가 응급실 간호사들을 중심으로 형성되어 있다고 볼 수 있으므로 일단 전문간호사의 한 분야로 법의간호사 제도를 도입하는 방안이 검토될 필요가 있다.

---

407) 우리의 성폭력피해자통합지원센터처럼 병원에서 성폭력피해자의 요구와 상황에 즉각적으로 대응하기 위해 구성된 팀이다.

15. 진술녹화

□ **성폭력범죄의처벌등에관한특례법 제30조(영상물의 촬영·보존 등)**

① 성폭력범죄의 피해자가 19세 미만이거나 신체적인 또는 정신적인 장애로 사물을 변별하거나 의사를 결정할 능력이 미약한 경우에는 피해자의 진술 내용과 조사 과정을 비디오녹화기 등 영상물 녹화장치로 촬영·보존하여야 한다.

② 제1항에 따른 영상물 녹화는 피해자 또는 법정대리인이 이를 원하지 아니하는 의사를 표시한 경우에는 촬영을 하여서는 아니 된다. 다만, 가해자가 친권자 중 일방인 경우는 그러하지 아니하다.

③ 제1항에 따른 영상물 녹화는 조사의 개시부터 종료까지의 전 과정 및 객관적 정황을 녹화하여야 하고, 녹화가 완료된 때에는 지체 없이 그 원본을 피해자 또는 변호사 앞에서 봉인하고 피해자로 하여금 기명날인 또는 서명하게 하여야 한다.

④ 검사 또는 사법경찰관은 피해자가 제1항의 녹화장소에 도착한 시각, 녹화를 시작하고 마친 시각, 그 밖에 녹화과정의 진행경과를 확인하기 위하여 필요한 사항을 조서 또는 별도의 서면에 기록한 후 수사기록에 편철하여야 한다.

⑤ 검사 또는 사법경찰관은 피해자 또는 법정대리인이 신청하는 경우에는 영상물 촬영과정에서 작성한 조서의 사본을 신청인에게 발급하거나 영상물을 재생하여 시청하게 하여야 한다.

⑥ 제1항에 따라 촬영한 영상물에 수록된 피해자의 진술은 공판준비기일 또는 공판기일에 피해자나 조사 과정에 동석하였던 신뢰관계에 있는 사람 또는 진술조력인의 진술에 의하여 그 성립의 진정함이 인정된 경우에 증거로 할 수 있다.

⑦ 누구든지 제1항에 따라 촬영한 영상물을 수사 및 재판의 용도 외에 다른 목적으로 사용하여서는 아니 된다.

※ 아동·청소년의성보호에관한법률 제26조도 아동·청소년대상 성범죄 피해자에 대하여 유사한 규정을 두고 있음

□ **성폭력범죄의수사및피해자보호에관한규칙 제22조(영상물의 촬영·보존)**

① 경찰관은 성폭력범죄의 피해자를 조사할 때에는 진술내용과 조사과정을 영상물

녹화장치로 촬영·보존할 수 있다. 다만, 피해자가 19세 미만이거나 신체적인 또는 정신적인 장애로 사물을 변별하거나 의사를 결정할 능력이 미약한 경우에는 반드시 촬영·보존하여야 한다.

② 경찰관은 영상녹화를 할 때에는 피해자등에게 영상녹화의 취지 등을 설명하고 동의 여부를 확인하여야 하며, 피해자등이 녹화를 원하지 않는 의사를 표시한 때에는 촬영을 하여서는 아니 된다. 다만, 가해자가 친권자 중 일방인 경우에는 그러하지 아니하다.

◻ **제23조(영상녹화의 방법)**

경찰관은 영상물을 녹화할 때에는 조사의 시작부터 조서에 기명날인 또는 서명을 마치는 시점까지의 모든 과정을 영상녹화하고, 녹화완료 시 그 원본을 피해자 또는 변호사 앞에서 봉인하고 피해자로 하여금 기명날인 또는 서명하게 하여야 한다.

◻ **제24조(영상녹화 시 유의사항)**

경찰관은 피해자등의 진술을 녹화하는 경우에 다음 각 호의 사항에 유의하여야 한다.

1. 피해자의 신원에 관한 사항은 녹화 전에 서면으로 작성하고 녹화 시 진술하지 않게 하여 영상물에 포함되지 않도록 한다.

2. 신뢰관계자 또는 진술조력인이 동석하여 녹화를 할 때에는, 신뢰관계자 또는 진술조력인이 조사실을 이탈할 경우 녹화를 일시적으로 중단하고 조사실로 돌아온 후 녹화를 재개한다.

3. 피해자등이 신청하는 경우 영상물 촬영과정에서 작성한 조서의 사본을 발급하거나 영상물을 재생하여 시청하게 하고, 그 내용에 대하여 이의를 진술하는 때에는 그 취지를 기재한 서면을 첨부한다.

◻ **제25조(속기사의 참여)**

① 경찰관은 영상녹화를 하는 경우에는 속기사로 하여금 영상물에 대한 속기록을 작성하도록 할 수 있다. 다만, 피해자등이 이를 원하지 아니할 때에는 그러하지 아니하다.

② 경찰관은 속기사가 영상녹화에 참여할 때에는 속기사로 하여금 진술녹화실 외부에서 속기록을 작성하도록 한다. 다만, 속기사가 영상녹화에 참여하지 않은 경우에는 피해자등의 명시적 동의를 받아 속기사로 하여금 영상물에 대한 속기록을 작성하도록 할 수 있다.

▫ **제26조(속기록의 작성)**
① 속기록에 사용하는 문서는 별지 제2호 서식 및 제3호 서식과 같다.
② 경찰관은 진술자에게 열람하게 하거나 읽어 들려주는 방법으로 진술자로 하여금 속기록을 확인하게 하고, 진술자가 속기록에 대하여 이의가 없을 때에는 진술자로 하여금 속기록 말미에 기명날인 또는 서명하게 한다. 다만, 진술자가 기명날인 또는 서명할 수 없거나 이를 거부하는 경우에는 그 취지를 기재한 서면을 첨부한다.
③ 경찰관은 속기록에 작성연월일과 계급을 기재하고 기명날인 또는 서명하고, 속기사로 하여금 속기록에 간인한 후 기명날인 또는 서명하게 한다.

① 진술녹화제도 도입의 경과

경찰이 주도적으로 도입하여[408] 실무상 운용하다가 2003년 12월 11일 개정된 성폭력특례법에 13세 미만 아동 및 장애인을 대상으로 도입되었다. 이후 2006년 10월 27일 개정된 성폭력특례법은 그 대상을 16세 미만 아동 및 장애인으로, 2012년 12월 개정된 성폭력처벌법은 19세 미만 아동 및 장애인으로 확대하였다.

② 진술녹화제도의 내용

19세 미만·장애인 피해자에 대해서는 반드시 진술녹화해야 한다. 이는 조사의 개시부터 전 과정 및 객관적 정황을 녹화하는데, 피해자 보호를 위해 피해

---

408) 2001년 10월 미국 미네소타주 경찰이 주최한 성범죄관련 워크숍에 참석한 경찰청 직원이 미국 경찰의 진술녹화제도를 알게 되어 도입한 것이다. 자세한 경과는 장응혁, 「성폭력범죄와 피해자조사」, 고려대 박사학위논문, 2015, 47~48면을 참고하길 바란다.

자 신원은 녹화하지 않고 서면을 작성한다. 그리고 19세 미만·장애인 이외의 피해자도 진술의 진정성 확보를 위해 필요한 경우 동의를 얻어 녹화할 수 있다.

【속기사 지원제도】

이러한 진술녹화는 속기사가 지원됨으로써 보다 충실해졌다. 경찰청은 아동 및 장애인 성폭력 피해자 조사시 수사관이 조서를 병행하여 작성함으로써 조사 시간이 길어지고 피해자의 행동 및 표정을 놓치는 경우가 많을 뿐 아니라 피해자에게 불필요한 두려움을 유발하는 문제점을 해결하기 위해 2012년 1월부터 '속기사 참여제'를 도입하였다. 이는 속기사가 조사실 외부에서 조서 작성을 대신하는 제도로 수사관은 진술청취에만 전념할 수 있게 된다[409].

---

③ 진술녹화제도 관련 판례

헌법재판소는 성폭력범죄 피해아동의 진술이 수록된 영상녹화물에 대하여 피해아동의 법정진술이 없이도 증거능력을 인정한 아청법에 대하여 적법절차의 원칙 등 헌법에 위반되지 않는다고 결정[410]하였다.

즉 피해자가 아닌 신뢰관계인이 피해자의 진술을 녹화한 영상물에 대하여 성립의 진정을 인정한 사안에서 피고인은 적법한 절차에 따라 공정한 재판을 받을 권리가 침해받았다고 주장하였는데 헌법재판소는 동 조항은 피해아동에 대한 법정에서의 조사와 신문을 최소화할 수 있도록 하므로 적절하고, 특히 피해의 최소성과 법익 균형성 관련해서는 여러 가지 사항을 종합적으로 판단하여 동 조항이 피고인의 방어권을 본질적으로 침해하고 있지는 않다고 판단한 것이다.

④ 진술녹화 미실시 시 발생할 수 있는 문제

피해자는 법정에 출석하여 증언을 하여야 하는데 2차 피해 등 다양한 이유로 출석을 거부한다. 물론 형사소송법 제314조[411]는 '그 밖에 이에 준하는 사유

---

409) 경찰청, 『2016 경찰백서』, 2017, 111면.
410) 헌법재판소 2013. 12. 26. 선고 2011헌바108 결정.

로 인하여 진술할 수 없는 때'에 형사소송법 제312조 또는 제313조의 조서 및 그 밖의 서류를 증거로 할 수 있다고 규정하고 있어 피해자가 증인으로 출석하지 않더라도 수사과정의 조서 등을 증거로 사용할 수 있다. 그러나 판례는 "경찰이 증인과 가족의 실거주지를 방문하지 않은 상태에서 전화상으로 증인의 모(母)로부터 법정에 출석케 할 의사가 없다는 취지의 진술을 들었다는 내용의 구인장 집행불능 보고서가 제출"되었을 뿐, 검사가 증인의 법정 출석을 위하여 상당한 노력을 기울이지 않은 경우 이러한 사유에 해당한다고 보지 않았다[412].

생각해 볼 문제
진술녹화물에 대하여 증거능력을 인정하는 제도는 과연 타당한가?

【진술녹화물의 증거능력 관련 문제】

피해자의 진술을 녹화하는 제도는 다른 나라에도 있으나 이러한 녹화물을 법정에서 어떻게 증거로서 사용하는가는 나라별로 상황이 크게 다르다. 이스라엘의 경우 아동심리학과 법률 수사 분야에서 훈련을 받은 '청소년 조사관'이 아동을 면담한 후 피해자를

---

411) 제314조(증거능력에 대한 예외) 제312조 또는 제313조의 경우에 공판준비 또는 공판기일에 진술을 요하는 자가 사망·질병·외국거주·소재불명 그 밖에 이에 준하는 사유로 인하여 진술할 수 없는 때에는 그 조서 및 그 밖의 서류(피고인 또는 피고인 아닌 자가 작성하였거나 진술한 내용이 포함된 문자·사진·영상 등의 정보로서 컴퓨터용 디스크, 그 밖에 이와 비슷한 정보저장매체에 저장된 것을 포함한다)를 증거로 할 수 있다. 다만, 그 진술 또는 작성이 특히 신빙할 수 있는 상태하에서 행하여졌음이 증명된 때에 한한다.<개정 2016.5.29.> [전문개정 2007.6.1.]

412) 대법원 2007. 1. 11. 선고 2006도7228 판결.

대신하여 법정에 증거를 제출할 수 있지만 이러한 제도는 헌법상 전문증거 도입을 제한하는 미국에서는 적용되지 않고 있으며[413] 이렇게 수사와 재판 과정을 통틀어 반대신문의 기회를 전혀 부여받지 않은 영상녹화물에 증거능력을 인정하는 입법례는 일본, 독일, 영국 등 주요 국에 존재하지 않는다고 한다[414].

그러나 우리나라의 헌법재판소는 피해자가 법정진술을 하지 않아도 영상녹화물의 증거능력을 인정하는 제도를 합헌으로 결정하였으며 비례성원칙으로 적법절차의 원칙을 제한하였다. 즉 법익균형성의 원칙 관련, 우선 법원이 직권 또는 피고인 및 변호인의 신청으로 피해아동을 증인으로 소환하여 신문할 수 있고, 이 경우 피고인 및 변호인은 참여권과 신문권이 보장된다고 보았다. 그리고 설사 피해아동이 법정에 나오지 않아 반대신문을 할 수 없더라도 진술 당시 동석했던 신뢰관계인에게 영상녹화 당시의 피해아동 진술 태도, 진술의 경위와 내용 등 영상녹화물에 수록된 진술의 증거능력 및 증명력 판단에 필요한 사정들을 1차적으로 탄핵할 수 있으므로 피고인의 반대신문권을 본질적으로 제한하고 있지 않다고 보았다.

그리고 위 조항이 과연 목적달성에 적합한 여러 수단가운데 가장 경미한 침해를 입히는 수단이냐는 필요성 원칙과 관련해서는 비디오 등 중계장치에 의한 신문이나 피고인의 퇴정 조치, 신뢰관계인의 동석 제도 등이 있지만 이는 피해아동의 충격과 공포감을 완화시키는 데 도움이 될 뿐 반대신문의 거친 공격을 막을 수 없으므로 한계가 있다고 보아 다른 수단의 적합성 자체를 인정하지 않았다.

그러나 형사절차에서 반대신문이 가지는 중요성을 고려하면 이렇게 보장된 반대신문이 충분하다고 평가할 수 있을지는 의문이며[415] 거론된 다른 제도들이 독자적이 아니라 상호 연관되어 운용될 때[416] 피해자가 얼마나 보호될 수 있는지를 심도있게 고려해야 한다.

413) 주디스 루이스 허먼 저, 박은미·김은영 역, 『근친 성폭력, 감춰진 진실』, (주)도서출판 삼인, 2010, 282~283면.
414) 헌법재판소 2013. 12. 26. 선고 2011헌바108 결정의 반대의견.
415) 대법원 2012. 6. 14. 선고 2012도3893 판결은 성폭력범죄 등 사건에서 피해자의 2차 피해 방지를 위해 영상녹화물에 관하여 증거능력의 특례를 인정하고 있는 구 성폭력처벌법 제26조 제3항, 제4항의 합헌성을 인정하면서도 필요한 경우 법원이 피해자를 증인신문하는 등 적절한 방법으로 피고인의 방어권을 보장해야 한다고 판시하고 있다.
416) 더구나 진술조력인, 피해자국선변호사, 증인지원관 등 새로운 제도들이 추가로 도입된 점도 고려할 필요가 있다.

16. 가명조서

> ▫ **성폭력범죄의처벌등에관한특례법 제23조(피해자, 신고인 등에 대한 보호조치)**
>
> 　법원 또는 수사기관이 성폭력범죄의 피해자, 성폭력범죄를 신고(고소·고발을 포함한다)한 사람을 증인으로 신문하거나 조사하는 경우에는 「특정범죄신고자 등 보호법」 제5조 및 제7조부터 제13조까지의 규정을 준용한다. 이 경우 「특정범죄신고자 등 보호법」 제9조와 제13조를 제외하고는 보복을 당할 우려가 있음을 요하지 아니한다.
>
> 　▫ **「특정범죄신고자 등 보호법」 제7조(인적 사항의 기재 생략)**
>
> ① 검사 또는 사법경찰관은 범죄신고등과 관련하여 조서나 그 밖의 서류(이하 '조서등'이라 한다)를 작성할 때 범죄신고자등이나 그 친족등이 보복을 당할 우려가 있는 경우에는 그 취지를 조서등에 기재하고 범죄신고자등의 성명·연령·주소·직업 등 신원을 알 수 있는 사항(이하 '인적 사항'이라 한다)은 기재하지 아니한다.〈개정 2014.12.30〉
>
> ② 사법경찰관이 조서등에 범죄신고자등의 인적 사항의 전부 또는 일부를 기재하지 아니한 경우에는 즉시 검사에게 보고하여야 한다.
>
> ③ 제1항의 경우 검사 또는 사법경찰관은 조서등에 기재하지 아니한 인적 사항을 범죄신고자등 신원관리카드(이하 '신원관리카드'라 한다)에 등재하여야 한다.
>
> ④ 제1항에 따라 조서등에 성명을 기재하지 아니하는 경우에는 범죄신고자등으로 하여금 조서등에 서명은 가명(假名)으로, 간인(間印) 및 날인(捺印)은 무인(拇印)으로 하게 하여야 한다. 이 경우 가명으로 된 서명은 본명(本名)의 서명과 동일한 효력이 있다.
>
> ⑤ 범죄신고자등은 진술서 등을 작성할 때 검사 또는 사법경찰관의 승인을 받아 인적 사항의 전부 또는 일부를 기재하지 아니할 수 있다. 이 경우 제2항부터 제4항까지의 규정을 준용한다.
>
> ⑥ 범죄신고자등이나 그 법정대리인은 검사 또는 사법경찰관에게 제1항에 따른 조치를 하도록 신청할 수 있다. 이 경우 검사 또는 사법경찰관은 특별한 사유가 없으면 그 조치를 하여야 한다.

⑦ 신원관리카드는 검사가 관리한다.

⑧ 신원관리카드의 작성 및 관리 등에 필요한 사항은 대통령령으로 정한다.

[전문개정 2012.2.10]

□ **성폭력범죄의수사및피해자보호에관한규칙 제20조(인적사항의 기재 생략)**

① 경찰관은 성폭력 사건처리와 관련하여 조서나 그 밖의 서류를 작성할 때 피해자 또는 범죄신고자등의 신원이 알려질 수 있는 사항에 대해서는 그 전부 또는 일부를 기재하지 아니할 수 있고, 이 때 범죄신고자등 신원관리카드에 인적사항을 등재한다.

② 제1항에 따라 인적사항을 기재하지 않을 때에는 피해자, 범죄신고자등의 서명은 가명(假名)으로, 간인(間印) 및 날인(捺印)은 무인(拇印)으로 하게 하여야 한다.

① 가명조서의 의의

조서나 그 밖의 수사서류 작성 시에 범죄신고자 등이나 그 친족 등이 보복 당할 우려가 있는 경우 신청 또는 직권으로 인적사항의 기재를 생략하는 제도 이다.

경찰이 주도적으로 시작하였으며 2013년 12월부터 2014년 3월까지 경찰과 검찰이 협의하여 2014년 4월 1일 '가명조서·신원관리카드 작성 및 관리에 관한 지침'을 대검예규로 시행하였다.

② 가명조서의 작성 절차

먼저 조사 전에 '범죄신고자 등' 및 그 법정대리인에게 가명조서 등의 취지 를 설명하고 작성을 신청할 수 있다고 고지한다. 신청을 받으면 특별한 사유가 없는 한 가명조서를 작성하는데 신청을 받지 않은 경우라도 피해자 보호를 위 해 필요한 경우 직권으로 작성이 가능하다.

조서는 작성취지 등을 기재하고 서명은 가명으로, 간인 및 날인은 무인으로 한다. 진술서는 가명조서와 동일하나 가명진술서 등 승인확인서를 별도로 작성 하여 진술서 끝에 편철한다.

인적사항은 신원관리카드에 기재하고 별도로 양식에 따라 밀봉하여 수사서류와 함께 검찰청에 송치한다.

인적사항의 기재를 생략하는 경우 형사사법정보시스템(KICS)에도 가명을 입력한다. '홍길동가명' 등으로 입력해 가명임을 표시하고 기타 인적사항은 일체 생략한다. 이러한 경우 나중에 사실확인원의 발급이 문제가 되는데 담당수사관이 직접 발급하고 타 부서에서 발급할 경우에는 담당수사관에게 신원을 확인한 후에 발급하도록 하고 있다.

17. 재피해 대응조치

□ **성폭력범죄의처벌에관한특례법 제22조(「특정강력범죄의 처벌에 관한 특례법」의 준용)**

성폭력범죄에 대한 처벌절차에는 「특정강력범죄의 처벌에 관한 특례법」 제7조(증인에 대한 신변안전조치), 제8조(출판물 게재 등으로부터의 피해자 보호), 제9조(소송진행의 협의), 제12조(간이공판절차의 결정) 및 제13조(판결선고)를 준용한다.

□ **성폭력범죄의처벌에관한특례법 제23조(피해자, 신고인 등에 대한 보호조치)**

법원 또는 수사기관이 성폭력범죄의 피해자, 성폭력범죄를 신고(고소·고발을 포함한다)한 사람을 증인으로 신문하거나 조사하는 경우에는 「특정범죄신고자 등 보호법」 제5조 및 제7조부터 제13조까지의 규정을 준용한다. 이 경우 「특정범죄신고자 등 보호법」 제9조와 제13조를 제외하고는 보복을 당할 우려가 있음을 요하지 아니한다.

□ **성폭력범죄의수사및피해자보호에관한규칙 제12조(신변안전조치)**

① 지방경찰청장 및 경찰서장은 성폭력범죄의 피해자·신고자 및 그 친족 또는 동거인, 그 밖의 밀접한 인적 관계에 있는 사람이 보복을 당할 우려가 있는 경우에는 소속 경찰관으로 하여금 안전을 위하여 필요한 조치를 하도록 하여야 한다.

② 경찰관은 성폭력범죄의 수사·조사 및 상담 과정에서 성폭력범죄의 피해자·신고자 및 그 친족 또는 동거인, 그 밖의 사람이 보복을 당할 우려가 있는 경우에는 신변안전에 필요한 조치를 하거나 대상자의 주거지 또는 현재지를 관할하는 경찰서의 경찰서장에게 신변안전조치를 요청하여야 한다. 다만, 대상자가 원하지 않는 경우에는 그러하지 아니하다.

③ 신변안전조치의 종류는 다음 각 호의 어느 하나와 같다.

1. 일정기간 동안의 특정시설에서의 보호
2. 일정기간 동안의 신변경호
3. 참고인 또는 증인으로 출석·귀가 시 동행
4. 대상자의 주거·직장에 대한 주기적 순찰
5. 비상연락망 구축 등 그 밖의 신변안전에 필요하다고 인정되는 조치

① 보복범죄와 과거의 상황

특가법에서 보복범죄에 대한 가중처벌을 규정하고 있으나 점점 더 증가하고 있고, 많은 피해자 또는 신고자들은 보복범죄가 발생하기 이전에 보호해 줄 것을 요청하고 있다. 이와 관련 특강법과 특정범죄신고자등보호법은 여러 가지 보호조치를 규정하고 있으나 여러 가지 이유로 잘 활용되지 않았다.

② 경찰의 신변보호조치

이에 따라 경찰은 2015년도부터 신변보호대상을 크게 확대하여 범죄 신고 등과 관련하여 보복을 당할 우려가 있는 범죄 피해자, 신고자, 목격자, 참고인 및 그 친족뿐만 아니라 그 밖에 반복적으로 생명 또는 신체에 대한 위해를 입었거나 입을 구체적인 우려가 있는 사람을 대상으로 하고 있다.

신변보호요청 접수 시 경찰서장을 위원장으로 하는 신변보호 심사위원회가 지체 없이 개최되어 사안의 구체성·긴급성·상습성·보충성 등을 종합적으로 고려하여 보호여부 및 수준을 신속히 결정하고 시행한다.

그리고 새로운 신변보호 조치들을 추가하였는데 현재 시행되고 있는 신변보호 조치는 다음과 같다.

〈경찰의 신변보호조치 유형〉

구분		연번	조치	내용
시설		1	보호시설 연계	장기 보호 필요 시 전문 보호시설로 연계
		2	임시숙소[417]	신변위협으로 귀가 등 곤란한 피해자에게 제공
인력		3	신변경호	위험이 긴박한 피해자는 한시적 경호 실시
		4	맞춤형 순찰	대상자의 생활패턴 등을 고려한 맞춤형 순찰실시
ICT 기술		5	112긴급신변보호	112시스템에 신변보호 대상자 별도 등록·관리
		6	위치추적 장치 대여	시계 형태의 위치추적 장치를 피해자에게 대여
		7	CCTV 설치[418]	위급 시 피해자가 주거지 CCTV 화면 및 비상음을 상황실로 송출, 경찰 긴급출동
지도	가해자	8	경고제도	가해자에 대한 적극적·사전적 위해방지조치로서 서면 경고장 등을 통한 경고 실시
	피해자	9	권고제도	피해자에게 일시적 피신 권고 및 절차 안내·보조 실시

기타	10	신원정보 변경·보호	△이름, 전화번호, 자동차번호 등 신원정보 변경 △ 가정폭력 피해자 주민등록 열람제한 조치 등

이러한 보호조치들은 필요에 따라 중복되는데 최근 가장 주목을 받고 있는 것은 위치추적 장치이다. 이는 경찰관의 신변보호가 위험 발생이 명백하고 중대한 경우에만 실시되며 장기간 지속될 수 없는 점을 고려한 것으로 손목시계 형태의 위치추적 장치를 대상자에게 지급하여 긴급 시 SOS기능을 활용한 112신고가 가능케 하고 실시간 위치추적이 가능하게 하여 맞춤형 순찰이 정해진 시간대에 정해진 장소만을 대상으로 할 수밖에 없다는 단점을 보완한 것이다. 물론 모든 상황에 완벽하게 대처하는 것은 불가능하나 112 신고관리시스템에 신변보호대상자로 미리 등록하는 조치를 병행함으로써 실효성을 높이고 있다.

---

417) 현재 여성가족부, 보건복지부, 법무부 등에서 보호시설을 운영하고 있는데 주로 여성·아동·강력범죄 피해자로 한정되어 있고 해당 피해자라도 피해 직후로 주거지에 거주가 곤란하거나 보복범죄의 우려가 있는 경우가 있어 경찰은 임시숙소 제도를 운영하고 있다. 경찰서 관내의 숙박업소에 최대 5일까지 임시 거주할 수 있고 이후 피해 유형별 보호시설로 연계되게 된다.
418) 피해자 주거지에 CCTV를 설치한 후 피해자가 주거지 내 모니터 또는 스마트폰을 통해 주변의 위험요소를 상시 확인할 수 있게 한다. 개인정보의 문제가 있기 때문에 대상자에게 개인정보 수집 동의서를 교부받아 시행하고, 기간도 3개월을 원칙으로 하며 연장이 가능할 뿐이다.

18. 연계 조치

□ **성폭력방지및피해자보호등에관한법률 제10조(상담소의 설치·운영)**

① 국가 또는 지방자치단체는 성폭력피해상담소(이하 '상담소'라 한다)를 설치·운영할 수 있다.

② 국가 또는 지방자치단체 외의 자가 상담소를 설치·운영하려면 특별자치시장·특별자치도지사 또는 시장·군수·구청장(자치구의 구청장을 말한다. 이하 같다)에게 신고하여야 한다.〈개정 2012.12.18.〉

③ 상담소의 설치·운영 기준, 상담소에 두는 상담원 등 종사자의 수 및 신고 등에 필요한 사항은 여성가족부령으로 정한다.

□ **제12조(보호시설의 설치·운영 및 종류)**

① 국가 또는 지방자치단체는 성폭력피해자보호시설(이하 '보호시설'이라 한다)을 설치·운영할 수 있다.〈개정 2012.12.18.〉

② 「사회복지사업법」에 따른 사회복지법인이나 그 밖의 비영리법인은 특별자치시장·특별자치도지사 또는 시장·군수·구청장의 인가를 받아 보호시설을 설치·운영할 수 있다.〈개정 2012.12.18.〉

③ 제1항 및 제2항에 따른 보호시설의 종류는 다음 각 호와 같다.〈신설 2012.12.18., 2015.2.3.〉

  1. 일반보호시설 : 피해자에게 제13조제1항 각 호의 사항을 제공하는 시설

  2. 장애인보호시설 : 「장애인차별금지 및 권리구제 등에 관한 법률」 제2조 제2항에 따른 장애인인 피해자에게 제13조제1항 각 호의 사항을 제공하는 시설

  3. 특별지원 보호시설 : 「성폭력범죄의 처벌 등에 관한 특례법」 제5조에 따른 피해자로서 19세 미만의 피해자에게 제13조 제1항 각 호의 사항을 제공하는 시설

  4. 외국인보호시설 : 외국인 피해자에게 제13조제1항 각 호의 사항을 제공하는 시설. 다만, 「가정폭력방지 및 피해자보호 등에 관한 법률」 제7조의2 제1항 제3호에 따른 외국인보호시설과 통합하여 운영할 수 있다.

  5. 자립지원 공동생활시설 : 제1호부터 제4호까지의 보호시설을 퇴소한 사람에게

제13조제1항제3호 및 그 밖에 필요한 사항을 제공하는 시설

6. 장애인 자립지원 공동생활시설: 제2호의 보호시설을 퇴소한 사람에게 제13조제1항제3호 및 그 밖에 필요한 사항을 제공하는 시설

④ 국가 또는 지방자치단체는 보호시설의 설치·운영을 대통령령으로 정하는 기관 또는 단체에 위탁할 수 있다.〈신설 2015.12.1.〉

⑤ 보호시설의 설치·운영 기준, 보호시설에 두는 상담원 등 종사자의 수 및 인가 절차 등과 제4항에 따른 위탁에 필요한 사항은 여성가족부령으로 정한다.〈개정 2012.12.18., 2015.12.1.〉

□ **성폭력범죄의수사및피해자보호에관한규칙 제8조(피해자 보호지원관의 운영)**

① 지방경찰청장 및 경찰서장은 소속 지방경찰청 및 경찰서에 근무하는 성폭력범죄 전담조사관 중에서 1인을 피해자 보호지원관으로 지정한다.

② 피해자 보호지원관은 수사과정 및 송치 후의 피해자 보호·지원 업무와 소속 지방경찰청·경찰서에 근무하는 경찰관을 대상으로 하는 피해자 보호에 관한 교육 업무를 담당한다.

③ 지방경찰청장 및 경찰서장은 원활한 피해자 보호·지원을 위하여 사건담당 경찰관으로 하여금 피해자 보호지원관을 도와 피해자 보호·지원업무를 수행하도록 하여야 한다.

1 범죄피해자가 필요로 하는 지원

범죄피해자는 형사절차를 진행하면서 다양한 보호조치가 필요하지만 이와 함께 심리치료지원, 상담지원, 경제적 지원, 법률적 지원 등 다양한 지원도 필요하다. 현재 경찰뿐 아니라 여러 기관이 피해자의 상태와 욕구를 고려해 중복되지 않는 범위에서 다양한 지원을 아끼지 않고 있다.

경찰은 주로 피해자 지원을 위한 각 기관간의 연계를 담당하고 있다. 예를 들어, 단기간의 숙식 등 보호가 필요한 경우 피해자의 성별, 장애여부, 나이 등을 고려하여 적합한 보호시설에 보호를 의뢰하거나 보호시설 입소를 거부하는 경우 자체 임시숙소를 제공하기도 한다. 그리고 심리치료, 상담지원, 장기간의

거주시설 및 의료비 지원이 필요한 경우 범죄피해자지원센터 등과 협력하여 필요한 지원을 설계하고 있다.

② 케어요원과 피해자전담경찰관

위와 같은 지원은 성폭력피해자통합지원센터를 통해서도 이루어지지만 각 지방경찰청에 피해자심리전문요원(일명 케어요원[419])이, 각 경찰서에는 피해자전담경찰관[420])이 배치되어 다른 기관들과 연계를 하고 있다.

③ 성폭력상담소 등

2017년 현재 전국에 성폭력상담소 180개소, 성·가정폭력피해보호시설 97개소가 있다. 상담소는 상담을 주로 하며 상담을 통해 심리적 지원과 법적, 의료적 지원, 쉼터지원 등을 한다[421]). 보호시설은 피해자 보호 및 숙식제공을 주로 하며, 상담 및 치료, 자립·자활교육, 취업정보 제공 등을 수행한다[422]).

---

419) 2007년부터 심리학 전공자 및 상담 경력자를 경찰관으로 특채하여 주로 지방청에 근무하면서 강력사건이 발생하면 초기에 현장에 출동하여 전문적인 심리평가 및 상담을 실시하고 수사기능도 지원한다. 이후 사후관리 및 피해자 지원단체도 연계한다.

420) 2015년 경찰청에 피해자보호담당관이 신설되면서 경찰서 청문기능에 배치되었다.

421) 이외에도 성폭력 예방을 위한 홍보 및 교육과 조사·연구도 활발하게 진행하고 있다.
성폭력보호법 제11조는 다음과 같이 상담소의 업무를 규정하고 있다.
제11조(상담소의 업무) 상담소는 다음 각 호의 업무를 한다. <개정 2011.3.30.>
1. 성폭력피해의 신고접수와 이에 관한 상담
2. 성폭력피해로 인하여 정상적인 가정생활 또는 사회생활이 곤란하거나 그 밖의 사정으로 긴급히 보호할 필요가 있는 사람과 제12조에 따른 성폭력피해자보호시설 등의 연계
3. 피해자등의 질병치료와 건강관리를 위하여 의료기관에 인도하는 등 의료 지원
4. 피해자에 대한 수사기관의 조사와 법원의 증인신문(證人訊問) 등에의 동행
5. 성폭력행위자에 대한 고소와 피해배상청구 등 사법처리 절차에 관하여 「법률구조법」 제8조에 따른 대한법률구조공단 등 관계 기관에 필요한 협조 및 지원 요청
6. 성폭력 예방을 위한 홍보 및 교육
7. 그 밖에 성폭력 및 성폭력피해에 관한 조사·연구

422) 성폭력보호법 제13조 제1항은 다음과 같이 보호시설의 업무를 규정하고 있다.
제13조(보호시설의 업무 등) ① 보호시설은 다음 각 호의 업무를 한다. <개정 2011.3.30.>
1. 피해자등의 보호 및 숙식 제공
2. 피해자등의 심리적 안정과 사회 적응을 위한 상담 및 치료
3. 자립·자활 교육의 실시와 취업정보의 제공

④ 범죄피해자지원센터 및 스마일센터423)

민간단체로 전국 검찰청 관할별로 범죄피해자지원센터가 설치되어 상담, 병원후송·의료비 지원, 생계비·학자금 지원, 수사기관·법정 동행 등의 피해자 지원을 하고 있고424) 전국 주요도시에 법무부가 설립한 스마일센터가 있는데 피해자들을 위하여 심리평가, 심리치료, 의학적 진단, 법률상담, 사회적 지원 연계 등의 서비스를 제공할 뿐만 아니라 피해자들에게 임시주거가 가능한 쉼터를 제공하고 있다425).

---

4. 제11조 제3호·제4호 및 제5호의 업무

5. 다른 법률에 따라 보호시설에 위탁된 업무

6. 그 밖에 피해자등을 보호하기 위하여 필요한 업무

423) 이외에도 비슷한 활동을 하는 단체도 있고 사회복지차원에서 다양한 기관과 연계하고 있으나 여기서는 생략한다.

424) 자세한 활동내용은 홈페이지(http://www.kcva.or.kr/)를 참고하길 바란다.

425) 자세한 활동내용은 홈페이지(http://resmile.or.kr/main/main.php)를 참고하길 바란다.

19. 다른 형사사법기관의 대응

□ **성폭력범죄의처벌등에관한특례법 제26조(성폭력범죄의 피해자에 대한 전담조사제)**

① 검찰총장은 각 지방검찰청 검사장으로 하여금 성폭력범죄 전담 검사를 지정하도록 하여 특별한 사정이 없으면 이들로 하여금 피해자를 조사하게 하여야 한다.

□ **성폭력범죄의처벌등에관한특례법 제28조(성폭력범죄에 대한 전담재판부)**

지방법원장 또는 고등법원장은 특별한 사정이 없으면 성폭력범죄 전담재판부를 지정하여 성폭력범죄에 대하여 재판하게 하여야 한다.

□ **성폭력범죄의처벌등에관한특례법 제32조(증인지원시설의 설치·운영 등)**

① 각급 법원은 증인으로 법원에 출석하는 피해자등이 재판 전후에 피고인이나 그 가족과 마주치지 아니하도록 하고, 보호와 지원을 받을 수 있는 적절한 시설을 설치한다.

② 각급 법원은 제1항의 시설을 관리·운영하고 피해자등의 보호와 지원을 담당하는 직원(이하 '증인지원관'이라 한다)을 둔다.

③ 법원은 증인지원관에 대하여 인권 감수성 향상에 필요한 교육을 정기적으로 실시한다.

④ 증인지원관의 업무·자격 및 교육 등에 필요한 사항은 대법원규칙으로 정한다.

① 검찰의 대응(전담검사제 등과 여성아동범죄조사부)

전담검사제는 경찰과 마찬가지로 2006. 10. 26. 법률 제8059호로 개정된 성폭력특별법에서 도입되었다. 그리고 이와 별도로 2013년도부터 분야별로 전문지식과 실무경험이 많은 검사들을 공인전문검사 1급과 2급으로 인증해오고 있는데 성폭력범죄분야의 공인전문검사도 있다[426].

---

426) 최초의 성폭력범죄분야 1급(블랙벨트) 공인전문검사는 성폭력사건을 약 800건 처리하고 미국과 우리나라의 성폭력, 가정폭력범죄 등에 대하여 공동 연구를 하였으며 외국 검사 등을 상대로 '한국 검찰의 여성, 아동범죄 수사와 사례'를 발표한 실적을 인정받아 인증되었다. 대검찰청, 「제4회 공인전문검사 인증」 - 블랙벨트 3명, 블루벨트 21명 인증 -", 보도자료, 2016. 6. 7.

다만 지검의 각 형사부에서 성폭력사건들을 산발적으로 수사하여 오다가 2011. 9. 5. 서울중앙지검에 여성아동범죄조사부가 최초의 전담수사부서로 신설되어 여성·아동에 대한 가정폭력, 성폭력, 성매매, 아동학대 등을 전문적으로 수사한다427).

② 법원의 대응(전담재판부와 증인지원실·증인지원관)

성폭력범죄 전담재판부는 성폭력처벌법상 성폭력범죄 이외에도 각 법원의 배당내규에 따라 성범죄사건 전반을 배당받아 처리하고 있다.

또한 법원은 증인지원실과 증인지원관에 의한 '성폭력 피해자 증인지원프로그램'을 운영하고 있다. 이 제도는 2011년 6월 법정에서 증인으로 진술한 성폭력피해자가 자살한 사건428)을 계기로 영국과 스웨덴의 제도를 연구하여 2012년 2월 대법원규칙으로 도입한 후 전국으로 확대된 것이다429).

성폭력 피해자는 증언 당일 대기하는 동안 가해자나 가해자 친인척과 마주치지 않도록 별도로 설치된 증인지원실에서 대기하고, 불필요한 노출을 피하기 위해 다른 증인과 신문 간격을 1시간 이상 두어 실행한다. 또한 성폭력 상담 전문교육을 받은 증인지원관이 증인소환장 송달부터 증언을 마치고 나갈 때까지 피해자에게 절차를 안내하고 상담해주면서 필요 시 법정에 동행한다. 그리고 화상증언, 비공개신문, 신뢰관계에 있는 사람의 동석 등 다양한 절차를 안내하고 피해자가 신청 시 판결을 이메일 또는 문자메시지로 알려주며 판결문 사본을 우편으로 보내준다430).

427) 서울중앙지방검찰청, "여성아동범죄조사부 창설 3주년 맞아 - "처벌에서 선도·지원까지" 전문성을 살려 종합적인 범죄 대처 -", 보도자료, 2014. 9. 11. 2017년 현재 전국 5개 검찰청에 여성아동범죄조사부가 운영되고 있다.
428) 성폭행 피해자인 A(29·여)씨가 2011년 5월 서울중앙지법 공판에 출석해 증인신문을 받은 뒤 스스로 목숨을 끊은 사안으로, A씨가 남긴 유서에는 "판사가 나를 성폭행한 가해자를 두둔하고 합의를 종용하는 등 모욕감을 줬다. 또 나에 대해 중학교도 못 나오고 노래방 도우미를 하며 험하게 살아왔다는 식으로 말하면서 내 말을 믿지 않았다."는 내용이 포함된 것으로 보도되었다. 뉴시스, "[국감]이은재 "법원, 성폭행 피해자 보호해야"", 2011. 9. 20.
429) 형사소송규칙 제84조의10과 구 성폭력범죄 사건의 증인신문 및 피해자 보호에 관한 규칙(2012. 2. 24. 대법원규칙 제2385호로 개정되어 2012. 3. 16. 시행된 것)에 근거하여 서울중앙지방법원이 먼저 실시하였고 2012. 12. 18. 개정된 성폭력처벌법 제32조가 의무화하였다. 성범죄재판실무편람 집필위원회, 「성범죄재판실무편람」, 『재판실무편람』 제39호, 2014, 143면.

430) 성폭력심리규칙 제15조 제1항은 증인지원관이 "1. 재판의 진행절차, 법정의 구조와 좌석의 위치, 증인신문의 의미, 증인신문의 순서와 방법, 증언과 피해자 의견진술의 방법 및 절차, 재판서 등·초본 교부청구 절차 등에 대한 안내, 2. 증인신문 전후 증인의 심리적 안정을 위한 상담, 3. 증인지원시설의 적정한 관리 및 운영에 필요한 업무, 4. 피해자 증인의 요청에 의한 재판장의 명에 따른 공판진행 사항에 관한 정보제공 업무, 5. 그 밖에 증인의 보호 및 지원을 위하여 필요한 업무로서 증인지원위원회의 심의를 거쳐 각급 법원장(지원의 경우에는 지원장)이 증인지원관의 업무로 정한 업무"를 담당한다고 규정하고 있다.

4장
성폭력범죄 수사절차
(아동 및 장애인)

20. 성폭력 수사시스템 II(원스톱센터)

□ **성폭력방지및피해자보호등에관한법률 제18조(피해자를 위한 통합지원센터의 설치·운영)**

① 국가와 지방자치단체는 성폭력 피해상담, 치료, 제7조의2제2항에 따른 기관에 법률상담등 연계, 수사지원, 그 밖에 피해구제를 위한 지원업무를 종합적으로 수행하기 위하여 성폭력피해자통합지원센터(이하 '통합지원센터'라 한다)를 설치·운영할 수 있다.〈개정 2015.12.1.〉

② 국가와 지방자치단체는 대통령령으로 정하는 기관 또는 단체로 하여금 통합지원센터를 설치·운영하게 할 수 있다.

③ 통합지원센터에 두는 상담원 등 종사자의 수 등에 필요한 사항은 여성가족부령으로 정한다.

□ **제27조(성폭력 전담의료기관의 지정 등)**

① 여성가족부장관, 특별자치시장·특별자치도지사 또는 시장·군수·구청장은 국립·공립병원, 보건소 또는 민간의료시설을 피해자등의 치료를 위한 전담의료기관으로 지정할 수 있다.〈개정 2011.3.30., 2012.12.18.〉

② 제1항에 따라 지정된 전담의료기관은 피해자 본인·가족·친지나 긴급전화센터, 상담소, 보호시설 또는 통합지원센터의 장 등이 요청하면 피해자등에 대하여 다음 각 호의 의료 지원을 하여야 한다.〈개정 2011.3.30.〉

> 1. 보건 상담 및 지도
>
> 2. 치료
>
> 3. 그 밖에 대통령령으로 정하는 신체적·정신적 치료
>
> ③ 여성가족부장관, 특별자치시장·특별자치도지사 또는 시장·군수·구청장은 제1항에 따라 지정한 전담의료기관이 다음 각 호의 어느 하나에 해당하는 경우에는 그 지정을 취소할 수 있다. 다만, 제1호에 해당하는 경우에는 그 지정을 취소하여야 한다.〈신설 2015.2.3.〉
>
> 1. 거짓이나 그 밖의 부정한 방법으로 지정을 받은 경우
>
> 2. 정당한 사유 없이 제2항에 따른 의료 지원을 거부한 경우
>
> 3. 그 밖에 전담의료기관으로서 적합하지 아니하다고 대통령령으로 정하는 경우
>
> ④ 여성가족부장관, 특별자치시장·특별자치도지사 또는 시장·군수·구청장은 제3항에 따라 지정을 취소하는 경우에는 청문을 하여야 한다.〈신설 2015.2.3.〉
>
> ⑤ 제1항 및 제3항에 따른 지정 및 지정 취소의 기준, 절차, 운영 등에 필요한 사항은 여성가족부령으로 정한다.〈신설 2015.2.3.〉
>
> **▫ 제28조(의료비 지원)**
>
> ① 국가 또는 지방자치단체는 제27조제2항에 따른 치료 등 의료 지원에 필요한 경비의 전부 또는 일부를 지원할 수 있다.
>
> ② 제1항에 따른 의료비용의 지원범위 및 절차 등에 필요한 사항은 여성가족부령으로 정한다.

1 성폭력피해자통합지원센터의 구별

성폭력보호법 제18조는 국가와 지방자치단체가 성폭력피해자통합지원센터를 설치 및 운영할 수 있다고 규정하고 있고 여성가족부는 이를 해바라기센터라고 하면서 다시 위기지원형, 아동·청소년형, 통합형으로 나누고 있다. 이는 애초에 여성가족부가 주도한 '해바라기아동센터'와 경찰청이 주도한 '원스톱센터'를 합침으로써 이해에 혼란을 초래한 것인데, 이를 각각 나누어 이해하면 오히려 쉽다. 이하에서는 해바라기센터 위기지원형을 원스톱센터로, 해바라기센터 아동·청소년형을 해바라기아동센터로, 이 둘을 통합한 것을 해바라기아동·

여성센터로 각각 명칭을 달리하여 설명하기로 한다. 아울러 모든 센터를 통합하여 지칭할 때는 성폭력피해자통합지원센터로 표기하기로 한다.

② 원스톱센터의 설립 배경

여성가족부의 2017 해바라기센터 사업 안내를 보면 해바라기센터의 사업 목적을 크게 둘로 나누고 있는데, 이 중 첫 번째가 원스톱센터의 설립 목적이다.

과거에는 수사와 의료지원이 분리되어 수사는 경찰관서에서, 의료지원은 병원에서 이루어졌는데 성폭력피해자를 위한 의료지원이 너무나 미흡하였다. 따라서 2001년 경찰병원 등 7개 병원을 '여성폭력 긴급의료지원센터[431]'로 지정하고 이를 확대하였으나 크게 활성화되지는 못하였다.

이에 따라 경찰청은 2005년 6월 경찰병원에 '여성·학교폭력[432] 피해자 ONE-STOP 지원센터'를 설치하였고, 2005. 8. 31. 개소식에서 당시 영부인이던 권양

---

431) 성폭력보호법 제27조는 성폭력 전담의료기관에 대하여 규정하고 있다.

　제27조(성폭력 전담의료기관의 지정 등)

① 여성가족부장관, 특별자치시장·특별자치도지사 또는 시장·군수·구청장은 국립·공립병원, 보건소 또는 민간의료시설을 피해자등의 치료를 위한 전담의료기관으로 지정할 수 있다.<개정 2011.3.30., 2012.12.18.>

② 제1항에 따라 지정된 전담의료기관은 피해자 본인·가족·친지나 긴급전화센터, 상담소, 보호시설 또는 통합지원센터의 장 등이 요청하면 피해자등에 대하여 다음 각 호의 의료 지원을 하여야 한다.<개정 2011.3.30.>

1. 보건 상담 및 지도
2. 치료
3. 그 밖에 대통령령으로 정하는 신체적·정신적 치료

③ 여성가족부장관, 특별자치시장·특별자치도지사 또는 시장·군수·구청장은 제1항에 따라 지정한 전담의료기관이 다음 각 호의 어느 하나에 해당하는 경우에는 그 지정을 취소할 수 있다. 다만, 제1호에 해당하는 경우에는 그 지정을 취소하여야 한다.<신설 2015.2.3.>

1. 거짓이나 그 밖의 부정한 방법으로 지정을 받은 경우
2. 정당한 사유 없이 제2항에 따른 의료 지원을 거부한 경우
3. 그 밖에 전담의료기관으로서 적합하지 아니하다고 대통령령으로 정하는 경우

④ 여성가족부장관, 특별자치시장·특별자치도지사 또는 시장·군수·구청장은 제3항에 따라 지정을 취소하는 경우에는 청문을 하여야 한다.<신설 2015.2.3.>

⑤ 제1항 및 제3항에 따른 지정 및 지정 취소의 기준, 절차, 운영 등에 필요한 사항은 여성가족부령으로 정한다.<신설 2015.2.3.>

432) 당시 원스톱센터 설치에 학교폭력 치안대책 관련 예비비가 사용되었기 때문에 정식명칭에 학교폭력이 포함되었고 2015년도까지 여성가족부를 제외한 지방경찰청, 수탁병원, 특별 및 광역시도의 3자가 협약으로 설치하였다.

숙여사가 확대 설치를 추진하도록 지시함으로써 2005년 12월에 부산, 경북, 강원, 울산, 충북, 전북, 인천의 7개 지역에, 2006년에 대구, 경기, 충남, 전남, 경남, 제주의 6개 지역에 설치되었다.

③ 원스톱센터의 기능

원스톱센터는 사업 목적에서도 알 수 있듯이 성폭력 등 피해자에 대하여 365일 24시간 상담, 의료, 법률, 수사지원을 원스톱으로 제공함으로써 피해자가 폭력피해로 인한 위기상황에 대처할 수 있도록 지원하고 2차 피해를 방지할 수 있게 하였다[433].

가장 큰 특징으로는 병원에 여성경찰관을 상주하게 하여 센터 내 설치된 진술녹화실에서 진술을 녹화하면서 조서를 작성하게 한 점으로, 초기에는 보통 병원에 경찰관 3명, 상담행정을 담당하는 상담사 3명, 간호사 1명을 배치하였다.

---

433) 여성가족부, 『2017년 해바라기센터 사업안내』, 2017, 93면.

생각해 볼 문제

다른 선진국에도 원스톱센터와 같은 시스템이 있는가?

【미국의 성폭력대응팀(SART)】

경찰의 원스톱센터와 비슷한 시스템으로 미국의 성폭력대응팀이 있다. 이는 1972년 보스턴 시립병원에서 응급실 근무간호사가 피해자에게 상담서비스를 제공하던 프로그램에서 발전하여 현재 미국 각지에서 시행 중이다. 간호사뿐만 아니라 경찰, 검찰, 의사, 성폭력법의검사원, 조력인 등 다양한 분야의 전문가가 연계하여 피해자에게 필요한 지원을 함과 동시에 피해자의 동의에 기해 피해자의 신체에 남겨진 범죄 증거를 채취하게 된다.

병원에 상주하는 것이 아니므로 각 팀원이 의료기관에 필요에 따라 오게 되는데 모든 팀원이 모여서 지원하는 성폭력대응팀 모델과 각자 독립적으로 피해자를 지원하면서 정기적으로 사례회의 등을 여는 성폭력자원팀 모델이 있다[434].

---

434) 자세한 내용은 강은영 외,『성폭력에 대한 법의학적 대응모델 개발 연구』, 한국형사정책연구원 연구총서, 2012, 116~118면.

21. 성폭력 수사시스템 III (해바라기센터 등)

① 해바라기아동센터의 설립 배경

여성가족부가 2004년부터 민간단체에 위탁하여 설치한 것이 해바라기아동
센터로 해바라기센터의 두 번째 사업목적이 주 설립목적이다. 즉 "19세 미만 성
폭력 피해를 입은 아동·청소년과 지적장애인에 대하여 의학적·심리적 진단과
평가 및 치료, 사건조사, 법률지원, 사회적 지원, 지지체계로서의 가족기능 강화
를 위한 상담 서비스 등을 원스톱으로 제공"[435]하는 것이다.

경찰과는 별도로 설치되었기 때문에 애초부터 수사지원은 없었고 병원 밖
에 설치하여 의료서비스 연계가 부족하였으며, 24시간 운영되는 원스톱센터와
는 달리 주로 09시부터 18시까지 운영되어 탄력근무 및 재택당직근무를 통해
상담 및 치료지원 연계 등을 할 뿐이었다.

② 해바라기아동·여성센터로의 통합

이처럼 원스톱센터는 응급처치와 위기 지원 등의 초기 지원에 강점을 보이
고 해바라기아동센터는 심리치료 등 사후 관리에 강점을 보였으나, 이 두 센터
의 기능이 유사한 점도 있으므로 이를 통합해야 한다는 주장이 나왔다. 이에 따
라 2010년 부산 동아대병원의 센터를 시작으로 양자를 통합한 해바라기아동·
여성센터가 설치되기 시작하였다.

③ 성폭력피해자통합지원센터의 현황

2016년 기준으로 원스톱센터는 16개소, 해바라기아동센터는 8개소, 해바라
기아동·여성센터는 13개소가 설치되어 있다[436].

기본시설로는 상담실, 피해자 안정실, 진료실(산부인과 진료장비 구비), 진

---

435) 여성가족부, 『2017년 해바라기센터 사업안내』, 2017, 101면.
436) 여성가족부, 『2017년 해바라기센터 사업안내』, 2017, 9~10면.

술녹화실, 피해자 대기실, 심리 평가실, 심리치료실 등을 갖추고 설치면적은 약 330제곱미터 내외로 이 중 병원 내에 상담실, 안정실, 진료실, 진술녹화실 등으로 100제곱미터를 필수적으로 설치해야 한다.

제공서비스로는 상담 및 심리지원, 의료 지원, 수사·법률지원, 피해자 지원을 위한 자원 구축 및 기타가 있으며 자세한 내역은 다음 표와 같다.

〈 해바라기아동·여성센터 제공서비스437) 〉

제공서비스	내 용
상담 및 심리지원	○ 24시간 사례접수, 면담조사를 통한 전문적 사정(assessment) ○ 피해자와 가족에 대한 심리안정 조치 ○ 사례관리 실천 : 사례회의, 지속상담 ○ 치료 프로그램 운영 　－ 개별상담, 가족상담 　－ 놀이치료, 미술치료 등 ○ 유관기관과의 연계 및 자원 동원을 통한 사회적 지원 ○ 가족캠프, 부모모임, 피해자 모임 등 집단 프로그램 ○ 피해자 지원을 위한 동행서비스 제공
의료 지원	○ 24시간 응급조치 및 응급치료 ○ 신체사정, 법의학적 면담 ○ 외과 및 산부인과, 정신건강의학과 등 치료 ○ 피해자 진료 및 진단서 발급 ○ 성폭력증거채취 응급키트 조치
수사·법률지원	○ 수사 및 소송절차에 대한 정보제공 ○ 증거물 수집 ○ 조사 지원 : 진술조서 작성, 진술녹화 실시 등 ○ 성폭력 피해자 법적절차에 따른 지원 　－ 무료법률구조사업을 통한 소송지원 　－ 재판 모니터링 및 신뢰자 동석
피해자 지원을 위한 자원 구축	○ 전문가 그룹 운영: 의료인((소아)정신건강의학과의사, 산부인과, 응급의학과 등), 법률가, 종교인, 사회복지학자, 심리학자 등 　－ 피해자 지원을 위한 자문 및 자원동원 ○ 긴급구조 지원체계 운영 및 지역연계망 구축 　－ 1366, 아동보호전문기관, NGO와의 연대
기타	○ 폭력 예방을 위한 홍보, 교육 ○ 운영위원회 구성운영 ○ 예산 및 회계 관리 ○ 홈페이지 관리 ○ 해바라기센터 정보시스템 전산화 관리 ○ 제반 행정업무

---

437) 여성가족부, 『2017년 해바라기센터 사업안내』, 2017, 108면.

4 성폭력피해자통합지원센터의 구성원과 업무

센터는 센터장, 소장, 부소장, 상담법률지원팀, 의료지원팀, 심리지원팀, 행정지원팀을 두고 있으며 수사지원팀은 지방경찰청 소속으로 센터와 협력관계를 유지한다.

센터장은 운영기관의 장인 병원장이 겸직하는데 경찰관 4~5명과 함께, 대도시는 15명 내외(상담원 6~7명, 간호사 3~5명, 임상심리전문가 4명, 행정원 1명)으로, 중소도시는 12명 내외(상담원 4~5명, 간호사 2~3명, 임상심리전문가 3명, 행정원 1명)으로 이루어진다[438]. 그리고 일반적인 조직도는 다음과 같다.

〈해바라기센터(통합형) 조직도 표준안〉

---

438) 여성가족부, 『2017년 해바라기센터 사업안내』, 2017, 125면.

생각해 볼 문제
다른 선진국에도 해바라기아동·여성센터와 같은 시스템이 있는가?

【미국의 아동옹호센터(CAC)】

한국과 다르게 아동성폭력 피해자를 주 대상으로 하지만 미국의 아동옹호센터가 해바라기아동·여성센터와 유사하다. 이는 1985년 미국 알라바마의 헌츠빌에서 개소되어 현재 미국 전역에서 운영되고 있다.

아동성폭력을 포함한 아동 학대에 대하여 아동보호서비스관계자들 및 형사사법기관, 검사, 교육자, 정신건강상담자를 비롯한 의료인들이 통합 연계된 형태로 일관된 서비스를 제공하는 제도이다[439].

특히 아동의 진술 획득을 위한 면담 조사도 센터에서 실시되는데 한국과는 다르게 자격을 갖추고 인증 받은 진술조사 전문가[440]가 조사를 하고 있다.

맨해튼의 아동옹호센터의 경우 지하 1층에 형사부서가 있어 아동학대 관련 교육을 받은 형사가 24시간 체제로 대기하고 있으며 유치장도 갖추어져 있다. 신고를 받으면 카운슬러 형사가 출동하여 피해자와 보호자를 동행해오고 아동에게서 학대의 객관적 증거가 발견된 경우 바로 가해자를 체포한다고 한다.

【영국의 성폭력대응센터(SARC[441])】

영국의 성폭력대응센터도 우리나라의 해바라기아동·여성센터와 유사하다. 이는 1986년 경찰과 지역보건 당국이 협력하여 맨체스터 지역의 세인트매리병원에 최초로 설치하였고 현재 계속 확대 중이다.

이 센터도 성폭력피해자에게 원스톱서비스를 제공하는데, 24시간 운영되며 의료적 지원 관련하여 성병검사 및 에이즈 상담, 사후피임에 대한 처방 및 임신 검사 등의 다양한 의학적 치료와 상담 및 종합적인 법의학 검사를 법의학적 훈련을 받은 의사와 간호사를 통해 받을 수 있다.

그리고 위기 개입 담당자(Crisis Worker), 상담자(Counsellor), 아동조력인(Child

---

439) William G. Doemer 저, 조윤오 외 역, 『피해자학』, 도서출판 그린, 2012, 317면.
440) 미국의 진술조사 전문가 제도에 대하여는 표창원, 「아동 성폭력 피해자 진술조사 제도 발전을 위한 미국사례의 검토」, 『경찰대학 논문집』 제31집, 경찰대학, 2011을 참고하길 바란다.

Advocate), 청소년 조력인(Young Persons Advocate)이 각각 업무별·대상별로 전문적인 상담 및 지원서비스를 제공한다.

수사지원 관련해서는 피해자가 원하는 경우에만 경찰 등 형사사법기관과 연결시켜주며 우선 증거채취만 하고 있다. 그리고 증거채취 관련 피해자가 원하는 성별의 의사 및 법의학검사관을 선택할 수 있게 하고 있다.

---

441) 자세한 내용은 영국 런던지역의 센터홈페이지(https://www.thehavens.org.uk/)를 참고하길 바란다.

22. 센터에서의 대응

> □ **성폭력범죄의수사및피해자보호에관한규칙 제11조(피해자 후송)**
>
> ① 경찰관은 피해자의 치료가 필요한 경우에는 즉시 피해자를 가까운 통합지원센터 또는 성폭력 전담의료기관으로 후송한다. 다만, 피해자가 원하지 않는 경우에는 그러하지 아니하다.
>
> ② 경찰관은 성폭력범죄의 피해자가 13세 미만이거나 신체적인 또는 정신적인 장애로 사물을 변별하거나 의사를 결정할 능력이 미약한 경우에는 통합지원센터나 성폭력 전담의료기관과 연계하여 치료, 상담 및 조사를 병행한다. 다만, 피해자가 원하지 않는 경우에는 그러하지 아니하다.
>
> ③ 제1항 및 제2항에도 불구하고 통합지원센터나 성폭력 전담의료기관의 거리가 멀어 신속한 치료가 어려운 경우에는 가까운 의료기관과 연계할 수 있다.

① 센터의 대응사건

아직까지 모든 지역에 성폭력피해자통합지원센터가 설치된 것이 아니며 센터가 설치된 곳에서도 발생하는 모든 범죄에 대응하기에는 인력 등의 문제가 있다. 경찰청은 여성청소년수사팀이 설치되기 이전부터 강간사건 중에서 초기 위기상황 발생 사건으로 증거물 채취나 의료 지원이 필요한 사건, 13세 미만 아동 및 정신지체 장애인 대상 성폭력 사건, 피해자가 성인인 경우라도 심리적 불안감을 호소하여 상담 혹은 진술 시 신뢰 동석자를 요구하는 사건, 아동·여성 범죄 중 피해자에 대한 보호 조치가 필요한 사건을 주로 센터로 연계하고 13세 이상의 강제추행 사건 등은 경찰서에서 조사토록 하였다.

② 센터에서의 대응 절차

13세 미만·장애인 성폭력범죄의 경우 신고가 접수되면 지방경찰청 성폭력 특별수사대가 담당하게 되는데, 성폭력피해자통합지원센터로 가서 증거채취를 하고 진술을 녹화하게 된다.

다만 바로 녹화하지 않고 우선 속기사, 진술조력인, 신뢰관계인, 피해자전담변호사, 진술분석가 등 전문가의 일정을 조율해 조사 시기를 정하게 된다. 이렇게 정해진 일시에 통합지원센터에 상주하는 성폭력 전담조사관은 아동의 특성을 고려한 조사기법으로 피해 내용을 녹화하고 그 녹취록을 각 지방경찰청 수사팀 등에 인계한다. 통합지원센터에 상주하고 있는 성폭력 전담조사관으로부터 조사결과와 전문가의 분석의견서를 넘겨받은 전담수사팀은 피의자를 상대로 혐의 내용에 대한 진위를 파악하는 등 이후 수사전반을 책임지게 된다.

센터에서 근무하는 여자경찰관인 성폭력 전담조사관은 이외에도 ① 사진촬영·성폭력응급키트에 의한 증거 채취에 입회하고 감식을 의뢰하며, ② 가해자 인적사항 등을 파악하여 신속한 전파로 범인 검거에 기여하며, ③ 피해자 상담 및 변호사와 연계하여 각종 법률지원을 하고, ④ 다른 법적 절차를 지원하며 고소·고발의 조력도 하게 된다. 이러한 활동들은 대략 다음과 같은 절차를 통해 이루어지게 된다.

〈19세 미만 아동·청소년 및 장애인 성폭행 사건 처리 절차[442]〉

(1) 피해자 및 보호자 상담
⇓
(2) 증거채취 및 산부인과 진료 등 응급진료 필요 시 우선 실시
⇓
(3) 진술분석 전문가(및 진술조력인) 참여 (만 13세 미만 및 장애인인 경우 의무)
⇓
(4) 녹취록 작성 속기사 참여(만 19세 미만 및 장애인인 경우 참여)
⇓
(5) 성폭력 전담검사 사전 유선 보고 및 법률조력인 신청 유무 확인
⇓
(6) NICHD 프로토콜 사용, 진술녹화 실시
⇓
(7) 속기사 녹취록에 의거 진술조서 작성 및 피해자, 참여인 간인
⇓
(8) 영상녹화 동의서, 신뢰관계자 동석확인서 등 수사서류 작성
⇓
(9) 해당서류 담당 수사팀 인계[443]
⇓
(10) 피해자 보호자에게 인계 또는 쉼터(NGO단체 등) 입소 연계

---

442) 경찰청, "원스톱지원센터 사건 처리절차 및 조치요령"

　　다만 모든 사례가 위와 같이 획일적으로 진행되는 것은 아니고 특히 센터
방문 유형별로 대응이 달라지는 경우가 많은데, 경찰 또는 상담소 직원과 같이
방문하는 경우와는 달리 피해자가 자발적으로 오는 경우나, 부모가 같이 동행
하여 오는 경우에는 수사를 원하지 않고 상담이나 심리치료, 의료치료만을 원
하는 경우가 많다고 한다. 피해자가 경찰과 같이 센터를 방문하는 경우에도 장
애유무, 피해유형, 피해경위, 피해상황, 가해자 특성, 가해자와의 관계, 피해자
의 요구 등 사건의 전반적 내용을 고려하여 조치 및 지원방안을 결정하게 된다.

---

443) 우리나라의 경우 피해자 조사와 가해자 조사를 담당하는 경찰수사관이 각각 달라 조서 및
　　영상녹화물을 제외한 다양한 정보가 가해자를 조사하는 수사관에게 제대로 전달되지 않는
　　다는 문제점이 있다. 물론 원칙적으로 피해자 조사 시 사건을 담당할 경찰관이 참관함으로
　　써 이러한 문제를 일정 부분 해결하고 있다. 그러나 피해자 조사 이후 피해자를 지원하면서
　　취득하게 되는 다양한 정보들이 제대로 연계되는지는 의문이다.

생각해 볼 문제

이러한 대응절차는 타당한가?

다른 선진국의 성폭력범죄 처리절차는 어떠한가?

【아동의 상황에 맞춘 합리적 대응】

성폭력피해자통합센터를 중심으로 초기상담뿐 아니라 수사지원, 법률지원, 심리치료지원, 의료지원이 통합적으로 제공되고 있는데 이는 다양한 전문가들이 협력하여 제공하고 있다. 그러나 다양한 분야의 전문인력과 함께 아동대상 성범죄를 수사할 때 고민스러운 일 중 하나가 누가 피해아동을 가장 먼저 면담하는가의 문제라고 할 수 있다. 각 전문가들이 모두 자신이 가장 먼저 피해아동을 면담해야 한다고 여기기 때문이다.

이는 피해자가 각 단계의 전문가와 만날 때마다 같은 이야기를 반복해야 하며 특히 아동의 경우 이 과정에서 진술오염이 일어날 가능성이 높아 중요한 문제이다. 일반적으로는 초기 상담을 통해 피해자의 안정을 확보하고 피해의 개략적인 내용과 피해자의 특성을 파악한 후, 증거물을 확보하는 과정을 거친다.

그러나 경우에 따라 다른 순서를 택해야 하는데 우선 아동의 전반적인 상태, 피해의 종류와 특성을 고려해 조사시기와 참여전문가의 순서를 결정하는 것이 좋다. 성폭행과정에서 중상을 입어 의료적인 지원과 증거 확보가 시급한 경우에는 의료전문가가 가장 먼저 피해아동을 접촉하여 필요한 응급구호조치를 하고 이때 적절한 치료와 증거확보를 위해 의료진이 가장 먼저 아동과 면담을 실시할 수밖에 없다. 피해의 후유증이 심하거나 진술을 할 수 없는 상태의 피해자라면 먼저 상담이나 심리치료 전문가가 면담하는 것이 바람직하고, 사법처리 여부에 대한 확신을 가지지 못하고 결정을 못하고 있다면 법률지원 전문가가 가장 먼저 접촉하여 여러 권리에 대한 조언을 하는 것이 더 바람직하다.

【영국의 성폭력대응센터(SARC)】

영국의 성폭력대응센터에서의 대응은 대상이 성인 또는 아동인지, 경찰이 동행한 것인지 스스로 찾아온 것인지 등에 따라 다양해지는데[444] 대표적인 대응은 다음 그림과 같다.

---

444) 자세한 내용은 NHS England, Service specification No. 30 Sexual Assault Referral Centres, 2016(https://www.england.nhs.uk/wp−content/uploads/2017/04/service−spec−30.pdf)을 참고하길 바란다.

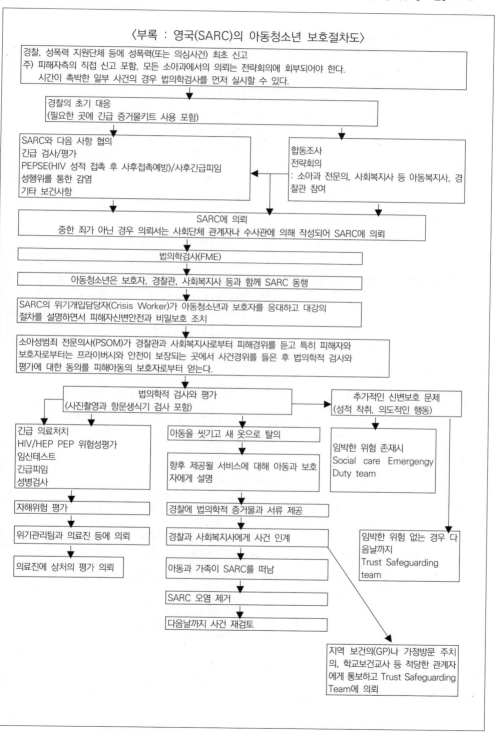

〈부록 : 영국(SARC)의 아동청소년 보호절차도〉

경찰, 성폭력 지원단체 등에 성폭력(또는 의심사건) 최초 신고
주) 피해자측의 직접 신고 포함, 모든 소아과에서의 의뢰는 전략회의에 회부되어야 한다.
    시간이 촉박한 일부 사건의 경우 법의학검사를 먼저 실시할 수 있다.

경찰의 초기 대응
(필요한 곳에 긴급 증거물키트 사용 포함)

SARC와 다음 사항 협의
긴급 검사/평가
PEPSE(HIV 성적 접촉 후 사후접촉예방)/사후긴급피임
성행위를 통한 감염
기타 보건사항

합동조사
전략회의
: 소아과 전문의, 사회복지사 등 아동복지사, 경찰관 참여

SARC에 의뢰
중한 죄가 아닌 경우 의뢰서는 사회단체 관계자나 수사관에 의해 작성되어 SARC에 의뢰

법의학검사(FME)

아동청소년은 보호자, 경찰관, 사회복지사 등과 함께 SARC 동행

SARC의 위기개입담당자(Crisis Worker)가 아동청소년과 보호자를 응대하고 대강의
절차를 설명하면서 피해자신변안전과 비밀보호 조치

소아성범죄 전문의사(PSOM)가 경찰관과 사회복지사로부터 피해경위를 듣고 특히 피해자와
보호자로부터는 프라이버시와 안전이 보장되는 곳에서 사건경위를 들은 후 법의학적 검사와
평가에 대한 동의를 피해아동의 보호자로부터 얻는다.

법의학적 검사와 평가
(사진촬영과 항문생식기 검사 포함)

추가적인 신변보호 문제
(성적 착취, 의도적인 행동)

긴급 의료처치
HIV/HEP PEP 위험성평가
임신테스트
긴급피임
성병검사

아동을 씻기고 새 옷으로 탈의

임박한 위험 존재시
Social care Emergengy Duty team

자해위험 평가

향후 제공될 서비스에 대해 아동과 보호자에게 설명

위기관리팀과 의료진 등에 의뢰

경찰에 법의학적 증거물과 서류 제공

의료진에 상처의 평가 의뢰

경찰과 사회복지사에게 사건 인계

임박한 위험 없는 경우 다음날까지
Trust Safeguarding team

아동과 가족이 SARC를 떠남

SARC 오염 제거

다음날까지 사건 재검토

지역 보건의(GP)나 가정방문 주치의, 학교보건교사 등 적당한 관계자에게 통보하고 Trust Safeguarding Team에 의뢰

5장
참여인

23. 신뢰관계인

□ **성폭력범죄의처벌등에관한특례법 제34조(신뢰관계에 있는 사람의 동석)**

① 법원은 제3조부터 제8조까지, 제10조 및 제15조(제9조의 미수범은 제외한다)의 범죄의 피해자를 증인으로 신문하는 경우에 검사, 피해자 또는 법정대리인이 신청할 때에는 재판에 지장을 줄 우려가 있는 등 부득이한 경우가 아니면 피해자와 신뢰관계에 있는 사람을 동석하게 하여야 한다.

② 제1항은 수사기관이 같은 항의 피해자를 조사하는 경우에 관하여 준용한다.

③ 제1항 및 제2항의 경우 법원과 수사기관은 피해자와 신뢰관계에 있는 사람이 피해자에게 불리하거나 피해자가 원하지 아니하는 경우에는 동석하게 하여서는 아니 된다.

※ 아동·청소년의성보호에관한법률 제28조도 아동·청소년대상 성범죄 피해자에 대하여 동일한 규정을 두고 있음

□ **성폭력범죄의처벌등에관한특례법 제30조(영상물의 촬영·보존 등)**

⑥ 제1항에 따라 촬영한 영상물에 수록된 피해자의 진술은 공판준비기일 또는 공판기일에 피해자나 조사 과정에 동석하였던 신뢰관계에 있는 사람 또는 진술조력인의 진술에 의하여 그 성립의 진정함이 인정된 경우에 증거로 할 수 있다.

> □ **성폭력범죄의수사및피해자보호에관한규칙 제21조(신뢰관계자의 동석)**
>
> ① 경찰관은 피해자를 조사할 때 신뢰관계자를 동석하게 할 수 있다. 이 경우 신뢰관계자로부터 신뢰관계자 동석 확인서 및 피해자와의 관계를 소명할 서류를 제출받아 이를 기록에 편철한다.
>
> ② 경찰관은 아동·청소년대상 성폭력범죄의 피해자나 법정대리인이 신청하는 경우와 「성폭력범죄의 처벌 등에 관한 특례법」 제3조부터 제8조, 같은 법 제10조 및 제15조(같은 법 제9조의 미수범은 제외한다)의 범죄의 피해자를 조사하는 경우에는 수사에 지장을 줄 우려가 있는 부득이한 경우가 아니면 신뢰관계자를 동석하게 하여야 한다.
>
> ③ 경찰관은 피해자가 19세 미만이거나 신체적인 또는 정신적인 장애가 있는 경우에 피해자의 동의를 받아 성폭력 상담을 지원하는 상담소의 상담원 등을 신뢰관계자로 동석하게 할 수 있다.
>
> ④ 제1항부터 제3항에 해당하는 경우 경찰관은 신뢰관계자라도 피해자에게 불리한 영향을 미칠 우려가 현저하거나 피해자가 원하지 아니하는 경우에는 동석하게 하여서는 아니 된다.

1 신뢰관계인의 범위

특정 성범죄[445]의 피해자를 법원에서 증인으로 신문하거나 수사기관에서 조사하는 경우 피해자의 연령, 심신상태 그 밖의 사정을 고려하여 피해자가 현저하게 불안 또는 긴장을 느낄 우려가 있다고 인정하는 때에는 직권 또는 피해자·법정대리인·검사의 신청에 따라 피해자와 신뢰관계에 있는 자를 동석하게 할 수 있다. 이는 피해자의 심리적 안정과 원활한 진술을 도모하기 위한 것으로 형사소송규칙 제84조의3 제1항은 "피해자의 배우자, 직계친족, 형제자매, 가족, 동거인, 고용주 그 밖에 피해자의 심리적 안정과 원활한 의사소통에 도움을 줄

---

445) 아청법 제28조 제1항은 아동·청소년대상 성범죄를, 성폭력처벌법 제34조 제1항은 성폭력처벌법 제3조부터 제8조까지, 제10조 및 제15조(9조의 미수범을 제외한다)의 범죄로 한정하고 있다. 따라서 성폭력처벌법 제2조 제1항 제1호 내지 제4호 범죄, 강간등상해·치상(제9조), 공중밀집장소에서의추행(제11조), 성적목적을위한공공장소침입(제12조), 통신매체를이용한음란행위(제13조), 카메라등을이용한촬영(제14조)은 제외된다.

수 있는 사람"을 신뢰관계인으로 규정하고 있다. 그리고 개정된 형사소송규칙 (2013. 1. 1. 시행)은 신뢰관계에 있는 자의 범위에 피해자 변호인 및 진술조력인도 포함시켰다.

특히 피해자가 13세 미만이거나 신체적 또는 정신적 장애로 사물을 변별하거나 의사를 결정할 능력이 미약한 경우에는 재판에 지장을 초래할 우려가 있는 등 부득이한 경우가 아닌 한 신뢰관계인의 동석이 의무적이다446).

② 제도연혁

성폭력피해자에 대한 신뢰관계인 동석제도는 1997. 8. 22. 개정 성폭력특별법(1998. 1. 1 시행)을 통해 도입되었다. 최초 도입 당시에는 동석이 의무적인 사항이 아니었으며 피해자 신청시 법원이나 수사기관의 판단으로 피해자가 지정하는 자를 동석하게 할 수 있도록 규정하고 있었다. 2003. 12. 11. 개정된 동법률(2004. 3. 12. 시행)을 통해 13세 미만 피해자와 장애인 피해자를 조사하는 경우 재판이나 수사에 지장을 초래할 우려가 있는 등 부득이한 경우가 아닌 한 신뢰관계인 동석을 의무화하였다. 그러나 그 외는 신청에 따라 법원과 수사기관의 판단으로 동석 여부를 결정하도록 하는 상황에는 변함이 없었다. 이후 2006. 10. 27. 개정된 동법률(2006. 10. 27. 시행)에 이르러서야 성폭력범죄 피해자의 신청이 있으면 부득이한 경우가 아닌 한 동석을 의무화하게 되었다. 이후 2007년 개정된 형사소송법은 그 대상범죄를 전면적으로 확대하였다447).

---

446) 2007. 6. 1. 신설된 형사소송법 제163조의2에 따라 피해자의 신청 여부에 관계없이 원칙적으로 신뢰관계인을 동석시켜야 한다.

447) 이처럼 신뢰관계인 제도는 2007년 형소법 개정 이전부터 개별 법률에 도입되어 시행된 것으로 성폭력피해자뿐 아니라 성매매사건 피해자(성매매처벌법 제8조), 노인·아동학대 피해자(노인복지법 제39조의8, 아동복지법 제28조) 등을 법원이 증인으로 신문하거나 수사기관이 조사하는 경우 동석이 허용되었다.
또한 피해자뿐 아니라 피의자의 경우에도 일정한 요건(① 신체적 또는 정신적 장애로 사물을 변별하거나 의사를 결정, 전달할 능력이 미약한 경우 또는 ② 피의자 연령·성별·국적 등의 사정을 고려하여 그 심리적 안정의 도모와 원활한 의사소통을 위하여 필요한 경우)하에서 신뢰관계인 동석이 가능하지만 여기서는 피해자의 경우에 한정한다.

③ 신뢰관계인의 새로운 역할

신뢰관계인에게 피해자조력 외에 새로운 역할이 추가된 건 2003. 12. 11. 개정된 성폭력특별법(2004. 3. 12. 시행)을 통해 진술녹화제도를 도입하면서 영상물에 수록된 피해자 진술의 성립의 진정이 동석했던 신뢰관계자의 진술에 의해 인정될 수 있도록 규정하면서 부터이다. 대부분의 피해자가 정작 공판이 시작될 즈음해서는 공판정에서의 2차 피해 등을 우려해 법정에 출석하는 것 자체를 꺼리는 일이 자주 벌어지면서 피해자의 진술을 증거로 사용할 수 없게 되어 공판진행 자체가 불가능해지는 일이 벌어지곤 하였다. 그래서 동석했던 신뢰관계인에 의해 성립의 진정이 인정되도록 하여 2차 피해를 예방하면서도 영상물에 수록된 피해자의 진술을 증거로 사용할 수 있는 방안을 마련하게 된 것이다.

④ 피해자가 신뢰관계인 동석을 거부하는 경우

피해자가 신뢰관계인의 동석을 원하지 않을 때 규정대로라면 신뢰관계인을 퇴실시키고 조사를 진행하면 되지만 영상녹화물에 수록된 피해자진술이 동석한 신뢰관계인에 의해 성립의 진정이 인정되는 경우가 많아 법원은 실무상 신뢰관계인의 동석을 강력히 요구하므로 수사관의 현명한 판단과 조치가 요구된다.

따라서,

▫ 원칙적으로 신뢰관계인을 동석시킨다.

▫ 피해자가 거부하는 경우 퇴실시켜야 하는 것이 맞지만 우선 피해자에게 다른 신뢰관계인으로 교체하도록 설득해보고 그래도 계속해서 동석자를 원치 않는 경우, 피해자의 법정출석에 따른 피해를 최소화하는 데 도움이 된다는 사실을 고지해서 신뢰관계자의 동석이 본인에게 도움이 되는 제도라는 점을 분명히 인식시킨다. 다만, 이때 신뢰관계인이 동석하면 피해자가 법정에 절대 출석할 일이 없다는 식으로 단언하지 않도록 주의한다. 신뢰관계인이 동석한 영상물을 제출해도 재판장이 심증을 굳히기 위해 피해자를 직접 소환해 증언을 듣는 경우가 많기 때문이다.

▫ 또한, 특정 신뢰관계인의 동석이 오히려 피해자의 원활한 진술에 방해가 되거나 피해자에게 불리하게 작용할 경우 규정에 의하면 수사관 판단에 의해 퇴실을 요청할 수 있지만, 피해자가 먼저 원하지 않는 상황에서 수사관이 퇴실 요청을 하면 수사편의를 위한 자의적인 조치라는 비난을 받을 수 있어 유념할 필요가 있다. 이 경우 반드시 법률조력인, NGO관계자, 다른 친족 또는 센터 내 상담사나 간호사를 동석시키도록 한다[448].

▫ 이러한 설명에도 불구하고 본인이 직접 출석하겠다거나 신뢰관계인의 동석을 거부한다면 원활한 진술조사의 진행을 위해 규정대로 신뢰관계인을 퇴실 시켜야 한다. 이 경우의 피해자는 대부분 초등학교 고학년 이상인 경우가 많아 법정에 출석하여 증언을 잘할 가능성이 높으므로 피해자의 의사를 존중해줘야 한다.

▫ 신뢰관계인을 퇴실시킬 경우 영상녹화 과정에 이를 수록하도록 한다. 즉, 신뢰관계인 퇴실을 요구하는 피해자의 진술이나 피해자에게 불리하다고 판단되는 정황을 가감 없이 녹화하도록 하고 별도의 수사보고서에 반드시 그 판단의 이유를 기록하도록 한다[449].

⑤ 신뢰관계인 관련 문제

최초로 피해사실을 발견한 미취학 아동의 부모나 피해자의 남편 등이 신뢰관계인으로 참석한 경우 신뢰관계인을 의식한 피해자가 자연스러운 진술을 하지 못하거나 정황과 들어맞지 않은 피해사실을 고집하는 경우가 있다. 따라서 예단에 사로잡혀 피해자에게 특정진술을 유도, 강요할 가능성이 있거나 자연스

---

448) 간혹 재판출석을 우려해 동석을 거부하는 센터 내 간호사나 상담사들이 있는 경우, 이미 라포가 형성된 경험 많은 간호사나 상담사들이 최적의 신뢰관계인이라는 점을 주지시키고 평소에 신뢰관계인의 증거법상 역할을 주지시킬 필요가 있다.

449) 피해자조사절차 중 '소개'단계에서 녹화동의를 받고 나서 신뢰관계인 동석에 대한 피해자의 의사를 확인한다. 조사를 시작하기 전에 간단한 상담과정에서 신뢰관계인 동석에 대한 의사를 확인하고 만약 거부할 경우 녹화를 시작한 뒤 피해자의 분명한 거부의사가 녹화되도록 한다. 이 경우 경찰관의 사전유도나 자의적인 판단이 아니라는 점을 입증하기 위해 위의 여러 경우를 자세히 설명하는 과정도 녹화되면 좋을 것이다.

러운 진술에 방해가 될 가능성이 있는 사람이 신뢰관계인으로 동석하지 않도록 주의한다.

피해자의 진술 도중 피해자에게 특정 답변을 유도하거나 눈치를 주는 식으로 개입하는 경우, 심지어 조사 중간 추가조사를 위한 휴식시간에 피해자에게 특정정보를 고지하며 답변을 유도하여 신빙성에 심각한 훼손을 초래하는 경우가 있으니 사전에 이와 같은 개입이 발생하지 않도록 안내와 주의가 필요하다[450].

---

450) 형사소송법 제164조의2 제3항은 신뢰관계인으로 동석한 자가 법원·소송관계인의 신문 또는 증인의 진술을 방해하거나 진술 내용에 부당한 영향을 미칠 수 있는 행위를 하여서는 안된다고 규정하고 있으며 형사소송규칙 제84조의3 제3항은 그러한 경우 동석을 중지시킬 수 있다고 규정하고 있다.

24. 진술분석전문가

□ **성폭력범죄의처벌에관한특례법 제33조(전문가의 의견조회)**

① 법원은 정신건강의학과의사, 심리학자, 사회복지학자, 그 밖의 관련 전문가로부터 행위자 또는 피해자의 정신·심리 상태에 대한 진단 소견 및 피해자의 진술 내용에 관한 의견을 조회할 수 있다.

② 법원은 성폭력범죄를 조사·심리할 때에는 제1항에 따른 의견 조회의 결과를 고려하여야 한다.

③ 법원은 법원행정처장이 정하는 관련 전문가 후보자 중에서 제1항에 따른 전문가를 지정하여야 한다.

④ 제1항부터 제3항까지의 규정은 수사기관이 성폭력범죄를 수사하는 경우에 준용한다. 다만, 피해자가 13세 미만이거나 신체적인 또는 정신적인 장애로 사물을 변별하거나 의사를 결정할 능력이 미약한 경우에는 관련 전문가에게 피해자의 정신·심리 상태에 대한 진단 소견 및 진술 내용에 관한 의견을 조회하여야 한다.

⑤ 제4항에 따라 준용할 경우 "법원행정처장"은 "검찰총장 또는 경찰청장"으로 본다.

□ **성폭력범죄의수사및피해자보호에관한규칙 제27조(전문가의 의견 조회)**

① 경찰관은 정신건강의학과 의사, 심리학자, 사회복지학자 그 밖의 관련 전문가 중 경찰청장이 지정한 전문가로부터 행위자 또는 피해자의 정신·심리상태에 대한 진단소견 및 피해자의 진술내용에 관한 의견을 조회할 수 있다. 다만, 피해자가 13세 미만이거나 신체적인 또는 정신적인 장애로 사물을 변별하거나 의사를 결정할 능력이 미약한 경우에는 반드시 전문가로부터 의견을 조회하여야 한다.

② 경찰관은 피해자가 신체적인 또는 정신적인 장애로 사물을 변별하거나 의사를 결정할 능력이 미약한지 여부가 명확하지 않은 경우에는 전문가로부터 사물을 변별하거나 의사를 결정할 능력이 있는지 여부에 대한 의견을 조회하여야 한다.

1 전문가제도의 의의

형사소송법 제279조의2는 전문심리위원의 참여를 규정하고 있는데 이는 법원의 결정에 따라 지정된 전문가로 성폭력처벌법 제33조도 전문가로부터 의견을 조회할 수 있다고 규정하고 있다.

특히 성폭력범죄에 있어서 피해자가 아동이거나 정신적인 장애인인 경우에 전문가의 도움이 필요한 경우가 많다. 성폭력처벌법은 수사단계에서도 전문가의 도움을 받을 수 있도록 준용규정을 두면서 특히 피해자가 13세 미만이거나 신체적인 또는 정신적인 장애로 사물을 변별하거나 의사를 결정할 능력이 미약한 경우에는 관련 전문가에게 피해자의 정신·심리 상태에 대한 진단 소견 및 진술 내용에 대한 의견을 조회하도록 하고 있다. 왜냐하면 이러한 경우 피해를 입은 후 상당기간이 경과한 후 피해사실이 발견되는 경우가 적지 않아 진술 외에 범죄를 입증할 증거가 마땅치 않은 경우가 많다. 따라서 이런 경우 유일한 증거라고 할 수 있는 진술을 어떻게 받아들여야 할지는 매우 중요한 문제이기 때문이다.

2 아동행동진술분석 전문가 제도

전문가는 다양한 분야를 상정하고 있지만 본격적인 제도 도입의 계기는 아동행동진술분석에서 출발했다고 볼 수 있다. 1954. 12. 14. 독일연방공화국 대법원에서 성범죄 피해자인 7세 소녀의 진술에 대한 신뢰성을 판단하기 위해 심리학자인 Undeutsch에게 분석을 요청한 이후 아동성폭력 사건에 있어서 전문가증언은 매우 중요한 역할을 하게 된다[451].

우리나라에서는 2004년에 최초로 총 82명의 성폭력 피해아동 진술분석을 시도하여 성폭력 피해아동 진술분석에 준거기반내용분석(CBCA)을 적용할 수 있는 가능성과 진술분석의 효용성을 입증하며 전문가에 의한 진술분석에 주목하게 되었다.[452] 2007. 10. 10.부터 경찰청은 성신여대 산학협력단과 함께 성폭

---

451) 1950년부터 1980년 사이에 독일의 심리학자들은 약 40,000건에 대한 전문가의 의견을 제출하였다.

452) 자세한 내용은 조은경,『성폭력 피해아동의 진술타당도 분석 및 활용방안에 관한 연구』,

력피해아동 행동·진술분석 기법을 개발해 시범운영하다 2010. 1월부터 전국 원
스톱지원센터에서 본격적으로 활용하기 시작하였다. 국회도 진술분석전문가 역
할의 중요성을 인식하여 2010. 4. 15. 성폭력처벌법 제28조 제4항에 수사기관이
13세 미만 성폭력 피해 아동이나 장애인을 조사하는 경우 의무적으로 전문가에
게 의견조회를 하도록 규정하였다.

　　현재 전문가 보고서는 유무죄 판단, 신빙성 판단, 공소제기 결정뿐 아니라
2차 피해 방지, 수사의 공정성·투명성 보장 등에도 긍정적인 영향을 미치는 것
으로 조사되고 있다[453]. 그러나 도입 초기 행동진술분석 기법에 대한 몰이해로
관련 수사자료의 충분한 제공 없이 오로지 피해자 진술만으로 분석하거나 절단
점수를 도식적으로 도입하여 진술의 진위를 판명하려 하는 등의 시행착오를 겪
은 바 있다. 사실 진술신빙성 평가는 특정 사건과 관련된 구체적인 가설을 수립
하여 자료와 부합되지 않는 영가설이 기각되면 대립가설을 지지하는 가설검증
절차라고 할 수 있다. 대표적인 영가설은 대상자의 진술능력·인지능력의 한계
로 인해 의도하지 않았지만 자신이 경험하지 않은 것을 진술했을 가능성, 타인
과 암시적인 면담의 영향으로 허위기억이 형성됐을 가능성, 기억의 재해석 가
능성, 의도적인 거짓말의 가능성 등을 들 수 있다. 이를 위해서는 각 가설을 검
증할 수 있는 풍부한 정보가 필수적이므로 수사가 거의 완료된 시점에서 관련
자료를 충분히 제공받아 검증이 이루어져야 한다.

③ 아동행동진술분석 기법

1) 진술타당성 평가(Statement Validity Assessment : SVA)

　　진술타당성 평가는 실제 경험한 사건기억에 대한 진술은 허위나 상상에 근
거한 진술과는 내용 및 질적인 측면에서 다를 것이라는 가정에 근거하여 개발
한 진술사실성 평가(Statement Reality Assessment : SRA)를 Steller와 Köehnken이
체계화한 것으로, 1단계로 자유회상에 의한 비유도적 방식에 의한 진술조사가

　　한국형사정책연구원, 2004을 참고하길 바란다.
453) 박종선, 「아동성폭력 전문가 참여제 성과 및 발전방안」, 『치안논총』 제28호, 치안정책연구
　　소, 2012, 180면.

이루어진 후 2단계로 준거기반내용분석(CBCA)을 통해 진술의 표현상, 내용상, 동기적인 특징을 살펴보고, 3단계로 진술이 다른 외적인 요소에 의해 영향을 받았는지에 대한 타당도 평가 등을 시행한다. 이 일련의 과정은 유기적으로 연결되어 있다. 즉, 1단계 진술조사가 부적절하게 수행되어 암시적인 질문에 유도된 진술이 나왔다면 이에 대한 CBCA 분석은 불가능하거나 제한적일 수밖에 없다. 또 진술의 타당성을 의심케 하는 강력한 변인이 존재한다면 CBCA에서 높은 점수를 얻었더라도 진술의 신빙성은 높게 볼 수 없게 된다.

2) 준거기반내용분석(Criteria-Based Content Analyis : CBCA)

독일에서는 26개의 준거가 사용되기도 하나 우리나라에서는 19개의 준거가 5개의 범주로 조직화 되어있는 분석툴을 사용하고 있다. 허위진술보다 경험한 진술에서 CBCA 준거가 많이 발견되는 이유는 거짓말 하는 사람은 진실준거와 관련된 지식과 상상력이 부족하고 여러 개의 준거들을 동시에, 그 준거가 요구하는 방식으로 꾸며내는 데 익숙하지 않으며 이전에 자신이 무슨 말을 했는지 잊어버리는 것이 두려워 양적으로 풍부한 진술, 세부묘사를 제공하지 못하며 자발적 수정이나 기억부족 시인 같이 자신이 의심받을 만한 특징들은 진술에 포함시키지 않으려는 특징이 있기 때문이다[454].

많은 실험연구와 재판연구에서 CBCA가 매우 유용하며 경험한 사실에 대한 진술과 꾸며낸 허위진술을 정확하게 나타내주고 있음이 확인되었다[455]. 그러나 CBCA는 이론적 근거가 부족하고 사건에 대한 익숙함과 코칭에 의해 영향을 받을 수 있어 오긍정 오류의 가능성이 높다는 비판이 있고[456] CBCA점수는 아동

---

454) Vrij는 CBCA 요소들이 허위진술보다 경험한 사건의 진술에서 더 많이 나타나는 이유를 다음과 같이 설명하고 있다. ① 꾸며내어 허위로 진술하는 경우에는 사실을 경험한 진술보다 상상력이 충분하지 않고 ② 허위로 진술하는 경우에는 세부적으로 묘사할 수 없으며 ③ 허위로 진술할 때는 체계적으로 이야기하기가 쉽다. ④ 허위진술은 나중에 무엇을 진술했는지에 대해 기억해야 하는 부담이 있기 때문에 많은 양의 세부묘사를 하지 않는다. ⑤ 허위로 진술하는 경우에는 구체적으로 묘사하지 않으려는 경향이 있다. ⑥ 허위진술자는 자발적으로 수정을 한다든지, 기억의 부족을 시인하는 경향이 적게 나타난다. ⑦ 허위진술자는 가해자를 용서하는 태도를 보이지 않는다.(Vrij, A., Detecting lies and deceit; The Psychology of Lying and the Implication for Professional Practice, Chichester: John Wiley and Sons, 2000. [박종선, 『증명력 판단기준』, 한국학술정보(주), 2008, 186면. 재인용])
455) 박종선, 『증명력 판단기준』, 한국학술정보(주), 2008, 179면.

의 언어능력과 상당히 높은 정적 상관관계에 있어 아동의 발달적 특성, 특히 언어적 유창성을 감안해야 하므로 어린 아동의 진술에는 오부정 오류의 가능성을 높일 수 있어 CBCA를 적용하는 것이 적절치 않다는 주장도 있다[457].

〈CBCA 준거〉

범주	CBCA 준거	준거 설명
일반적 특징	1. 논리적 일관성	진술의 일관성과 통일성
	2. 구조화되지 않은 표현	진술이 시간적 순서를 따르지 않고 산발하여 나타남
	3. 세부내용의 풍부함	언제, 어디서, 누가, 무엇을 등의 상세한 세부내용 묘사
표현상 특징	4. 맥락상 깊이	사건이 나타나는 맥락의 정보가 풍부하게 주어짐
	5. 상호작용	사건 중 가해자와 관련된 상호작용
	6. 대화의 인용	글 가운데 직접대화(" ")를 사용하거나 가해자의 말 인용
	7. 사건 동안 예기치 않은 일 발생	사건 중 예상치 못한 중단, 어려움, 또는 종료
내용상 특징	8. 독특한 세부내용	사건, 사물, 가해자의 특징적인 부분에 대한 묘사
	9. 부가적인 세부내용	사건과 직접 관련은 없지만 사건 맥락을 이해할 수 있는 세부내용 묘사
	10. 정확하게 보고하였으나 이해하지 못한 세부내용	조사자는 이해되지만 진술인은 이해하지 못한 채 진술
	11. 관련된 외적 연합	가해자와 피해자 사이에 성적인 행위가 있었음을 암시하는 진술
	12. 주관적 심리상태 묘사	사건 당시 주관적인 인지, 정서 상태 평가
	13. 가해자의 정신 상태에 대한 귀인	가해자의 인지적, 정서적 상태 추론
동기적 특징	14. 자발적인 수정	자신의 진술을 자연스럽게 수정
	15. 기억의 부족 시인	기억의 부족을 자연스럽게 시인, 단 직접적인 질문에 대한 것은 아님
	16. 자기 진술에 대한 의심 제기	자신의 진술이 정확하지 않거나 믿지 못할 것에 대한 의심, 걱정
	17. 자기 비난	자기에게 불리하거나 혐의를 초래할 수 있는 묘사
	18. 가해자 용서	범죄자의 행동을 해명하거나 합리화하는 진술
범죄 요소	19. 범죄 특징에 대한 세부내용	전형적인 방식으로 범죄 행동 묘사

456) I, Blandon–Gitlin, K. Pezdek, DD. D. Rogers,& L. Brodie, 2005.; C. L. Rudy & J. C. Brigham, 1996.; A. Vrij, L. Akehurst, S. Soukara, & R. Bull, 2004.(박종선, 『증명력 판단기준』, 한국학술정보(주), 2008, 148면. 재인용)
457) 박종선, 『증명력 판단기준』, 한국학술정보(주), 2008, 145면.

3) 타당도 평가

　　타당도 평가는 진술내용 분석 후 해당진술이 내적, 외적 요인에 의해 영향을 받지 않았는지를 검토하는 질적인 평가과정이다. ① 심리적 요소(언어와 인지능력의 부적절성, 불안한 정서, 암시에 대한 취약성), ② 조사절차적 요소(암시·유도·강압적 질문, 부적절한 조사), ③ 동기적 요소(최초진술 시 상황, 의심스러운 진술동기, 허위로 진술할 외부압력의 존재), ④ 수사상 요소(자연법칙·다른 진술·기타 증거와의 불일치) 등의 준거를 이용해 진술 자체에 영향을 미친 다른 요인이 존재하는지를 살펴 진술분석 결과를 재평가한다. 즉, 이혼이나 재산권 다툼 등으로 인한 부모의 영향, 면담자의 암시 등을 검토함으로써 진술의 진위여부를 검토하고 피해아동이 평소 성적환상을 갖고 있었는지, 진술을 꾸며내는 것인지, 사건과 무관하게 다른 사람을 허위 지목하는 것인지 등을 종합적으로 고려하여 아동진술의 타당성을 평가하도록 하고 있다.

〈타당도 체크리스트〉

범주	타당도 평가 준거	준거에 대한 설명
심리적 특징	1. 언어와 지식의 부적합성	사용하는 언어와 지식이 그 또래 나이의 일반적인 수준을 넘어섬
	2. 정서의 부적합성	면담 동안 부적절한 정서 표현
	3. 암시 취약성	암시에 취약성을 보임
면담 특징	4. 암시, 유도, 강압적 질문사용	면담 당시 면담자가 부적절한 질문 사용
	5. 부적절한 면담	면담에 영향을 미치는 부적절한 점이 존재
진술 동기	6. 보고에 의심스러운 동기 존재	목격자가 보고하는데 의심스러운 동기존재
	7. 처음 폭로의 의문점의 존재	처음 고소 또는 폭로 당시 의문 상황 존재
수사상 의문점	8. 허위로 보고할 압력의 존재	다른 사람의 암시, 코치, 압력이나 강압에 의해 허위로 또는 과장할 가능성
	9. 자연의 법칙에 벗어남	사건이 비현실적으로 묘사되었을 가능성에 대해 평가
	10. 다른 진술과 불일치	다른 사람이 한 진술이나 이전 진술과 불일치
	11. 다른 증거와 불일치	신뢰로운 물리적 증거 또는 다른 확고한 증거와 모순된 진술

④ 새로운 대안(사실성 평가(Reality Monitoring : RM)

　　CBCA의 대안으로 사실성 평가가 주목받고 있는데 이는 지각의 과정에 근거한 기억과 내부처리에 근거한 기억은 다를 것이라는 가정을 근거로 ① **진술의 명료성**, ② **지각정보**, ③ **공간정보**, ④ **시간정보**, ⑤ **진술의 일관성**, ⑥ **정서와 감정**, ⑦ **사실적 묘사**, ⑧ **인지적 추론** 등 8가지 준거로 구성되어 있다. 그러나 CBCA는 아동을 대상으로 한 연구결과물인데 반해 RM 연구들은 모두 성인을 대상으로 한 것이어서 상상과 현실을 구분하는 능력이 부족한 아동에게 RM을 그대로 적용하는 것은 무리이며 RM준거들이 상당부분 CBCA 준거들과 중복되는 점 때문에 RM과 CBCA를 중복해 사용하는 것은 경제적이지 않다는 비판이 있다[458].

---

458) 박종선, 『증명력 판단기준』, 한국학술정보(주), 2008, 148면.

25. 피해자국선변호사

□ **성폭력범죄의처벌등에관한특례법 제27조(성폭력범죄 피해자에 대한 변호사 선임의 특례)**

① 성폭력범죄의 피해자 및 그 법정대리인(이하 "피해자등"이라 한다)은 형사절차상 입을 수 있는 피해를 방어하고 법률적 조력을 보장하기 위하여 변호사를 선임할 수 있다.

② 제1항에 따른 변호사는 검사 또는 사법경찰관의 피해자등에 대한 조사에 참여하여 의견을 진술할 수 있다. 다만, 조사 도중에는 검사 또는 사법경찰관의 승인을 받아 의견을 진술할 수 있다.

③ 제1항에 따른 변호사는 피의자에 대한 구속 전 피의자심문, 증거보전절차, 공판준비기일 및 공판절차에 출석하여 의견을 진술할 수 있다. 이 경우 필요한 절차에 관한 구체적 사항은 대법원규칙으로 정한다.

④ 제1항에 따른 변호사는 증거보전 후 관계 서류나 증거물, 소송계속 중의 관계 서류나 증거물을 열람하거나 등사할 수 있다.

⑤ 제1항에 따른 변호사는 형사절차에서 피해자등의 대리가 허용될 수 있는 모든 소송행위에 대한 포괄적인 대리권을 가진다.

⑥ 검사는 피해자에게 변호사가 없는 경우 국선변호사를 선정하여 형사절차에서 피해자의 권익을 보호할 수 있다.

※ 아동·청소년의성보호에관한법률 제30조도 아동·청소년대상 성범죄 피해자에 대하여 위 조항을 준용하고 있음

□ **성폭력방지및피해자보호등에관한법률 제7조의2(피해자에 대한 법률상담등)**

① 국가는 피해자에 대하여 법률상담과 소송대리(訴訟代理) 등의 지원(이하 '법률상담등'이라 한다)을 할 수 있다.

② 여성가족부장관은 「법률구조법」 제8조에 따른 대한법률구조공단 또는 대통령령으로 정하는 그 밖의 기관에 제1항에 따른 법률상담등을 요청할 수 있다.

③ 제1항에 따른 법률상담등에 드는 비용은 대통령령으로 정하는 바에 따라 국가가 부담할 수 있다.

④ 제1항에 따른 법률상담등의 요건과 내용 및 절차 등은 대통령령으로 정한다. [본조신설 2012.2.1.]

▫ **검사의 국선변호사 선정 등에 관한 규칙 제8조(국선변호사 선정)**

② 검사는 피해자가 다음 각 호의 어느 하나에 해당하는 경우에는 국선변호사를 선정하여야 한다. 다만, 피해자가 명시적으로 거부의사를 표시하는 경우에는 국선변호사를 선정하지 아니할 수 있으며, 이 경우 피해자의 의사를 적은 서면을 해당 사건기록에 편철하여야 한다.

1. 미성년자인 피해자에게 법정대리인이 없는 경우
2. 미성년자인 피해자의 법정대리인이 신체 또는 정신적인 장애로 사물을 변별하거나 의사를 결정할 능력이 없거나 미약한 경우
3. 피해자가 법 제3조 부터 제9조까지 또는 제15조(같은 법 제3조부터 제9조까지의 미수범으로 한정한다)에 해당하는 피해를 입은 경우
4. 피해자가 「아동학대범죄의 처벌 등에 관한 특례법」 제5조·제6조 또는 그 미수범에 해당하는 범죄로 피해를 입은 경우

▫ **성폭력범죄의수사및피해자보호에관한규칙 제19조(변호사 선임의 특례)**

① 경찰관은 성폭력범죄의 피해자등에게 변호사를 선임할 수 있고 국선변호사 선정을 요청할 수 있음을 고지하여야 한다.
② 경찰관은 피해자등이 국선변호사 선정을 요청한 때에는 검사에게 통보하여야 한다.
③ 경찰관은 성폭력범죄의 피해자가 변호사를 선임하거나 검사가 국선변호사를 선정한 경우 변호사가 조사과정에 참여하게 하여야 한다.
④ 경찰관은 조사 중에 변호사가 의견 진술을 요청할 경우, 조사를 방해하는 등의 특별한 사정이 없는 한 승인하여야 한다.

① 피해자국선변호사와 피해자국선전담변호사의 의의

2011. 9. 15. 개정된 아청법(2012. 3. 16. 시행)은 법률조력인제도를 도입하였고 2012. 12. 18. 개정된 성폭력처벌법(2013. 6. 19. 시행)은 이를 모든 성폭력범죄사건으로 확대하면서 그 명칭을 피해자국선변호사로 바꾸었다. 이에 따라

전국의 검찰청은 미리 예정자 명부를 작성하고 경찰서나 성폭력피해자통합지원센터가 신청을 하는 경우 명부의 순번대로 변호사에게 국선변호사 선정통지를 하게 된다.

다만 야간이나 새벽에 피해자가 성폭력피해자통합지원센터 등을 방문한 경우 이러한 절차가 진행되기 어렵고 이외에도 여러 문제가 있으므로 법무부는 2013. 7. 1.부터 피해자국선전담변호사제도를 실시하였다[459]. 즉 법무부는 여성가족부, 대한법률구조공단과 협의하여 전담으로 담당할 변호사를 위촉한 것으로 2017년 현재 6명이 성폭력피해자통합지원센터에, 11명이 대한법률구조공단 지부에 배치되어 있다.

② 피해자국선변호사의 권한

피해자국선변호사는 법률전문가로서 피해자에 대해서 법률적 조력을 하는 데 그 범위가 법에 정해져 있다. 성폭력처벌법 제27조는 피해자국선변호사에 대하여 ① 피해자조사 참여 및 의견진술권, ② 구속 전 피의자신문, 증거보전절차, 공판준비기일 및 공판절차 출석권 및 의견진술권, ③ 증거보전 후나 소송계속 중 관계 서류나 증거물 열람·등사권, ④ 포괄적인 대리권[460]을 가진다고 규정하고 있다.

그리고 2012. 5. 29. 형사소송규칙의 개정으로 '피해자의 변호인'도 피해자와 신뢰관계에 있는 사람에 포함되어 피해자 국선변호사는 피해자와 신뢰관계에 있는 자로서 동석이 가능하게 되었다[461].

피해자국선변호사의 선정기간은 심급제한이 없어 심급에 따라 달라지지 않는다. 다만 피해자국선변호사는 해당 형사소송절차에서의 포괄적 대리권만을 가지기 때문에 예를 들어 이혼소송, 민사소송을 대리할 수는 없다.

---

459) 자세한 경과에 대해서는 신진희, 「범죄피해자 국선변호인제도의 현황 및 개선방안」, 『(사) 한국피해자학회 2017년도 춘계학술대회 자료집』, 2017을 참조하길 바란다.
460) 따라서 피고인의 변호인처럼 독립된 소송행위를 할 수 없다.
461) 형사소송규칙 제84조의3(2013. 1. 1. 시행)

③ 피해자국선변호사의 지정과 수사단계의 조력

사법경찰관이나 검사는 원칙적으로 조사 전에 피해자에게 변호사가 있는지를 확인하여야 하고 변호사가 없으면 피해자 또는 그 법정대리인에게 구두 또는 서면으로 국선변호사 선정을 신청할 수 있음을 알려주어야 한다[462]. 피해자 또는 그 법정대리인은 구두 또는 서면으로 검사 또는 사법경찰관에게 국선변호사 선정 신청을 할 수 있고 국선전담변호사 또는 국선변호사명부에 등재된 사람 중에서 특정인을 지명하여 국선변호사로 선정하여 줄 것을 요청할 수 있다. 만약 법정대리인이 신청할 경우에는 피해자와의 관계를 증명하는 서류를 제출하여야 한다[463]. 국선변호사는 피해 아동·청소년 및 그 법정대리인의 신청에 의하여 변경될 수 있고[464] 그 업무를 성실하게 수행하지 아니하는 경우 지정이 취소될 수 있다[465].

피해자의 신청이나 성폭력피해상담소의 협조요청이 있는 경우 고소 단계부터 국선변호사가 지정되어 고소장 작성 당시부터 피해자를 조력할 수 있다.

④ 피해자국선변호사의 성과와 과제

시행 5년을 경과하며 많은 성과를 내고 있다. 구체적으로 ① 형사절차상 법률지원을 통해 피해자의 역량을 강화하고, ② 형사절차상 피해자 보호도 강화하며, ③ 법률지원 외에도 심리상담과 지원연계 역할을 수행한다. 더구나, ④ 전담체계와의 협력 관계를 구축하여 피해자에 대한 보호·지원이 강화되도록 하는데, ⑤ 수사 관련해서는 수사관에게 사건 수사 및 진행과 관련된 법률적인 의견과 정보를 제공할 뿐만 아니라 피해자 조사 시 동석하면서 수사관에게 조사를 통해 더 확인되어야 할 사항을 체크하여 환기시키거나 적절한 조사기법에 대해 조언을 제공하는 경우도 있다[466].

---

462) 검사의 국선변호사 선정 등에 관한 규칙 제9조.
463) 검사의 국선변호사 선정 등에 관한 규칙 제10조.
464) 검사의 국선변호사 선정 등에 관한 규칙 제14조.
465) 검사의 국선변호사 선정 등에 관한 규칙 제16조 제6호.
466) 장다혜 외, 『2012년 성폭력관련법 개정 이후 수사실무의 변화실태 및 개선방안』, 한국형사정책연구원 연구총서, 2015, 310~316면.

다만 아직도 개선해야 할 과제가 많다. 일찍부터 진술녹화 이전에 국선변호인으로부터 상세한 법률지원을 받은 피해자가 그에 맞춰 피해사실을 각색하거나 과장할 수 있고 피고인 변호인으로부터 진술오염 가능성이 문제제기 될 수 있으므로 국선변호사는 경찰 조사 전엔 간략히 상담하거나 경찰의 조사과정에 동석하거나 참관하여 사건을 소상히 파악한 후 필요한 지원을 제공하는 것이 바람직하다는 지침이 있었고[467], 피해자국선변호사들로부터는 지속적으로 권한 강화 및 처우 개선의 주장이 나오는 한편, 일부 피해자국선변호사의 경우 매우 불성실하거나 심지어 피해자에게 고압적으로 지시하는 사례가 지적되고 있다. 그러나 특히 피해자국선전담변호사를 중심으로 많은 성과가 나오고 있으며 수사부터 재판단계, 나아가 그 이후까지 실질적인 지원이 가능한 제도이므로 보다 더 활성화되어야 할 것이다.

---

467) 법무부, 『피해자 국선변호사 업무 매뉴얼』, 2014, 12면.

26. 진술조력인

□ **성폭력범죄의처벌등에관한특례법 제35조(진술조력인 양성 등)**

① 법무부장관은 의사소통 및 의사표현에 어려움이 있는 성폭력범죄의 피해자에 대한 형사사법절차에서의 조력을 위하여 진술조력인을 양성하여야 한다.

② 진술조력인은 정신건강의학, 심리학, 사회복지학, 교육학 등 아동·장애인의 심리나 의사소통 관련 전문지식이 있거나 관련 분야에서 상당 기간 종사한 사람으로 법무부장관이 정하는 교육을 이수하여야 한다. 진술조력인의 자격이나 양성 등에 관하여 필요한 사항은 법무부령으로 정한다.

□ **제36조(진술조력인의 수사과정 참여)**

① 검사 또는 사법경찰관은 성폭력범죄의 피해자가 13세 미만의 아동이거나 신체적인 또는 정신적인 장애로 의사소통이나 의사표현에 어려움이 있는 경우 원활한 조사를 위하여 직권이나 피해자, 그 법정대리인 또는 변호사의 신청에 따라 진술조력인으로 하여금 조사과정에 참여하여 의사소통을 중개하거나 보조하게 할 수 있다. 다만, 피해자 또는 그 법정대리인이 이를 원하지 아니하는 의사를 표시한 경우에는 그러하지 아니하다.

② 검사 또는 사법경찰관은 제1항의 피해자를 조사하기 전에 피해자, 법정대리인 또는 변호사에게 진술조력인에 의한 의사소통 중개나 보조를 신청할 수 있음을 고지하여야 한다.

③ 진술조력인은 조사 전에 피해자를 면담하여 진술조력인 조력 필요성에 관하여 평가한 의견을 수사기관에 제출할 수 있다.

④ 제1항에 따라 조사과정에 참여한 진술조력인은 피해자의 의사소통이나 표현 능력, 특성 등에 관한 의견을 수사기관이나 법원에 제출할 수 있다.

⑤ 제1항부터 제4항까지의 규정은 검증에 관하여 준용한다.

⑥ 그 밖에 진술조력인의 수사절차 참여에 관한 절차와 방법 등 필요한 사항은 법무부령으로 정한다.

▫ **제38조(진술조력인의 의무)**

① 진술조력인은 수사 및 재판 과정에 참여함에 있어 중립적인 지위에서 상호간의 진술이 왜곡 없이 전달될 수 있도록 노력하여야 한다.

② 진술조력인은 그 직무상 알게 된 피해자의 주소, 성명, 나이, 직업, 학교, 용모, 그 밖에 피해자를 특정하여 파악할 수 있게 하는 인적사항과 사진 및 사생활에 관한 비밀을 공개하거나 다른 사람에게 누설하여서는 아니 된다.

▫ **성폭력범죄의수사및피해자보호에관한규칙 제28조(진술조력인의 참여)**

① 경찰관은 성폭력범죄의 피해자가 13세 미만이거나 신체적인 또는 정신적인 장애로 의사소통이나 의사표현에 어려움이 있는 경우 직권이나 피해자등 또는 변호사의 신청에 따라 진술조력인이 조사과정에 참여하게 할 수 있다. 다만, 피해자등이 이를 원하지 않을 때는 그러하지 아니하다.

② 경찰관은 제1항의 피해자를 조사하기 전에 피해자등 또는 변호사에게 진술조력인에 의한 의사소통 중개나 보조를 신청할 수 있음을 고지하여야 한다.

③ 경찰관은 피의자 또는 피해자의 친족이거나 친족이었던 사람, 법정대리인, 대리인 또는 변호사를 진술조력인으로 선정해서는 아니 된다.

④ 경찰관은「성폭력범죄의 처벌 등에 관한 특례법 시행규칙」제13조제1항제1호·제2호에 해당할 때에는 해당 사건의 진술조력인 선정을 취소하여야 하고, 같은항 제3호부터 제6호에 해당할 때에는 취소할 수 있다.

⑤ 경찰관은 진술조력인이 조사에 참여한 경우에는 진술조서에 그 취지를 기재하고, 진술조력인으로 하여금 진술조서 및 영상녹화물에 기명날인 또는 서명을 하도록 하여야 한다.

1 진술조력인 제도의 의의

2012. 12. 18. 전부개정된 성폭력처벌법(2013. 6. 19. 시행)은 의사소통 및 의사표현에 있어서 어려움이 있는 성폭력범죄 피해자에 대한 형사사법절차에서의 조력을 위하여 진술조력인 제도를 도입(진술조력인 관련해서는 2013. 12. 19. 시행)하였다. 이는 '취약한 피해자' 지원정책[468]의 하나로 2008. 4월부터 영국 전역에서 시행된 진술조력인 제도와 맥을 같이 하고 있다[469].

　　진술조력인은 정신건강의학, 심리학, 사회복지학, 교육학 등 아동·장애인의 심리나 의사소통 관련 전문지식이 있거나 관련 분야에서 상당 기간 종사한 사람 중 일정 교육을 이수한 사람으로서, 13세 미만 아동이거나 신체적인 또는 정신적인 장애로 인하여 의사소통 및 의사표현에 어려움이 있는 경우470) 원활한 조사를 도모하고 조사과정에서 발생할 수 있는 암시에 의한 진술오염이나 2차 피해를 방지하게 된다.

2 진술조력의 의미

　　진술조력이란 진술조력인이 수사과정 또는 재판과정에 참여하여 피해자와의 의사소통을 중개하거나 보조하는 일로 구체적으로 ① 검사 또는 사법경찰관의 질문의 취지를 피해자가 이해할 수 있도록 중요한 내용이 바뀌지 아니하는 범위에서 질문을 변환하여 전달하는 활동, ② 검사 또는 사법경찰관이 피해자의 의사표현을 이해할 수 있도록 인지기능, 진술능력, 비언어적 의사표시, 언어 이해 및 표현능력, 정서, 성격, 심리상태 등 심리적 특수성, 그 밖에 의사소통의 중개 또는 보조에 필요한 정보로서 검사 또는 사법경찰관이 요청한 내용 등을 설명하는 활동, ③ 검사 또는 사법경찰관이 피해자의 특성에 맞는 조사를 할 수

---

468) 취약한 피해자란 18세 미만이거나 신체적·정신적 장애인 같이 형사사법절차를 거치는 동안 자신의 피해사실을 제대로 호소하지 못하고 오히려 그 과정에서 2차 피해를 입을 개연성이 높은 피해자를 말하는데 이들을 위한 특별조치로 증인신문 시 차단막 설치, 중계장치를 이용한 신문, 증언 비공개, 판사 등의 법복 탈의, 진술영상녹화물의 증거채택, 진술조력인을 통한 의사소통, 특별한 의사소통 보조기구 사용 등이 있다.

469) 이런 진술조력인 제도는 미국의 일부 주에서 시행하고 있는 진술조사 전문가(Forensic interviewer)처럼 직접 조사자 모델과 영국처럼 조사자와 피해자 간의 의사소통을 보조하는 중개자 모델이 있는데 우리나라의 진술조력인 제도는 진술중개자 모델에 해당된다고 할 수 있다. 영국에서는 18세 미만이거나 정신장애·지적장애·사회기능장애·신체적 장애가 증언의 질에 영향을 끼칠 것으로 보이는 성인이 적용대상이 되는데 18세 미만이거나 장애가 있다고 하더라도 의사소통 보조가 필요한 때로 제한된다.

470) 진술조력인 선정 등에 관한 규칙 제17조는 진술조력의 대상을 ① 장애인복지법 제32조에 따라 "장애인으로 등록된 사람으로서 신체적 장애나 정신적 장애로 인하여 의사소통이나 의사표현이 어려운 사람"뿐만 아니라 이에 해당하지 아니하더라도 "의사소통이나 의사표현이 어려운 장애가 있는 것으로 의심되는 사람", "그 밖에 주의력 결핍, 과잉 행동장애, 정서적 불안, 함묵증, 진실회피 등으로 의사소통이나 의사표현이 어렵다고 검사 또는 사법경찰관이 판단하는 사람"으로 넓게 규정하고 있다.

있도록 전문지식을 활용하여 의사소통의 방법, 조사 계획 및 보조수단 등을 논의하거나 조언하는 활동, ④ 피해자가 심리적 안정을 얻고 조사에 집중할 수 있는 환경 등을 조성하는 활동, ⑤ 그 밖에 검사 또는 사법경찰관이 피해자 조사에 필요하다고 인정하는 활동을 말한다[471].

진술조력인 지정이 의무사항은 아니다. 피해자나 그 법정대리인이 거부의사를 명시적으로 표명한 경우에는 더더욱 그러하다. 따라서 13세 미만의 피해자라도 해도 의사소통과 의사표현에 지장이 있는 경우에만 진술조력인의 보조가 필요한 것으로 해석하는 것이 영국의 제도운영 선례나 현재 수사현실에 부합할 것으로 보인다. 다만, 진술조력인의 수사과정 참여가 의무사항은 아니지만 피해자를 조사하기 전에 피해자, 법정대리인 또는 변호사에게 진술조력인에 의한 의사소통 중개나 보조를 신청할 수 있음을 고지하여야 한다.

③ 진술조력인의 중립 의무

진술조력인제도의 가장 큰 특징은 피해자의 의사소통을 조력하면서도 수사 및 재판과정에 참여할 때 중립성을 유지해야 한다는 점이다[472]. 바로 이 점이 피해자의 권익을 보호하고 대변하는 신뢰관계인이나 피해자국선변호사제도와 큰 차이점이라고 할 수 있으며 우리나라의 진술조력인제도는 의사소통이나 의사표현에 어려움을 겪는 피해자의 지지나 2차 피해 방지보다는 진술왜곡이 없는 원활한 조사와 증인 신문을 통한 실체적 진실 발견에 좀 더 방점이 찍혀 있다고 볼 여지가 있다[473]. 이런 중립성 유지의무는 한 사건의 피해자 진술분석과

---

471) 진술조력인 선정 등에 관한 규칙 제18조.

472) 성폭력처벌법 제38조 이외에도 진술조력인의 선정 등에 관한 규정 제18조 제2항은 "진술조력인은 피해자의 진술에 개입해서는 아니 되며, 검사 또는 사법경찰관이 직접 피해자의 진술을 청취한 이후에 한하여 피해자의 진술을 그의 의사표현적 특징 등에 비추어 설명할 수 있다. 다만, 이 경우에도 피해자의 진술 내용을 변경해서는 아니 된다"고 규정하고 있다.

473) 독일의 진술조력인도 중립의무가 있다. 그러나 독일의 경우 수사기관이나 사법기관의 원활한 조사나 증인신문을 위한 목적으로 의사소통 중개나 보조를 하는 것이 아니라 피해자의 정신적 부담과 사회적 고립감을 완화하여 제2차 피해를 방지하려는 목적으로 의사소통 중개 및 보조를 하고 있다. 독일의 진술조력인 제도에 대해서는 한영수·김원아, 「진술조력인 제도에 관한 소고 : 피해자변호사 제도와의 비교 분석을 중심으로」, 『형사정책연구』 제28권 제2호, 2017을 참조하길 바란다.

진술조력을 같은 전문가가 하지 못하게 제한하는 역할도 하고 있다. 엄격하게 중립성을 유지해야 하는 진술조력인이 진술의 신빙성 판단을 내리게 되면 이후 수사와 재판과정에서 진술조력인 스스로 중립을 유지하기도 어렵거니와 그 조력의 결과로 나타난 피해자 진술의 신빙성 역시 담보할 수 없기 때문이다.

6장
피해자 조사 관련 쟁점

27. 피해자 진술의 신빙성

1 피해자 진술의 의의

대부분의 성폭력사건에서 피해자 진술은 가장 중요한 증거가 되며 이 진술이 다른 객관적 증거와 부합하는지가 중요하다. 그리고 진술만 있는 경우가 많은데 그 경우 특히 증명력이 문제된다.

2 증인진술의 신빙성 판단 기준

증인인 피해자의 진술은 관찰·기억·표현의 정확성과 함께 증인의 신용성이 문제된다. 그리고 이들 요소를 어떻게 입증할지가 중요한데 이를 구체적으로 분류하면 다음과 같다.

〈증인 진술의 신빙성 판단기준과 입증방법[474]〉

	내용	예	입증방법
관찰	객관적·외부적 관찰조건	거리, 위치, 밝기, 장애물, 관찰시간, 움직임·정지	시인 가능성의 현장검증

---

474) 田中嘉寿子, 「性犯罪捜査の問題点」, 『日本弁護士連合会 両性の平等に関する委員会編 性暴力被害の実態と刑事裁判』, 信山社, 2015 , 95면.

	주관적 관찰 조건: 고정적	시력, 연령, 지능, 정신장애, 대상물에 관한 지식·경험 등	시력검사결과, 성적표, 진단서
	주관적 관찰 조건: 가변적	술·약물, 피로, 졸음	음주검사, 혈액검사, 근무기록
기억	망각	관찰로부터 진술까지의 시간 경과	진술 경과의 기록화, 녹음녹화
	어떤 영향에 의한 변화	다른 사람(가족, 아동복지관계자, 경찰, 검사)으로부터의 유도신문, 중복신문, 보도의 영향, 정신치료의 영향	면담기법의 응용, 중복을 피하기 위한 계획적 조사, 가족 등 관계자에 대한 유도질문 금지, 폭로요법 등의 치료 전에 제1회 공판기일 전의 증인신문 활용
표현	객관적 증거와의 정합성	피해자의 신체 부상·성기 등의 부상, 성병, 임신·낙태, 의복파손, 범행전후의 CCTV 영상, 휴대전화 통화이력, 현장의 지문·족적	피해자의 신체 진단서, 사진·도면, 의사의 의견서, 의복사진, 영상 및 휴대전화 분석 결과, 지문·족적의 감식 결과
	진술내용 자체의 정확성	진술내용이 자연스럽고 합리적이며 구체적이고 일관됨, 피해자밖에 알 수 없는(부모와 수사관이 유도할 수 없는) 비밀의 폭로	유도를 피하고 기억의 정도에 따라 조사하고 변화가 있는 경우에는 합리적 설명을 요구한다. 문답식조서, 피해자가 사용하는 용어의 존중
증인의 신용성	고의의 거짓말(허위고소)가 아닌 점(증인의 이해관계)	피해자와 가해자가 이해관계가 없는 점, 피해자가 수사관 등과 이해관계가 없는 점, 피해자의 자기보신 등의 거짓말이 아닌 점, 피해자에게 거짓말 버릇 또는 망상병 등이 없는 점	피해자와 가해자의 인간관계에 관한 통신기록과 관계자의 진술 합의교섭경위의 기록, 피해자의 과거 피해신고력, 피해자의 정신과 진단서 피해자가 피해를 신고함으로써 입는 불이익의 크기(변호사비용, 이사·치료 등의 금전적 손해, 수사협력을 위한 시간적·정신적 부담, 명예와 가족 간의 알력)
	과실로 오해하지 않는 점(편견, 예단)	피해자가 치한의 손을 착각하지 않은 것, 피해자가 가방 등이 닿거나 졸려서 기댄 것을 치한으로 오해하지 않는 것, 피해자가 과거의 치한 피해와 비교하여 오해하지 않는 것	피해자와 피의자의 체격·복장·소지품·위치관계·손발의 장애 유무 등을 충실히 재현한 현장검증 차량과 역의 CCTV영상의 분석에 따른 피의자의 언동, 차량의 혼잡상황, 피의자·피해자의 통근·통학로의 확인 가방 등이 닿은 것과 주물러지거나 속옷 안으로 손가락을 집어넣은 경우의 감촉의 차이 실험

③ 아동·청소년 및 정신적인 장애인 진술의 신빙성

　　아동·청소년 및 정신적인 장애인의 경우 특히 진술의 신빙성이 더 문제되는데, 대법원은 "아동의 경우 질문자에 의한 피암시성이 강하고, 상상과 현실을 혼동하거나 기억내용에 대한 출처를 제대로 인식하지 못할 가능성이 있는 점 등을 고려하여, 아동의 나이가 얼마나 어린지, 위 진술이 사건 발생 시로부터 얼마나 지난 후에 이루어진 것인지, 사건 발생 후 위 진술이 이루어지기까지의 과정에서 최초로 아동의 피해사실을 청취한 보호자나 수사관들이 편파적인 예단을 가지고 아동에게 사실이 아닌 정보를 주거나 반복적인 신문 등을 통하여 특정한 답변을 유도하는 등으로 아동의 기억에 변형을 가져올 여지는 없었는지, 위 진술 당시 질문자에 의하여 오도될 수 있는 암시적인 질문이 반복된 것은 아닌지, 같이 신문을 받은 또래 아동의 진술에 영향을 받은 것은 아닌지, 면담자로부터 영향을 받지 않은 아동 자신의 진술이 이루어진 것인지, 법정에서는 피해 사실에 대하여 어떠한 진술을 하고 있는지 등을 살펴보아야 하며, 또한 진술 내용에 있어서도 일관성이 있고 명확한지, 세부내용의 묘사가 풍부한지, 사건·사물·가해자에 대한 특징적인 부분에 관한 묘사가 있는지, 정형화된 사건 이상의 정보를 포함하고 있는지 등도 종합적으로 검토되어야 한다"고 판시[475] 하였다.

---

475) 대법원 2008. 7. 10. 선고 2006도2520 판결.

28. 범죄사실의 특정

□ **형사소송법 제254조(공소제기의 방식과 공소장)**

③ 공소장에는 다음 사항을 기재하여야 한다.

1. 피고인의 성명 기타 피고인을 특정할 수 있는 사항

2. 죄명

3. 공소사실

4. 적용법조

④ 공소사실의 기재는 범죄의 시일, 장소와 방법을 명시하여 사실을 특정할 수 있도록 하여야 한다.

① 초기 피해자 진술의 문제

피해자는 사건의 충격 및 시간경과 등 여러 가지 이유로 기억이 모호해지는데 이에 따라 피해자 진술이 뒤에 수집된 객관증거와 모순되는 경우가 있다. 특히 발생일과 시계열적 순서 등의 정보를 착각하기 쉬운데, 이는 사람이 오감을 사용하여 사물을 인식함에 있어 이러한 정보는 오감으로 지각되지 않기 때문이다. 이러한 착각은 피해자 진술의 신빙성을 저하시켜 무죄판결로 연결되기 쉬우므로 일시 등은 기억 정도에 따라 어느 수준까지만 특정하면 되고 피해자가 실제로 눈으로 확인한 사항476)(장소의 상태, 범인의 신체적 특징, 흉기 등의 소지품, 피해와 직결된 기억) 등은 구체적으로 특정하고 객관증거로 뒷받침하도록 해야 한다.

---

476) 피해자가 가해자와 밀접한 신체적 접촉을 가진 경우 열, 미각, 냄새 등도 잘 기억할 수 있다. 그러나 이들은 언어적 설명이 어렵고 객관증거로 입증하기 어렵다. 다만 이들 사항을 질문함으로써 피해자의 기억이 잘 환기되도록 도울 수 있다. 田中嘉寿子, 「性犯罪捜査の問題点」, 『日本弁護士連合会 両性の平等に関する委員会編 性暴力被害の実態と刑事裁判』, 信山社, 2015, 92면.

② 범죄(공소)사실의 특정 문제

수사를 통해 밝혀진 범죄사실은 결국 재판에서 다루어져야 하므로 공소사
실로서 특정되어야 한다. 그리고 강간죄와 강제추행죄 등 대부분의 성폭력범죄
는 행위마다 하나의 죄를 구성하므로 각 행위의 일시, 장소 및 방법을 명시하여
다른 사실과 구별을 할 수 있도록 공소사실을 기재하여야 한다.

그러나 다른 사실과 구별을 할 수 있을 정도의 기재에 대하여 이는 다른 사
실 기재에 의하여 '당해 구성요건 해당사실이 다른 사실과 식별할 수 있는 정
도'로 기재되면 되고, 또한 '범죄의 성격상 개괄적 표시가 부득이한 경우'도 있
을 수 있다.

판례는 공소사실의 기재에 있어서 범죄의 일시, 장소, 방법을 명시하여 공
소사실을 특정하도록 한 법의 취지는 법원에 대하여 심판의 대상을 한정하고
피고인에게 방어의 범위를 특정하여 그 방어권 행사를 쉽게 해주기 위한 것이
므로, 피고인의 방어권 행사에 지장이 없는 한 구체적이지 않더라도 허용하고
있다.

③ 공소사실 특정례

범죄일시를 "2002. 10. 중순 일자불상경" 또는 "2003. 2. 중순경"으로, 범죄
장소를 "대전 00구 00동(번지 생략) 피고인의 집"이라고 기재한 사안에 대하여
"은밀하게 이루어지는 가정 내 성폭력 범죄의 성격 등에 비추어 보아 이 사건
공소사실은 법원의 심판의 대상을 한정하고 피고인에게 방어의 범위를 특정하
여 피고인의 방어권 행사에 지장이 없을 정도로 특정되었다"고 판시[477]하였고,
범행일시에 관하여 "2003. 7. 하순 저녁 무렵"으로 기재한 사안에 대하여 "이는
"피해자들이 2003. 7. 23.경 여름방학을 한 이후 2003. 7. 27. 할머니 집으로 가
기 이전을 전제한 것"으로 피고인 또한 이에 따라 방어권을 행사하여 왔고, 나
머지 그 범행장소와 범행방법 등이 모두 구체적으로 기재되어 있어 다른 범죄
사실과의 구별이 가능하고, 이로 인하여 피고인의 방어의 범위가 한정되지 아

---

477) 대법원 2006. 4. 14. 선고 2005도9561 판결.

니하여 방어권 행사에 지장을 초래하였다고 볼 수도 없다"고 판시[478]하여 각각 공소사실이 특정되었다고 보았다.

④ 장기간 반복적으로 피해를 입은 아동·장애인 피해자 조사방법

장기간 반복적으로 피해를 입은 아동의 경우 비록 개개 범죄에 대해 기억하고 묘사할 수 있다 하더라도 각 피해사실을 구체적으로 짚어서 이야기하기보다는 일상화된 피해패턴에 대해서만 모호하게 말할 가능성이 높다. 이는 아동의 출처추적능력과 각각의 사건을 분리해 기억하는 능력이 부족한 것도 이유가 되지만 같은 피해를 수회에 걸쳐 일상적으로 경험했을 경우 각각의 사건을 명백하게 구별해서 묘사하기가 힘들기 때문이기도 하다[479].

따라서 피해자가 장기간에 걸쳐 수회의 피해를 반복적으로 당했다고 판단되면 조사자의 질문방식에 따라서 범죄사실의 특정이 좌우된다는 점을 인식하고 다음과 같이 각각의 사건에 대해 개별적으로 물어보아야 한다.

먼저, 가장 최근의 피해, 마지막 범죄사실에 대해 물어본다. 이후 가장 처음의 피해에 관해 질문한 다음, 가장 기억에 남는(예를 들면, 피가 났거나, 많이 아팠거나, 누가 봤거나 등) 사건 순으로 물어본다.

이때 피해자가 정확하게 일자를 특정하지 못한다고 해서 달력을 제시하며 특정을 강요하거나 반복적으로 질문하지 않도록 주의한다. 이런 경우 대강의 월이나 계절 등을 추론할 수 있는 다른 질문들(예를 들면, 당시 입었던 옷이나, 음식, 좋아하는 TV프로그램이나 수업내용, 급식반찬 등)을 조심스럽게 시도해보고 오전·오후 등의 시간대, 장소, 범행방법 등 다른 사실기재에 의해 특정될 수 있도록 한다.

---

478) 대법원 2005. 7. 29. 선고 2005도2003 판결.
479) Michael E. Lamb, Irit Hershkowitz, Yael Orbach, & Phillip W. Esplin, Tell me what happened, Wiley, 2008, 65면.

29. 피해자 조사기법

1 피해자 조사의 의의

형사소송법은 수사단계에서 피의자와 피의자가 아닌 자 즉 참고인의 조사를 구분하고 있는데 참고인에는 피해자뿐만 아니라 목격자 등과 피내사자 등도 포함된다. 실무상 피고인과의 이해관계에 따라 거짓진술의 가능성을 판단하는데 피해자는 일반적으로 피고인과 이해관계가 없어 불이익한 허위진술을 할 이익이 없다. 다만 어떤 관계가 있는 경우 개인적 원한에서 허위신고를 하는 경우가 있고 관계가 없는 경우에도 다양한 이유로 피해를 과장 신고하는 경우가 있을 수 있다. 이에 따라 2차 피해를 발생시키지 않으면서도 정확하게 사실관계를 파악할 수 있는 조사기법이 필요하다. 피해자 유형별로 필요한 조사기법은 다음과 같다.

2 성인 피해자 조사

일반적으로 2차 피해를 주지 않는 면담기법이 중시되고 있다. 따라서 2차 피해를 주는 질문을 다른 표현으로 하도록 하고 있다.

【미국의 면담기법480)】

미국의 프로파일러 터베이 등은 피해자 및 용의자 면담481)에 '프레임 단위분석'기법을 추천하고 있다. 이는 영화를 실시간으로 보는 것이 아니라 느린 화면 또는 프레임을 단위로 보는 것처럼 집중적인 면담 및 심문기법을 활용하여 자세한 세부사항까지 조사하는 방식을 말한다.

즉 대다수 수사관처럼 "무슨 일이 있었는지 말씀해 보시죠"라는 식으로 시작하는 것이 아니라 피면담자의 진술을 세부적으로 모두 이끌어내고 기록함으로써 수사 중인 사건을 직접 목격한 것처럼 잘 이해하려는 것이다.

이 기법을 활용하는 경우 사실관계를 밝혀내고 사건들의 연결성을 찾아내어 연쇄범죄 또는 패턴범죄를 수사할 수 있다고 주장하고 있다. 그리고 진술내용 중 진술과 거짓을 판명하여 분리하는 데 큰 효과가 있고 허위신고를 판단하기 위해서 사건들 간의 논리적인 흐름이 끊어진 부분, 신고된 사실과 모순된 부분, 신고한 피해자가 설명하지 못하는 부분들이 있는지를 찾아내야 한다고 주장하고 있다.

③ 아동 피해자 조사

성인 피해자와 달리 아동 피해자의 경우 그 인지능력과 진술능력을 고려한 조사가 이루어질 것이 요구되는데 이는 아동의 경우 조사자의 태도, 조사방식, 질문형식 등에 따라 진술의 양과 신빙성이 매우 크게 영향을 받기 때문이다. 이처럼 피암시에 의한 진술오염 가능성을 줄이기 위해서는 기존의 재인기억에 기반한 조사방식과 다른 접근이 필요했고 많은 연구를 통해 개방형 질문을 중심으로 한 자유회상기억 기반 면담조사기법이 개발되어 적용되고 있다. 그 대표적인 것이 Michael Lamb, Katheleen Sternberg, Phillip Esplin, Irit Hershkowitz, Yale Orbach가 1999년 개발한 NICHD 면담 프로토콜로서[482] 성적·신체적 학대가 의심되는 피해 아동을 대상으로 조사자들이 면담할 때 전문적인 권고사항을 언제든지 사용할 수 있도록 기본규칙설명, 라포형성, 사전진술훈련을 거쳐 진술권유에서 점차 초점화된 진술 권유로 이행하는 단계로 고안되어 있다. 이는 피암시성이 높은 아동의 특성을 고려해 진술의 임의성을 높일 수 있도록 단계별로 질문의 형식이 구조화된 점이 특징인데, 너무 어린 아동에게는 위 면담기법을 적용하기 힘들다는 비판에도 불구하고 아직까지는 유도질문의 가능성을 최소화하면서 조사를 이어나갈 수 있게 고안된 가장 신뢰도 높은 조사방식의 하나로 평가받고 있다. 이 외에도 RATAC, CIG, ABE 등 다양한 면담기법이 각 나라마다 개발되어 사용 중인데, 이는 성인 피해자와 다른 아동피해자의 특성을

---

480) John O. Savino·Brent E. Turvey 저, 공정식 역, 『성범죄 수사 핸드북』, 교육과학사, 2015, 308~309면. 구체적인 예는 같은 책 315~318면을 참조하기 바란다.
481) 다만 이러한 면담은 이차적으로 사건의 최초 신고내용을 후속 수사 결과물들(목격자의 증언, 현장수사 결과물들)의 관점에서 살펴보는 것으로 최초면담 또는 사전면담은 세부적일 필요가 없고 짧은 시간 내에 최대한 많은 세부사항을 파악할 뿐이다. John O. Savino·Brent E. Turvey 저, 공정식 역, 『성범죄 수사 핸드북』, 교육과학사, 2015, 311~314면.
482) 우리나라는 면담기법을 도입함에 있어 일본을 경유한 것으로 일본은 현재 NICHD 프로토콜과 Child First™ 프로토콜을 사용하고 있다.

고려한 면담이 이루어져야 충분한 정보와 신뢰도 높은 진술을 얻을 수 있다는 현실적인 고려에서 출발한 것이지만 한편으로는 제대로 된 면담기법을 사용한다면 어린 아동의 경우에도 신뢰할 수 있는 수준의 진술이 가능하다는 점을 전제하고 있는 것이어서 의미가 있다고 할 수 있다. 실제로 하급심판결뿐 아니라 대법원 판결도 상상과 현실을 혼동할 수 있는 아동의 특성을 고려해 개방형 질문으로 단계적 조사가 이루어졌는지, 조사자가 예단을 갖고 암시적인 질문을 반복하지는 않았는지 등 아동진술의 신빙성 판단기준을 제시하고 있다.

4 장애인 피해자 조사

아동과 달리 장애인은 유형별로 큰 차이가 있으므로 미국에서도 지적 장애인에 대한 면담조사기법은 충분히 개발되지 않고 있고[483] 영국 등 다른 나라에서도 장애인 조사가 어려운 점이 지적되고 있다.

경찰청은 2014년 사단법인 한국지적장애인복지협회에 의뢰하여 '성폭력 피해 지적장애인 수사·의사소통 매뉴얼'을 개발하여 활용하고 있다[484].

5 남성 피해자 조사

2013년 성폭력관련법 개정으로 남성도 강간의 객체가 되었으며 남성을 대상으로 한 성폭력범죄도 계속 증가 중이다. 그러나 남성도 피해신고 및 사건처리에 소극적이며 특화된 지원 제도가 충분하지 않다[485]. 더구나 여성경찰관에

---

483) 한준섭·김지환, 「지적장애인 성폭력 사건의 경찰수사상 문제점과 개선방안 -최근의 「도가니 사건」들을 중심으로-」, 『2013 4대 사회악 연구논문집』, 치안연구소, 2014, 208면.
484) 사전 이해, 초기 상담, 사전 면담, 진술녹화 시 인터뷰 요령 및 주의사항, 그 외 제안 등으로 구성되어 있으며 ① 성폭력 피해자 통합지원센터에서 하는 일, ② 성폭력 피해자 통합지원센터의 의료지원, ③ 성폭력 피해자 통합지원센터 「경찰관 조사과정과 권리」 및 지적장애인과 경찰관을 위한 의사소통 지원 그림판 등이 설명자료로 첨부되어 있다.
485) 성폭력피해자통합지원센터도 2014년 이전에는 원칙적으로 지원하되 여성피해자의 불편함을 방지하기 위하여 가급적 센터외의 공간에서 의료서비스를 지원하고 수사는 관할경찰서로 연계토록 하다가 2015년부터 원칙적으로 지원하되 가급적 독립된 공간에서 의료서비스 등을 지원하고 심야시간이나 주취 등 특별한 사정이 있는 경우 관할경찰서와 협의토록 방침을 변경하였다. 여성가족부, 『2015년 해바라기센터 사업안내』, 2015, 14면. 스웨덴은 세계 최초로 성폭력 남성 피해자를 위한 전담 치료센터를 개소하였다. 세계일보, "스웨덴 '세계

대한 조사에 거부감을 가지는 경우도 있으며 동성애자 또는 트렌스젠더의 경우 질문방식 등이 정립되지 않아 2차 피해를 당하기 쉽다.

따라서 우선 조사관의 성별을 배려할 필요가 있다. 그러나 무조건 동성의 조사관이 바람직한 것은 아니다. 남성이 가해자인 경우에 남성 피해자도 남성 의료인이나 종사자를 안전하지 않게 느낄 수 있으며[486], 따라서 피해자가 원하는 성별의 경찰관이 조사하는 것이 바람직하다.

최초' 성폭력 피해 남성 치료센터 열어", 2015. 10. 18.

486) 여성가족부·한국여성인권진흥원, 『성인남성 성폭력 피해자 지원 안내서』, 2015, 35면. 영국에서도 신체검사에 관한한 남성 피해자도 여성 의사를 더 선호한다고 보고되고 있다. 그러나 피해자에 대한 보호와 지원에서는 오히려 남성이 더 큰 역할을 한다고 보고되고 있고 (Baroness Vivien Stern, The Stern Review, 2010, 103~104면.) 심지어 미국에서는 여성 의사의 경우 자기 자신의 내부에 존재하는 취약성 때문에 피해자를 거부하고 자기방어적인 태도를 취할 가능성이 있는 반면, 보호적 태도를 가진 남성 의사의 경우 양질의 치료를 제공할 수 있으므로 피해자 지원서비스에서 중요한 요인은 성별이 아니라 태도라는 점이 제기되었다. 강은영 외, 『성폭력에 대한 법의학적 대응모델 개발 연구』, 한국형사정책연구원 연구총서, 2012, 84면.

생각해 볼 문제
경찰과 검찰의 피해자 조사는 같은가?

【검사의 피해자 조사】

검사도 피해자를 조사한다. 다만 우리나라는 일반적으로 증거능력의 문제로 검사가 피해자를 조사하지만 일본의 경우 ① 피해사실을 확인하고 피의자의 변명에 대한 반증으로 충분한지를 보고, ② 쟁점(회피·저항·도주·원조요청·바로 신고하지 않은 합리적 이유의 유무, ③ 증인 진술의 신빙성 확인, ④ 증인적격의 유무 확인이 그 목적이다. 그리고 피해자가 법정에서 변호인으로부터 받게 될 반대신문을 하더라도 변호인과 같은 질문방법이 아니라 2차 피해를 주지 않는 확인방법이 권장되고 있다[487].

미국도 검사가 공판 전에 피해자에 대하여 질문하는 제도인 공판전 증인면담 제도 (Pre-trial witness interviews)가 있는데, 이 제도의 핵심 목적은 세 가지로 피해자로부터 완전한 진술을 이끌어 내고, 배심원들에게 납득할 수 없게 보이는 행동들을 다루고 법정에서 증언하는 과정에 익숙하지 않는 피해자를 준비시키는 것이다[488].

---

487) 田中嘉寿子,「性犯罪搜査の問題点」,『日本弁護士連合会 両性の平等に関する委員会編 性暴力被害の実態と刑事裁判』, 信山社, 2015 , 80면.

488) Louise Ellison, Promoting Effective Case-building in Rape Cases : a Comparative Perspective, Criminal Law Review, 2007, 692면.

30. 성폭력 수사시스템 Ⅳ (화상지휘시스템)

① 성폭력피해자 조사시 검사 참여의 의의

피해자에 대한 진술녹화제도가 도입된 이후 일찍부터 아동피해자에 대한 합동조사가 권장되었으며 대검찰청이 2006년 만든 '성폭력범죄 피해자 조사지침'은 제4조(성폭력사건 지휘 등)에서 검사가 13세 미만 아동인 피해자를 조사할 때 직접 참석해 수사사항을 지휘하도록 규정하고 있었다. 그러나 이러한 내용은 그 이후의 지침에도 계속 반영되었음에도 검사가 직접 조사현장에 나오는 경우는 거의 없었다.

② 화상지휘시스템

대검찰청이 2012. 11. 21. 서울보라매병원 원스톱센터에 팩스로 '아동·장애인 성폭력 화상지휘 체계 구축안'을 통보하면서 관련 논의가 시작되었다. 이후 대검찰청은 경찰청에 협조 공문을 발송하였고 경찰청은 인권침해 등을 이유로 불가하다고 회신하였으나, 2013년 법무부는 국정과제 이행계획에 위 내용을 포함하였고 2013. 4. 17. 청와대 국정과제비서관 주재 검토회의 결과 시범운영하게 되었다[489].

이 제도는 검사의 현장지휘가 현실적으로 어려우므로 검찰청 영상조사실과 원스톱센터 진술녹화실 간 화상지휘시스템을 구축하여 사건 조사 시 검사가 실시간으로 모니터링하고 전화 등 실시간 통신수단을 이용하여 지휘하겠다는 것이다.

그러나 서울 보라매 원스톱센터에서 1년간 시범운영했음에도 적용 가능 대상자가 128명에 대하여 불과 2명만 실시한 뒤 보류되고 말았다[490].

---

489) 자세한 경과에 대해서는 장응혁, 「성폭력범죄와 피해자조사」, 고려대 박사학위논문, 2015, 85~88면.
490) 실시하지 못한 이유로는 피해자가 신속하게 조사를 희망하는 경우가 많았고 또 조사를 검사 등 낯선 사람들이 많이 보는 것을 피해자가 싫어한 경우도 많았다.

생각해 볼 문제

피해자를 위해 검사는 어떻게 참여하면 좋을까?

【피해자 조사를 위한 다기관연계 방안】

현재 성폭력수사 과정에 경찰뿐만 아니라 신뢰관계인, 변호사, 진술조력인 등 다양한 참여인이 협력하고 있으며 시간이 경과함에 따라 조금씩 정착하고 있다. 그런데 검사의 참여만이 성공하지 못한 이유는 무엇일까?

이는 화상지휘시스템이라는 제도가 검사의 편의 및 지휘권을 확보하겠다는 발상에서 나왔기 때문이라고 생각된다.

현재 전세계적으로 성폭력범죄 등의 사안에 있어서 다기관연계가 강조되고 있다. 일본도 아동이 피해자나 참고인인 사건은 검사가 경찰 또는 아동상담소로부터 정보제공을 받자마자 신속하게 담당자들과 협의하여 세 기관 중 대표자가 아동을 조사하는 것을 포함하여 대응방법을 결정하고 있으며491), 심지어 검찰 실무에서도 일찍부터 수사관과 전문가에 의한 아동의 합동조사를 강조하면서 수사기관과 아동심리전문가 등 관련 전문가가 함께 아동조사계획을 수립하고 수행하며, 조사를 시작하기 전에 공식적인 합동조사 계획회의를 개최하는 것이 필요하다고 주장해왔다.

적어도 아동 및 장애인 대상 성폭력사건에 있어서는 검사가 함께 참여할 필요가 있다. 미국에서도 성폭력사건 발생 시 형사는 수사보고서를 접수하는 즉시 해당 검찰과 협조하고 있는데, 사건을 검토하기도 하지만 수사에 직접 참여하거나 해당 수사팀을 지원한다. 왜냐하면 성폭력사건은 사건이 복잡한데 검사는 합법적, 비합법적인 부분과 해당 사건에서 범죄 구성요건을 입증하는 데 무엇이 필요한지를 알고 있기 때문에 그 부분에 집중하는 것이다492). 그리고 검찰은 조사과정 모니터링과 의견 개진만이 아니라 사건 쟁점, 조사방법 등을 사전 협의하고 나아가 다른 기관과 함께 피해자 보호 및 지원을 논의하는 것이 바람직하다.

---

491) 法務省, 「警察及び児童相談所との更なる連携強化について」, 最高検察庁刑事部長通知, 2015. 10. 28.

492) 로빈 삭스 저, 김한균 역, 『아동 성폭력 전담검사의 증언 : 누가 양의 탈을 쓴 늑대일까?』, W미디어, 2013, 34면.

31. 범인식별절차

1 범인식별절차의 의의

목격자에 의한 범인식별절차는 참여하는 사람의 수에 따라 복수면접과 단독면접으로 나눌 수 있고, 구조에 따라서는 단일 용의자모델과 전원 용의자모델로 나눌 수 있다. 대상의 제시 방법에 따라 라이브 라인업, 비디오 식별, 사진제시 등으로 나뉘며[493], 지목절차에 따라 동시 식별절차와 순차적 식별절차로 나뉜다.

성폭력사건처럼 물적 증거 확보가 쉽지 않은 사건에서 피해자나 목격자에 의한 범인식별은 사건 해결이나 공소유지에 결정적인 역할을 하고 있지만 수사기관의 의도에 따라 식별결과가 유도되거나 식별절차의 구조가 왜곡될 우려가 높다.

2 신빙성 확보를 위한 절차

법원이 판결을 통해 제시한 가이드라인은 다음과 같다.

① 미리 목격자에게 범인의 인상착의 등에 관한 상세한 진술을 획득하여 그 내용을 기록한다.
② 식별절차 전후에 수사기관은 용의자, 비교대상자와 목격자는 물론 비교대상자들 상호 간, 목격자들 상호 간에도 미리 접촉하지 않도록 조치한다.
③ 용의자 한 사람만을 단독으로 목격자에게 제시해서는 안 되며, 이는 사진이나 목소리를 보여주는 경우에도, 이후의 반복된 식별절차에서도 지켜져야 한다. 다만, 범죄 발생 후 수 시간 내에 용의자를 체포하여 목격자의 기억이 생생한 가운데 범인식별절차를 진행하는 경우에는 예외가 인정될 수 있다.

---

493) 이성기, 「목격자의 범인식별진술의 증명력을 높이기 위한 실질적 대안으로서의 비디오 라인업」, 『경찰학연구』 제10권 제2호, 2010, 119면.

④ 목격자가 묘사한 인상착의, 즉 인종, 체형, 나이가 비교대상자와 용의자 간에 크게 차이나지 않도록 구성한다.

⑤ 목격자 간에 서로 의견을 교환하거나 상호 영향을 미치지 않도록 한 번의 식별절차에 한 명의 목격자만 참가한다. 목격자가 바뀔 때마다 용의자의 대조군 내 위치를 다르게 한다.

⑥ 절차 종료 후에는 대질과정과 결과를 문자와 사진 등으로 서면화한다.

⑦ 용의자가 종전에 피해자와 안면이 있는 사람이라든가 피해자의 진술 외에도 그 용의자를 범인으로 의심할 만한 다른 정황이 존재한다든가 하는 등의 부가적인 사정이 인정되면 식별절차상의 하자에도 불구하고 신빙성이 긍정될 수 있다.

③ 신빙성이 부정된 사례

용의자의 사진 한 장만을 목격자에게 제시하여 범인 여부를 확인하게 하는 것은 사람의 기억력의 한계와 용의자나 그 사진상의 인물이 범인으로 의심받고 있다는 무의식적 암시를 목격자에게 줄 수 있어 그 신빙성은 낮게 보는데 구체적인 사례로 다음 사안들을 들 수 있다.

① 공소외 1의 경우에는 먼저 피고인만의 사진을 제시한 채 범인인지를 물어본 다음, 인상착의가 비슷한 다른 비교대상자 없이 피고인만을 직접 대면하게 하여 피고인이 범인인지 여부를 확인하게 하였고, 공소외 2의 경우에는 범인이 검거되었으니 경찰서에 출석하라고 연락한 다음, 피고인만의 사진을 제시한 채 범인인지를 물어 범인일 가능성이 70~80% 정도라는 대답을 들은 후, 피고인과 또 다른 한 사람만을 직접 대면하도록 한 상태에서 피고인이 범인인지 여부를 확인하도록 한 사안494)

② 강간 피해자가 수사기관이 제시한 47명의 사진 속에서 피고인을 범인으로 지목하자 이어진 범인식별절차에서 수사기관이 피해자에게 피고인 한 사람만을 촬영한 동영상을 보여주거나 피고인 한 사람만을 직접 보여주어 피해자로부터 범인이 맞다는 진술을 받고, 다시 피고인을 포함한

---

494) 대법원 2007. 5. 10. 선고 2007도1950 판결.

3명을 동시에 피해자에게 대면시켜 피고인이 범인이라는 확인을 받은
사안[495]

④ 식별절차의 하자에도 불구하고 신빙성이 인정된 사례

① 범인식별절차 전날 이미 용의자로 지목된 피고인의 사진이 피해자 1에
게 제시되었고, 피해자 3, 4 등이 범인식별절차에서 피고인을 범인으로
지목한 것 역시 위 경찰서 사무실에서 피고인 한 사람만의 목소리를 단
독으로 들려주고 범인 여부를 확인하게 한 결과인바, 위 피해자들의 이
러한 진술은 범인식별절차에서 신빙성을 높이기 위하여 준수하여야 할
절차를 제대로 지키지 못한 것으로서 절차상의 하자가 있기는 하지만
피해자 1은 피고인이 이 사건 범행 당시 얼굴에 마스크를 하고 있지 않
아 그 얼굴을 정확히 보았고 범행과정에서 약 20분간 여러 가지 대화를
나누어 그 목소리를 분명히 기억하고 있다고 진술하고 있고, 피해자 5역
시 이 사건 범행 직전 잠시 밖에 나갔다가 들어오면서 잠겨있던 점포의
출입문을 두드리자 원심 공동피고인과 피고인이 문을 열어주었는데 당시
모두 마스크를 하고 있지 않아 피고인의 얼굴을 보았다고 진술하고 있는
점 등을 들어 그 절차상의 하자에도 불구하고 신빙성 인정한 사례[496]

② 검찰은 공소외 1로부터 그가 이 사건 메스암페타민을 매수하면서 목격
한 판매자의 연령과 키·몸무게 등 체격조건에 관한 간략한 진술만을 확
보한 다음, 공소외 1이 이 사건 메스암페타민을 매수하기 직전에 매수장
소 등을 정하기 위하여 통화하였다는 휴대폰 번호의 가입자 주소지를
조회하여 그 주소지를 관할하는 동에 주소를 둔 피고인의 이름 끝 자가
'천'인 것으로 확인되자 피고인의 사진이 첨부된 주민등록초본을 모사전
송받아 그 사진을 공소외 1에게 제시하였고, 이에 공소외 1이 그 사진상
의 인물이 이 사건 메스암페타민을 판매한 '성불상 천'이 맞다고 진술하
였는바, 공소외 1의 이러한 진술은 범인식별 절차에서 신빙성을 높이기
위하여 준수하여야 할 절차를 제대로 지키지 못하였을 뿐만 아니라, 그

495) 대법원 2008. 1. 17. 선고 2007도 5201 판결.
496) 대법원 2006. 9. 28. 선고 2006도4587 판결.

식별절차 이전의 과정에 비추어 볼 때 제시된 사진상의 인물인 피고인이 위 휴대전화의 가입명의자임을 알게 된 공소외 1에게 피고인이 범인일 가능성이 있다는 암시가 주어졌을 개연성이 있다는 점에서 높은 정도의 신빙성이 있다고 하기는 어려웠으나 공소외 1은 이 사건 메스암페타민을 구입하기 직전에 수차례에 걸쳐서 피고인 명의로 된 휴대전화로 범인과 통화를 한 것으로 인정되는 점, 피고인이 범행 당시에 휴대전화를 사용한 것으로 보이는 점 등을 들어 절차상의 하자에도 불구하고 신빙성이 긍정된 사례[497]

---

497) 대법원 2004. 2. 27. 선고 2003 7033 판결.

32. 피의자 조사

① 성폭력범죄자 조사의 문제

성폭력범죄의 경우 피해자의 진술 이외에 다른 증거가 적으며 범죄자도 자백을 잘 하지 않는다. 2016년 경찰청의 범죄통계에 의하면 모든 범죄의 약 90%가 자백하고(일부 자백은 13%) 9%만이 부인하고 있는데, 강간의 경우 42%가, 유사강간 및 강제추행은 33%가 부인하였다[498]. 더구나 성폭력범죄자들은 수사단계가 아니라 공판단계에서도 계속 부인한다[499]. 따라서 수사관은 일반적인 사건보다 준비를 더 철저히 할 필요가 있으며 가해자를 더 잘 파악할 필요가 있다. 특히 외국에서 다양한 연구가 이루어지고 있다.

② 성폭력범죄자의 분류

성폭력범죄자들을 다양한 기준으로 분류할 수 있으나 우리나라에서는 아직 경험적인 근거에 의하지 않고 죄명이나 피해자 유형에 의한 분류 수준에 머물러 있다[500]. 그러나 피의자에 대한 수사를 목적으로 한다면 가해자의 심리학적 특성을 기준으로 분류할 필요가 있고[501] 대표적인 분류 방법[502]으로는 권력 확

---

498) 노컷뉴스, "성범죄자는 좀처럼 '자백'하지 않았다", 2017. 8. 17. 단 이 수치는 경찰청이 통계를 산정하는 1,847,605건 중에서 30.1%에 해당하는 555,870건의 미상사례를 제외한 것이다. 다만 강간죄의 경우를 합치더라도 미상사례가 약30%로 전체 수치와 유사한데 약 41%가 자백(일부자백은 약 20%), 부인이 약 30%로 크게 차이난다. 경찰청, 『2016 범죄통계』, 2017, 452면.

499) 대표적인 경우로 조두순 사건이 있는데 피고인은 경찰 수사단계에서와 마찬가지로 완강히 범행을 부인하였고 증인인 피해아동은 구치소 기간 중 변한 범인의 모습에 범인에 대한 확신을 가지지 못했다. 경찰이 수사단계에서 피의자 조사를 녹화하지 않았으면 유죄에 대한 확신을 가지지 못한 재판부는 무죄를 선고할 가능성도 있었다. 자세한 내용은 대한변호사협회, 「조두순 사건 진상조사 결과 발표」, 『2009 인권보고서』, 2010, 514~520면을 참고하길 바란다.

500) 장은영·이수정, 「성범죄자 하위유형 분류 및 차별화된 처우방안 제안」, 『한국범죄학』 제11권 제1호, 2017, 88면.

501) 일반 범죄자들은 피해자에 대한 동정심이나 감정이입을 통해 죄책감을 유발하여 자백을 획득하나 성범죄자는 자신을 향한 경찰관의 동정이나 감정이입에 반응한다고 지적되고 있다. 즉 자신의 편으로 보이는 경찰관에게 협조한다는 것이다. Arthur S. Chancellor, Investigating

인형·권력 과시형·분노 보복형·분노 자극형 또는 가학형·기회주의형·합동 또
는 집단형이 있다.

③ 성폭력범죄자 유형별 조사[503]기법

유형별 조사기법은 가장 효과적이라고 알려져 있으며 미국에서는 자백을
획득하면 범행 현장이나 상황을 그리게 함으로써 자백을 보충한다[504]. 유형별
특징과 조사기법은 다음과 같다.

〈성폭력범죄자 유형별 조사기법[505]〉

유형	특징	조사기법
권력 확인형 (Power Reassurance)	·낮은 자존감, 사회 부적응, 자신의 남성성에 대한 불확신 ·성취가 낮은 사람이지만 지능이 낮지는 않음 ·피해자를 해칠 의도가 없고 죄책감을 느낄 수 있는 유일한 유형임 ·피해자 선정에 신경을 씀	·제복이나 권총을 보이지 않고 편안한 옷차림으로 조사하는 등 조직화되지 않고 대립적이지 않은 환경이 효과적 ·경찰을 싫어하므로 라포 형성이 어렵고 오래 걸림 ·공감적 접근방식(최소화하기·강조하기)가 효과적 ·범죄발생 전후를 살피는 것이 중요 ·윽박지르거나 겁주거나 하대하면 마음의 문을 닫거나 반응이 없을 가능성이 높음 ·여성경찰관이 조사하는 것이 더 유리(여자와의 접촉을 원함)

Sexual Assault Cases, Jones & Bartlett Learning, 2012, 204면.
502) 이는 미국의 임상심리학자인 그로스(Groth)박사가 500명 이상의 강간범을 연구한 후에 폭력적이고 약탈적인 가해자의 동기를 기준으로 분류한 결과를 바탕으로 헤이즐우드(Hazelwood)가 특화시켜 개발해낸 분류체계이다. 보다 상세한 내용은 John O. Savino·Brent E. Turvey 저, 공정식 역, 『성범죄 수사 핸드북』, 교육과학사, 2015, 607~622면을 참고하길 바란다.
503) 조사는 면담(interview)과 심문(interrogation)으로 이루어진다. 일반적으로 면담으로 시작하는 것이 더 성공적이며 심문으로 이어진 후 상황에 따라 혼용된다.
504) Arthur S. Chancellor, Investigating Sexual Assault Cases, Jones & Bartlett Learning, 2012, 214~215면.
505) Arthur S. Chancellor, Investigating Sexual Assault Cases, Jones & Bartlett Learning, 2012, 205~214면을 참고하였다.

권력 과시형 (Power Assertive)	·자신의 친구들에게 자신의 범죄를 자 랑하고 싶어함 ·강간이라고 생각하지 않고 유혹의 성 공 내지 연애 실력으로 생각함	·경찰서, 조사실 내, 공식적 명칭 사용 등 조직화된 환경이 효과적 ·제복, 권총, 수갑 등 권위의 상징에 호의적 반응 ·환경 통제나 두꺼운 파일케이스 같은 소품 사용에도 영향 받음 ·가해자가 가지고 있는 본인이 마초적이라 는 이미지를 깨면 안 됨 (즉 범죄가 이상하거나 변태적이라는 인상 을 주면 안 됨) ·여성수사관을 무시하여 심문하기 어려울 수 있음
분노 보복형 (Anger Retaliatory)	·가해자는 충동적이고 난폭함 ·가해자는 크나큰 스트레스를 받고 있 고 범죄는 스트레스 해소 방법 ·피해자에 대한 성폭행은 성적 판타지 보다 특정인이나 여성에 대한 화풀이 ·타인과 교감을 잘 못하고 사회성이 떨 어짐	·조사하기 가장 어려우며 수사관의 안전도 중요시해야 함 ·경찰서 내, 절도 있는 수사관의 행동 등 조 직화된 환경이 효과적 ·항상 가해자보다 우위를 점하며 가해자가 지나치게 감정적이나 분노하여 수사관을 해 치지 않도록 조심해야 함 ·가해자가 불편더라도 수사관의 안전을 위해 통제된 공간에서 조사해야 함 ·분노에 의해 범죄를 저질렀으므로 공감보 다 가해자의 이성과 자기보호본능에 호소해 야 함 ·말이 적은 편이므로 계속 질문하여 말을 하게 해야 함 ·여성 혐오를 가지고 있어 여성수사관이 조 사하기 매우 어려움
분노 자극형/ 가학형 (Anger Excitation /Sadistic)	·사람을 잘 파악함 ·다른 유형의 가해자들보다 지능이 높 고 성적 판타지를 갖고 있음 ·범행이 잘 계획되어 있고 스스로가 수 사관보다 똑똑하다고 믿음 ·자기중심적이고 주목 받는 것을 좋아 하므로 오랜 시간 심문해야 함 ·잘 계획된 범행이 밝혀져도 끝까지 밀 고 나감 ·칭찬을 좋아하고 비판을 매우 싫어함 ·말하는 것을 매우 좋아해서 수사관들 은 들을 준비가 되어야 함 ·허세를 잘못 부리면 그것이 틀린 것이	·조직적 환경에서 정장 등을 갖추고 가해자 보다 나이도 많고 육체적으로 우월한 사람 이 조사해야 함 ·조사자는 항상 자신감에 차 있고 상황을 통제하고 있다는 인상을 주어야 함 ·조사관이 친밀하게 대하면 가해자는 조사 관을 존중하지 않게 됨 ·임기응변에는 약하므로 최대한 이야기를 이끌어내는 것이 효과적 ·절대로 즉흥적인 조사를 해서는 안 됨 ·가해자들은 허점을 잡아 조사를 자기가 주 도하려고 할 것이므로 철저한 준비가 필요 ·가해자가 현행범이거나 명백한 증거가 있

	라는 것을 알기 때문에 개연성 있게 허세를 부려야 함	으면 직접적인 접근방식도 효과적
기회주의형 (Opportuni- stic)	·다른 범죄를 저지르는 과정에서 성범죄를 저지름 ·성폭행은 계획에 없었던 경우가 많음 ·다른 가해자들에 비해 전과가 있는 경우가 많아 형사사법시스템에 대한 이해도가 높음 ·성범죄를 최소화하여 자신은 일반적인 다른 성범죄자들과 다르다는 것을 강조함 ·어쩌다 한번 성욕을 참을 수 없었던 남성이라는 점을 강조함	
합동 또는 집단형 (Partners or Gang Rapists)	일반적으로 대등하지 않은 경우가 많고 리더는 부하에게 불리하게 진술하지만 부하는 리더의 개입을 부인하는 경우가 많음	【합동형】 ·대등한 경우 서로 이간질 시키기가 효과적 ·대등하지 않은 경우 부하가 리더를 배신하게 하기
		【집단형】 ·리더와 주저한 구성원을 밝히는 것이 가장 중요 ·주저하는 구성원(어떤 일이 발생했는지 가장 정확한 정보를 제공해 줄 수 있는 사람)을 먼저 조사. 다만 밀고자로 낙인 찍힐 우려에 협조 안할 가능성이 많으나 피해자에 대한 연민, 리더 체포의 중요성에 대한 합리화, 구성원 잘못의 최소화를 사용 ·다음으로 가장 조금 참여한 구성원을 똑같은 전략으로 조사 ·많은 구성원들이 자백을 하면 그것을 리더에게 불리하게 사용

생각해 볼 문제

성폭력범죄의 예방을 위해서는 가해자를 어떻게 분류하는 것이 효과적일까?

【성폭력범죄 대응을 위한 일본의 분류】

교토부 경찰 범죄억지대책조사연구회 성범죄대책연구부회는 성범죄에 대한 대책을 효과적으로 강구하기 위해 우선 범인의 동기에 착안하여 우발형·습관형·계획형으로 나누었지만 우발형이 습관형이나 계획형으로 발전하는 경우가 많고 습관형과 계획형에 동시에 해당하는 경우도 있다는 점을 감안하여 우선 관계성을 기준으로 '비면식'과 '면식'으로 분류[506]한 후 다시 비면식을 수단을 기준으로 '침입형'과 '비침입형'으로, 비침입형을 장소를 기준으로 '노상형', '교통기관형', '시설형'으로 분류하였다. 그리고 면식을 수단을 기준으로 '주종형', '지인형', '조건만남형'으로, 주종형을 다시 관계성을 기준으로 '친족형', '비친족형'으로 분류하였다. 개요를 그림으로 나타내면 다음과 같다.

---

506) 田中嘉寿子, 『性犯罪·児童虐待捜査ハンドブック』, 立花書房, 2014, 25~66면은 성범죄수사의 유의점을 해설하면서 피해자와 피의자가 면식이 있는 경우와 없는 경우로 나누어 설명하고 있다.

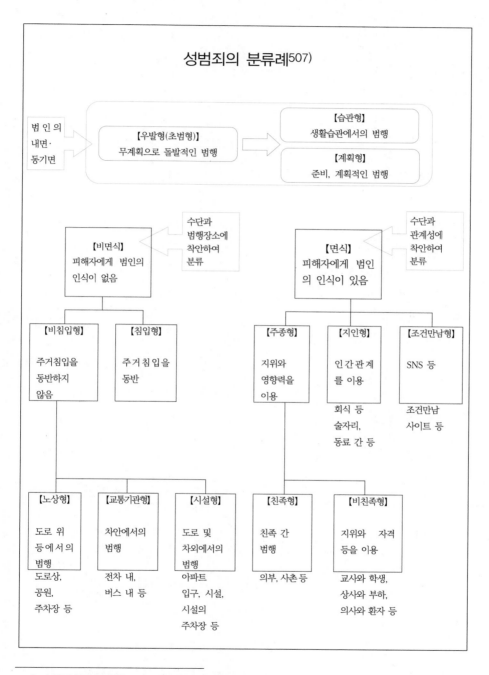

성범죄의 분류례507)

범인의
내면·
동기면

【우발형(초범형)】
무계획으로 돌발적인 범행

【습관형】
생활습관에서의 범행

【계획형】
준비, 계획적인 범행

수단과
범행장소에
착안하여
분류

【비면식】
피해자에게 범인의
인식이 없음

수단과
관계성에
착안하여
분류

【면식】
피해자에게 범인
의 인식이 있음

【비침입형】
주거침입을
동반하지
않음

【침입형】
주거 침입을
동반

【주종형】
지위와
영향력을
이용

【지인형】
인간 관계
를 이용

회식 등
술자리,
동료 간 등

【조건만남형】
SNS 등

조건만남
사이트 등

【노상형】
도로 위
등에서의
범행

도로상,
공원,
주차장 등

【교통기관형】
차안에서의
범행

전차 내,
버스 내 등

【시설형】
도로 및
차외에서의
범행

아파트
입구, 시설,
시설의
주차장 등

【친족형】
친족 간
범행

의부, 사촌 등

【비친족형】
지위와   자격
등을 이용

교사와 학생,
상사와 부하,
의사와 환자 등

507) 京都府警察犯罪抑止対策調査研究会(性犯罪対策研究部), 『報告書 －性犯罪の現状を踏まえ
て－』, 2017, 10면.

판례색인

[고등법원 판례]

[광주고등법원]

[대구고등법원]

[대전고등법원]

공저자 약력

장응혁

경찰대학 행정학과 졸업, 일본 도쿄대학대학원 형사법 석사, 고려대학교대학원 형법 박사
경찰청 경찰혁신기획단 연구관, 서울지방경찰청 여성청소년계 여성아동보호1319팀장, 경찰대
학교 경찰학과 교수, 현) 계명대학교 경찰행정학과 교수

비교경찰론(공저, 박영사, 2015)
사회안전과 법(공역, 경찰대학출판부, 2016)
소년법(공역, 박영사, 2016)

김상훈

경찰대학 법학과 졸업, 한림대 법심리대학원 법심리학 석사, 제주서부경찰서, 서울남대문경
찰서 여청과장, 경찰수사연수원 성폭력수사 교수요원, 서울용산경찰서 수사과장, 현) 서울지
방경찰청 과학수사관리계장

젠더폭력의 이해와 대응

초판발행	2018년 8월 30일
지은이	장응혁, 김상훈
펴낸이	안종만
편 집	하정원
기획/마케팅	조성호
표지디자인	조아라
제 작	우인도·고철민
펴낸곳	(주) 박영사
	서울특별시 종로구 새문안로3길 36, 1601
	등록 1959. 3. 11. 제300-1959-1호(倫)
전 화	02)733-6771
f a x	02)736-4818
e-mail	pys@pybook.co.kr
homepage	www.pybook.co.kr
ISBN	979-11-303-0609-4 93350

정 가   20,000 원